NARANJAS VERDES

NARANJAS VERDES

UNA ODISEA EN HONDURAS EN BÚSQUEDA
DE REDENCIÓN, ESPERANZA Y TRANSFORMACIÓN

SHIN FUJIYAMA

COPYRIGHT © 2025 SHIN FUJIYAMA
Todos los derechos reservados.

NARANJAS VERDES
Una odisea en Honduras en búsqueda de redención, esperanza y transformación.

Publicado en inglés en 2025 bajo el título GREEN ORANGES.
Traducido por Ian Roberto Sherman Minakata y Justin Jaquith.

En cualquier traducción, pueden ocurrir pequeñas variaciones en el significado o errores de traducción. El autor no asume responsabilidad por las diferencias que surjan de la traducción, y se remite al lector al texto en inglés para aclarar el significado.

PRIMERA EDICIÓN

ISBN   978-1-5445-4069-6 *Pasta blanda*
         978-1-5445-4068-9 *Libro electrónico*

ESTE LIBRO ES PARA MI MADRE Y MI PADRE.

ÍNDICE

INTRODUCCIÓN 11

LIBRO 1
1. EL FRACASO ES UNA OPORTUNIDAD DE REDENCIÓN 15
2. NO APRESURES EL CAFÉ 27
3. SE NECESITA MÁS QUE BUENAS INTENCIONES 39
4. ENFRENTA TUS MIEDOS Y ATRÉVETE A PEDIR 49
5. REQUIERE DE UN EQUIPO 57
6. NO ESPERES POR PERMISO 69

LIBRO 2
7. TODO LO QUE PUEDE SALIR MAL, SALDRÁ MAL 85
8. SÓLO CONCÉNTRATE EN EL PRÓXIMO PEQUEÑO PASO 103

LIBRO 3
9. LA INFRAESTRUCTURA NO ES SUFICIENTE 127
10. SÉ INTENCIONAL SOBRE CON QUIÉNES TE RODEAS 139
11. DEBES ENCARAR LA VIOLENCIA PARA ENCARAR LA POBREZA 149

LIBRO 4
12. LO CORRECTO NO ESTÁ SIEMPRE EN BLANCO Y NEGRO 179
13. LA FAMILIA ESTÁ DONDE LA VIDA COMIENZA Y EL AMOR NUNCA TERMINA ... 199
14. LOS MOMENTOS SON MÁS IMPORTANTES QUE LAS METAS Y LOS LOGROS 211

LIBRO 5
15. LOS MOMENTOS DIFÍCILES SON OPORTUNIDADES DE TRANSFORMACIÓN 229
16. NUNCA CONOCERÁS TUS LÍMITES SI NO LOS PONES A PRUEBA 239
17. NINGUNA LUCHA ES INSUPERABLE SI LA ENFRENTAMOS JUNTOS 257

EPÍLOGO 285
LÍNEA DE TIEMPO 287
AGRADECIMIENTOS 289
LECTURAS COMPLEMENTARIAS 291
ACERCA DEL AUTOR 295
CITAS 297

Con la compra de este libro, estás haciendo una diferencia en las vidas de niños en Honduras. Un porcentaje de las ganancias de este libro será destinado a One Thousand Schools, antes conocido como Estudiantes Ayudando a Honduras. Si te gustaría saber más sobre la organización o conocer maneras de involucrarte, por favor visítanos en onethousandschools.com y acércate a nosotros.

* * *

Algunos eventos, nombres, características particulares de individuos y cronología de los sucesos en este libro han sido modificados. Algunos personajes han sido combinados. Cualquier imprecisión probablemente refleja el oscurecimiento de la memoria debido al paso del tiempo.

INTRODUCCIÓN

MICHAEL Y YO ESTÁBAMOS JUGANDO NINTENDO EN MI sótano cuando llegaron dos estudiantes de colegio. Eran amigos de mi hermana. No los notamos al principio porque estábamos de espaldas a ellos. Pero cuando uno de ellos dijo, "no me gusta cómo me estás mirando", levantamos la vista.

Michael y yo estábamos en sexto grado en ese entonces. Éramos chicos que pasábamos nuestros fines de semana leyendo revistas *Aquarium Fish* y acampando con la tropa local de Boy Scouts. Había conocido a Michael desde el primer grado. Era el tipo de amigo que me defendía si se burlaban de mi eczema dermatitis. Si alguien me tenía acorralado —lo cual ocurría a menudo, pues yo siempre era el chico más pequeño y debilucho— él los ahuyentaba. Michael no era el más grande tampoco, pero nunca tenía miedo de confrontar a quien estuviera molestándome.

Ahora nos enfrentábamos a dos muchachos de colegio, con nuestros controles de Nintendo todavía en mano.

"Dije, no me gusta cómo me estás mirando".

Estaban cerca de nosotros ahora; eran enormes, aterradores. Le dieron un empujón a Michael. Yo retrocedí, temblando, y ellos rodearon a Michael. Lo empujaron de nuevo, con fuerza. Entre sus cuerpos, podía ver el rostro de mi amigo transformarse con una emoción que nunca había visto antes. Miedo.

Luego los bravucones le pegaron.

Empujaron su cabeza contra el piso. Lo patearon en la espalda. Lo aporrearon con sus puños. Mi corazón se aceleraba. Por primera vez en nuestra amistad, era Michael quien necesitaba mi ayuda. Estos bravucones eran más grandes que cualquier estudiante de sexto grado con el que hubiéramos lidiado; sabía que no podía pelear contra ellos, incluso de haber sido bueno para pelear. Pero debería meterme. Como mínimo, podría recibir algunos de los golpes destinados a Michael. Sería una pequeña ayuda, pero al menos sería algo.

No me moví.

Haz algo, me dije. *Lo que sea.*

Pero no me moví.

Ellos seguían pateando a Michael por lo que se sintió como una eternidad. Con cada golpe, me odiaba a mí mismo más y más. Tenía una sensación de repugnancia hacia mi inacción; mi cuerpo se encogía con cada segundo. Yo era imperdonable.

Por el resto de mi vida, me arrepentiría de lo que no hice.

LIBRO 1

——— CAPÍTULO UNO ———

EL FRACASO ES UNA OPORTUNIDAD DE REDENCIÓN

ESTA HISTORIA COMIENZA CON FÚTBOL.

Es un lugar extraño para comenzar esta historia, considerando hacia dónde va y dónde termina, pero si tuviera que pensar en ella con honestidad, el fútbol es donde todo comenzó.

Mi primer roce con el fútbol no fue el más inspirador. Ocurrió durante la primaria, en 1988, y mi familia había emigrado desde Japón a los Estados Unidos no mucho tiempo atrás. Ahí estoy, corriendo hacia la cancha de fútbol con mi camiseta verde. El entrenador nos dice que calentemos, pero estoy en primer año y no entiendo el inglés. Así que copio lo que los demás están haciendo. Jadeo y resoplo. Fácilmente soy el niño más pequeño en ese lugar, y estoy recuperándome de una malformación congénita en el corazón. Apenas puedo mantener el ritmo.

El partido comienza, pero el entrenador quiere que yo siga calentando en las bandas de la cancha. Estoy pasándome el balón con la Sra.

Baker, la mamá de mi amigo. El entrenador me enseña cómo usar el interior de mi pie para patear el balón, luego se va apresurado. Era completamente inútil, no podía patear lo suficientemente derecho aunque mi vida dependiera de ello. Cuando el balón se mete a la cancha, el entrenador me pide que me vaya más lejos a practicar. Lo hago. Repito el ejercicio una y otra vez. Está oscureciendo pero estoy tan absorto que no me doy cuenta. Sueño despierto. Estoy corriendo en la cancha y pateando el balón. Es la mejor patada que el entrenador jamás ha visto. *Guau*, piensa el entrenador. *¡Debe haber practicado ese pase!*

Estoy cubierto de sudor y polvo cuando escucho porras. Levanto la mirada para ver a mis compañeros de equipo chocando los cinco unos con otros en la oscuridad. "¡Ganamos! ¡Ganamos!", gritan. "¡Gran partido!", dicen los padres. Me acerco al entrenador para ver si queda tiempo para que yo juegue. He calentado tanto como es posible. Se cubre los ojos con las manos —la acción es exageradamente dramática.

"Shiiiin. ¡Lo siento tanto! ¡Me olvidé de meterte al partido porque no te vi! ¿Por qué estabas tan alejado de la cancha?".

Intento responder pero el inglés chapurreado que había aprendido en clase de inglés como lengua extranjera no hace ningún sentido.

"¡El próximo fin de semana, pequeñín!", el entrenador me da dos palmadas en la espalda y se aleja caminando. "¡Buen trabajo, Brandon! ¡Buen trabajo, Jonathan!", grita. Intento patear el balón una última vez a la portería; se sale por mucho de los límites. Veo a mi mamá estacionar su furgoneta azul y caminar hacia mí. Va empujando tanto a Cosmo como a Gaku, mi hermana y hermano menores, en una vieja carriola sobre el pasto. "¿Cómo te fue?", pregunta emocionada. Cosmo asoma su cabeza y saluda. Yo cierro mis ojos, sintiéndome como una migaja de las sobras.

No obstante, la historia mejora; aunque sólo lo hace en el colegio y gracias al entrenador Peas. A lo largo de toda mi niñez en el condado de Fairfax, Virginia, mostré señales de trastorno por déficit de atención con hiperactividad (TDAH). En la escuela primaria, maestros exasperados me regañaban. Le decían a mi madre que me educara en casa. Mi mamá se disculpaba por mí y luchó para que me quedara en la escuela. En la secundaria, estaba en el salón de castigo más que nadie a quien conociera. Simplemente tenía demasiada energía, y no sabía dónde concentrarla. Pero en el colegio, encontré el fútbol competitivo.

El entrenador en jefe del colegio McLean era Ted Peas, más comúnmente llamado entrenador Peas. Su barba gris me recordaba a un Ewok, la criatura valiente y peluda en la *Guerra de las Galaxias* que vence a enemigos más poderosos para salvar su bosque. En mi primer año de colegio, le dije que estaba interesado en hacer pruebas para el equipo junior de fútbol de la escuela. No obstante, fui honesto. Le dije que únicamente había jugado fútbol en ligas recreativas, y que no era tan rápido ni tan habilidoso como los chicos en el equipo. Que probablemente estaría desperdiciando su tiempo.

El entrenador Peas me miró de arriba a abajo y se rio.

"¿Y qué si eres el jugador más pequeño en la cancha?", dijo. "Probablemente has sido acosado toda tu vida. Pero puedes ver eso como una bendición, porque tienes más combustible para motivarte que nadie más". El entrenador Peas no era mucho más alto que yo, pero había sido campeón de lucha grecorromana en el colegio. Lo había logrado por medio de disciplina y trabajo duro. Siendo un hombre de cincuenta y tantos años, todavía entrenaba con los luchadores de dieciocho años que eran del doble de su tamaño y los sometía como muñecos de paja.

"No desperdicies ni un segundo preocupándote por cosas que no puedes controlar", dijo. "Necesitas entrenar más, trabajar más y volverte más creativo que todos los demás. Ser pequeño y débil significa que las personas tendrán bajas expectativas sobre ti. ¡Quiere decir que tienes la oportunidad de tomarlos por sorpresa!".

Durante el entrenamiento de pretemporada ese año, el entrenador Peas me apartó para aconsejarme más que a cualquier otro. Me enseñó a ver ciertas cargas como bendiciones. Tener un caso muy grave de eczema significaba cero tiempo saliendo con chicas y más tiempo entrenando. Ser chaparro significaba más espacio en el autobús escolar para estirar mis músculos. El entrenador Peas drenaba cada gota de mi mentalidad de víctima.

Él inició un fuego en mi interior. Llegaba antes que nadie a cada entrenamiento de pretemporada y corría detrás de los alumnos de generaciones más arriba como un perro sabueso persiguiéndolos. Cuando me rebasaban, me preguntaban cuántos años tenía para sacarme de quicio. Pero yo sólo seguía corriendo y corriendo. Después de los entrenamientos de acondicionamiento, caminaba al parque de Lewinsville y jugaba potras de fútbol con otros chicos inmigrantes hasta que se ponía el sol. En la escuela, driblaba el balón yendo de una clase a otra, y lo rodaba con mis pies cuando tocaba el violín en la clase de orquesta. Por la noche, caminaba por la casa con muñequeras y tobilleras con peso. Antes de ir a la cama, leía las biografías de jugadores famosos como Ronaldo, John Harkes y Mia Hamm o veía películas como *Karate Kid*, *Rudy* y *Rocky*.

Ese año, entré al equipo junior de fútbol como vigésimo tercer jugador escogido de un total de veintitrés. Todos los demás eran mejores que yo, pero el entrenador Peas dijo que yo tenía la mejor ética de trabajo. Me había ganado mi lugar. Recuerdo correr a casa tan rápido como podía y darme cuenta de que estaba llorando.

Por cuatro años, el fútbol impidió que mi vida se desmoronara. La estructura externa y la rutina de las sesiones de entrenamiento me mantenían concentrado. Entre más entrenaba, menos disruptivo me volvía en clases. Y pronto, el fútbol se convirtió en mi identidad. Mis padres me alentaban: iban a todos mis partidos, y pagaron por caros campamentos de fútbol con sus ahorros. Estaba orgulloso de portar la chamarra del equipo del colegio McLean. Ser parte del equipo me hizo sentir como que era parte de algo mucho más grande que yo.

Yo importaba.

Luego me gradué, me inscribí en la Universidad de Mary Washington (UMW), entré al equipo de fútbol por una temporada, y me sacaron durante la siguiente. Mi lugar se lo dieron a un recién llegado de primer año. Yo tenía una gran ética de trabajo, claro, pero me faltaba tamaño, fuerza y atletismo. La ética de trabajo no los compensaba.

Me gustaría poder decir que me lo tomé con calma. Al final, todo esto sólo era el equipo de una universidad de humanidades en Fredericksburg, Virginia, no la copa mundial de la FIFA. Pero yo estaba devastado. Perdí toda la motivación.

Me desvelaba jugando Xbox. Hacía el mínimo trabajo escolar. Ni siquiera sabía si quería terminar la universidad. Nunca había sido mucho de tomar o salir de fiesta, pero comencé a salir varias noches por semana. Me quedaba de pie incómodamente contra la pared, hablando con personas a las que nunca volvería a ver, fingiendo que me estaba divirtiendo más que el resto.

Mientras tanto, un extraño vacío crecía en mi interior. No tenía propósito. Me sentía desesperanzado. Creciendo, siempre pensé que viviría una vida significativa, pero esa creencia comenzaba a verse más y más como una broma.

Como puedes ver, todo sí comienza con el fútbol. Porque así es como me encontré a mí mismo sentado en la cafetería del campus, con unas largas vacaciones de invierno extendiéndose frente a mí y nada que hacer además de ver películas en el sótano de mis padres. Y fue entonces que levanté un volante color verde fosforescente de la mesa y comencé a leerlo, sin saber que esto cambiaría la trayectoria de mi vida.

* * *

Las circunstancias que me llevaron a Honduras por primera vez fueron sinuosas y extrañas. El volante neón que había recogido era de la Comunidad Cristiana del Campus (CCC). Estaban buscando voluntarios para viajar a Haití durante las vacaciones de invierno. Haití era más atractivo que simplemente ver películas. Pero tenía mis dudas sobre el CCC. ¿Era este uno de esos viajes en los cuales los extranjeros intentan cambiar de religión a la gente local? No quería ser parte de eso ya que para mí es importante respetar las creencias de cada país.

Fui a la reunión para averiguarlo. Fue más casual de lo que esperaba: la gente estaba conversando, eran abiertos, amigables. Había una chica con mucha energía en la puerta, ella decía: "¡Bienvenido a la Comunidad Cristiana del Campus!" a cada nuevo visitante, entregándole una etiqueta para escribir su nombre, con una sonrisa luminosa.

Sin embargo, la estrella del show era Bob.

Bob Azzarito era un hombre de mediana edad con una complexión atlética, y la primera vez que lo escuché hablar, su voz me recordó a Fred Rogers del programa de televisión *Mister Roger's Neighborhood* ("El vecindario del señor Roger"). Él era el ministro universitario más relajado que jamás conocería. Usaba pantalones de mezclilla y camisetas casuales. Hablaba con su relajante voz de Fred Rogers. Y el viaje a Haití definitivamente no se trataba de proselitismo. Iríamos a aprender la cultura local y trabajar de la mano con los haitianos en sus proyectos comunitarios.

Entre más hablaba, más me emocionaba. Esta era la primera vez en siglos que me sentía motivado acerca de *cualquier* cosa. Me sentía bien. Hablé con mis padres, me puse mis vacunas y le di a Bob el dinero del depósito para comprar los boletos de avión.

Entonces, sólo semanas antes de las vacaciones de invierno, el viaje a Haití fue cancelado.

"Hay demasiada inestabilidad social", dijo Bob, y los murmullos de decepción se escucharon con fuerza. Todos habíamos esperado esto con ansias.

"Pero", dijo Bob, levantando las manos, "iremos a Honduras en su lugar. Our Little Roses es una organización que trabaja con las familias de niñas vulnerables en San Pedro Sula, y nos han invitado a aprender acerca de sus programas".

No estaba entusiasmado. Trabajar con niños no me interesaba, y no estaba seguro de que fuera a disfrutarlo. Además, tenía mi corazón puesto en Haití. Pero Bob me aseguró que principalmente estaríamos haciendo trabajo de carpintería en Our Little Roses, lo cual parecía de algún modo interesante. Y la aerolínea estaba dispuesta a cambiar nuestro destino sin ningún costo extra.

Así que dije sí. ¿Por qué no? Sólo sería un viaje.

* * *

Conocí a Ani en el primer día. Ella era parte del grupo de pequeñas niñas en vestidos coloridos, saltando y saludándonos. Cuando me vio en el camión, gritó: "*¡Veee! ¡Hay un chinito, mira, hay un chinito!*". Ella saludó. Yo le regresé el saludo.

El autobús se estacionó en el patio de dos edificios de ladrillo bien conservados, y descargamos nuestro equipaje. "¡Señor, yo lo ayudo!", gritó Ani. Le faltaban dos de sus dientes delanteros. "¡Jua, Juaaa!", gritaba, soltando golpes de karate al aire. Entrecerró los ojos para pretender que era asiática. "¿Por qué dices *aloz*, y no *arroz*?". Se reía y continuaba hablando con acento asiático. No sabía cómo iba a transcurrir la semana. Llevaba en Honduras menos de dos horas, y ya se estaba burlando de mí una niña de seis años.

Mi maleta era de tres veces el tamaño de Ani, pero ella me ayudó a cargarla un par de metros. Sonreía y jadeaba y resoplaba. Cuando llegamos a la casa de huéspedes (me dejó cargar mi maleta en algún punto), chocamos nuestras palmas. Luego me dejó su puño en el aire y esperó.

Esto, aprendería, es el saludo de manos hondureño. Lo usaría muchas veces en los años venideros, pero la primera persona que me lo enseñó fue Ani. "Gusto en conocerte", le dije, chocando su pequeño puño. "Mi nombre es Shin".

"Mañana, ¡jugamos fútbol!", dijo ella. "¿Fútbol?", respondí, ¡*ZAS*! Me pateó en las piernas. "Sí, fútbol, ¡así!". Fingió patearme de nuevo, se rio, y se fue corriendo.

El siguiente día, jugamos fútbol. Antes de que comenzara el partido, alguien me picó la espalda, me volteé y ¡*PUM*! —Ani había estrellado un balón de fútbol en mi pecho. "¡Tiempo de practicar!", dijo ella, con los ojos brillándole. Me mostró un movimiento loco en el cual haces una vuelta de carro y luego disparas el balón. "¡Te toca!", me dijo.

Después de nuestra práctica de fútbol, Ani trajo un libro infantil. No sabía leer aún, así que inventaba historias basándose en las imágenes. Se burlaba de mí por el español muy poco fluido que había aprendido en el colegio (lo cual me hizo desear haber prestado más atención en clase), y yo me burlaba de ella por tratar de pronunciar palabras a través del espacio vacío en sus dientes delanteros.

Ani y sus amigos trataban de enseñarme la letra de sus canciones favoritas. Como máquinas de karaoke vivientes, se sabían todas las letras. Ani me preguntó: "¿Qué significa, *I'm addicted to you? Don't you know that you're TOXIC?*" ("soy adicta a ti, ¿qué no sabes que eres tóxico?"), moviendo su cabello a la derecha y a la izquierda. Todos nos reíamos mientras ella subía y bajaba sus cejas como Britney Spears. Era una niña graciosa.

Cuando Ani no quiso cantar más, me jaló de la camiseta y caminamos alrededor de la cancha de fútbol. Ella apuntó a unas aves en el cielo, y volteamos para arriba. Cuando bajé la vista, me golpeó en la barbilla. "¡Caíste!", se rio. Ella coleccionaba rocas interesantes, y las trataba como oro. Encontró insectos que yo nunca hubiera visto y los ponía en sus dedos. Pretendía aplastarlos para asustarme pero luego les soplaba. Se iban volando. Jugábamos jacks, y luego tocado. Pasar tiempo con ella era muy fácil.

La exuberancia de Ani escondía una historia difícil. Honduras estaba adentrada en las angustiosas guerras de pandillas, particularmente entre MS-13 (La Mara Salvatrucha) y Mara 18 (Barrio 18), colectivamente conocidos como la Mara. San Pedro Sula, donde estaba Our Little Roses, era el epicentro de una guerra por el territorio. La violencia repercutía en las vidas de todos, pero afectaba desproporcionadamente a las mujeres.

Las niñas en Our Little Roses venían de hogares rotos que casi aplastaron sus espíritus. Our Little Roses hizo lo que pudo por revivirlos. Era una comunidad de religiosas, personal, mentores y consejeros quienes les daban a las niñas un sentido de pertenencia, abogaban por ellas y las apoyaban en cada paso del camino. Como resultado, muchas de las niñas reconstruían sus vidas e incluso llegaban a la universidad, lo cual era un logro extraordinario en Honduras.

Mi semana en Our Little Roses se fue volando. Me levantaba cada mañana anhelando por el resto del día, y no quería marcharme. Pasamos la semana ayudando con trabajos de carpintería, pero cada vez que me tomaba un descanso, Ani me encontraba. Se convirtió en nuestro ritual jugar jacks: ella me retaba, y me vencía.

Por lo que así es como me encontraba la mañana de mi partida —jugando jacks. "¡Tres jacks! ¡Cuatro jacks!", yo gritaba, arrojando la pelota al aire. Estaba en una racha, y muy determinado a dejar Honduras con al menos una victoria. Pero perdí la pelota, y Ani la recogió de donde se fue rodando.

"Mi turno", dijo ella, con una gran sonrisa.

La miré recoger un jack tras otro en una rápida sucesión. Cuando me venció, saltó en el aire. "¡Perdiste!", gritó. Me daba palmadas en el hombro. "¡Necesitas practicar en Estados Unidos!".

Fue difícil despedirme. Cuando llegó el momento, estaba tan agobiado, que escondí mi cara. Llegué a Honduras creyendo que no quería pasar tiempo con niños. Estaba yéndome seguro de que los niños eran criaturas maravillosas que creaban y daban alegría a donde fueran, y admirando más que nunca organizaciones como Our Little Roses que les daban una oportunidad para luchar. Quería regresar.

* * *

"Hola, creo que tengo el asiento al lado de usted", dijo un hombre de mediana edad con un acento del medio oeste de Estados Unidos.

Mientras el avión despegaba, iniciamos una conversación. Su nombre era Henry y era de Milwaukee. Había comenzado a hacer voluntariado en Honduras en 1998, después de que el huracán Mitch devastara al país. Asistía a una monja hondureña llamada hermana Tulia, quien dirigía una organización sin fines de lucro en una pequeña ciudad con el nombre de El Progreso, por medio de enviarle dinero y visitando cada pocos meses.

"¿Hablas español?", me preguntó.

Yo sabía suficiente como para arreglármelas. Cuando Henry dijo que estaba buscando un traductor y estaba dispuesto a pagar por los gastos de transporte aéreo, presté atención. Le dije que había traducido para nuestro grupo en Our Little Roses —no le dije que Bob me había dado ese puesto sólo porque nadie más hablaba ni una palabra del idioma. La misma semana que Henry planeaba regresar a Honduras coincidía con mis vacaciones de primavera. Sacó un pedazo de papel y escribió su información de contacto. "Llámame cuando llegues a casa", dijo.

No podía creer mi suerte. En el aeropuerto de Miami, le conté al grupo sobre Henry. "Eso suena demasiado bueno para ser cierto", alguien dijo. Otros intervinieron. Era peligroso viajar por Honduras con un extraño al que acabas de conocer en un avión, y estaban preocupados. Mi emoción perdió fuerza y luego murió. En el vuelo final, me quedé viendo al pedazo de papel con la información de contacto de Henry, dividido entre mi deseo de ser prudente, y mi necesidad de regresar.

CAPÍTULO DOS

NO APRESURES EL CAFÉ

NO ESTABA SEGURO DE POR QUÉ, PERO DECIDÍ CORRER EL riesgo con Henry. Repasé mi español por dos meses y, luego, en marzo, volé con él a Honduras. Tres monjas católicas nos encontraron en el aeropuerto de San Pedro Sula. Una de ellas era la hermana Tulia, una mujer menuda de mediana edad con cabello corto. Apilamos nuestro equipaje en una camioneta de carga y nos fuimos.

Estaba totalmente oscuro a medida que manejábamos por las carreteras llenas de baches. El camino estaba extrañamente silencioso. Miré a Henry, quien veía hacia al frente con la mirada fija. Me di cuenta de que no tenía idea de a dónde estaban llevándome. O qué íbamos a hacer esta semana en El Progreso.

Entré en pánico.

Había cometido un terrible error. Ahora, en cualquier momento, Henry y estas "monjas" terminarían con la farsa. Se girarían, pondrían una pistola en mi cara y me dirían que estaba secuestrado. Mantuve mi mano en la manija de la puerta, preparado para abrirla y lanzarme al pasto. Había visto suficientes películas para saber que necesitaría envolver mis brazos alrededor de mi cabeza para evitar heridas letales. Eventualmente,

Henry se quedó dormido en el auto, y también la hermana Tulia. Yo me mantuve vigilante, convencido de que estaban tratando de encontrarme con la guardia baja.

"Señor Shin, por favor despierte. Hemos llegado al convento".

A ese nivel me mantuve vigilante —me había quedado dormido. Deambulé, soñoliento, de la camioneta a mi habitación y colapsé de nuevo.

Por la mañana, me sentí más calmado. Henry, mi supuesto secuestrador de la noche anterior, me visitó con crema de afeitar en sus orejas. Se veía tan inofensivo que no pude evitar reírme. Cuando se vio en el espejo, él se rio también. Durante el desayuno, todo era muy acogedor. Íbamos a visitar Casa para Niños (HFC por sus siglas en inglés), la cual era dirigida por la hermana Tulia.

El edificio de la HFC tenía en medio un gran patio y estaba rodeado por campos y árboles frutales. Cincuenta niños estaban comiendo en el comedor, riendo y charlando ruidosamente. Me hice amigo de una niña con cabello rizado llamada Yapa. Era una estudiante de honor en el colegio local, y sabía exactamente lo que quería hacer con su vida. Inspirada por la hermana Tulia, quería ir a la universidad y trabajar en una organización humanitaria.

El Progreso era mucho más pequeño y menos desarrollado que San Pedro Sula. De camino a HFC, niños en situación de calle tocaban en las ventanas de nuestro auto durante los semáforos, mendigando o tratando de vendernos chicles. Familias con bolsas de basura a sus espaldas caminaban al lado de la carretera. La certeza de Yapa frente a sus probabilidades era increíble, y la admiraba. Yo tenía el mundo a mis pies, y no estaba seguro de si tenía la motivación suficiente para siquiera terminar la universidad. Con el fin de distraerme de las confusas emociones que sus aseveraciones me provocaban, señalé a la tortilla doblada en mi plato.

"¿Cómo se llama esto?", pregunté.

"Son baleadas", dijo Yapa. "Es lo que desayunamos y cenamos aquí en Honduras".

Entrecerré los ojos con suspicacia. Estaba casi seguro de que baleada quiere decir que te disparen. Yapa se rio. Aparentemente, una vieja señora solía vender tortillas con pasta de frijoles y queso en la estación de trenes del pueblo. Una noche, hubo una confrontación entre miembros de pandillas. La pobre señora trató de esconderse pero fue impactada por balas perdidas. Cuando regresó del hospital para vender comida de nuevo, la gente comenzó a llamarla la baleada —la mujer a quien le dispararon. Así es como el platillo adquirió su nombre.

Empecé a comerlas, sin saber si Yapa estaba hablando en serio o no.

* * *

Las baleadas fueron mi primera introducción a la complejidad de El Progreso, donde la violencia y las condiciones difíciles estaban entrelazadas en las vidas de las personas con una normalidad que era impactante para mí. Siete de Abril consolidó esa impresión. Siete de Abril era una comunidad con la que trabajaba la hermana Tulia; fue nombrada con la fecha en que fue fundada, como es tradición en Honduras. Era un asentamiento informal —referido en Honduras como *bordo*. La gente pobre de áreas rurales venía a ciudades más grandes como El Progreso y San Pedro Sula, en búsqueda de trabajo. A menudo formaban asentamientos informales en tierra que no era suya, usualmente al lado de un río donde tuvieran acceso al agua. Alrededor de cien familias se mudaron a Siete de Abril después de perder sus hogares durante Mitch, un huracán de categoría cinco, en 1998.

Ningún taxi quería llevarnos a Siete de Abril. Los conductores sacudían sus dedos frente a la hermana Tulia y se reían como si nuestro destino fuera ridículo. La sensación de peligro en Honduras, nunca fuera de mi mente, me presionó de nuevo. ¿Era seguro este lugar?

Cuando finalmente encontramos un taxi, le pregunté a la hermana Tulia por qué trabajaba con esta comunidad.

"¿Has escuchado la parábola de los bebés que se ahogan?", me dijo. Yo negué con la cabeza.

Dice así. Un verano, varios amigos estaban pasando el rato en un río, comiendo baleadas. Súbitamente, ven a un bebé flotando en el agua. Como auténticos samaritanos, los amigos saltan al río y rescatan al bebé que se ahogaba. Antes de que pudieran celebrar, notan a otro bebé ahogándose. Rescatan al segundo bebé. Cuando miran río arriba, ven a más bebés flotando en su dirección. Los amigos rescatan a los bebés tan rápido como pueden, y se dividen responsabilidades para ser lo más eficientes posible.

Pero siguen apareciendo más bebés. Empiezan a cansarse. Uno de los amigos, demasiado exhausto como para salvar a otro bebé, comienza a caminar a lo largo de la orilla del río.

Los otros le gritan: "¿A dónde vas? ¡Necesitamos tu ayuda aquí!".

Él no mira hacia atrás. "Voy río arriba, para ver quién está arrojando a los bebés al agua".

"Siete de Abril es una fuente", dijo la hermana Tulia. "Cuando me percaté que demasiados niños de esta comunidad estaban dando a parar a HFC, decidí trabajar con la propia comunidad".

Comprendí. No necesitas salvar a bebés de ahogarse si puedes impedir que caigan al agua en primer lugar.

A medida que nos acercábamos a Siete de Abril, el conductor del taxi me dijo que bajara mi ventana. Estaba desconcertado —el aire acondicionado estaba puesto.

"Rápido", me urgió. "Los banderines siempre están vigilando".

Los banderines eran unos chicos adolescentes que se reunían en la entrada de Siete de Abril. Las pandillas del barrio les pagaban para echarle un ojo a las patrullas de policía o a los rivales. Las ventanas abajo querían decir que eras un amigo. Las ventanas arriba querían decir que eras un rival. Tulia me aseguró que no quería saber lo que pasaría si pensaban que éramos rivales.

Y entonces llegamos a Siete de Abril. Era un laberinto de caminos de tierra entre casas de cartón y lona, y estaba lleno de vida. Perros, gallinas y cerdos andaban libres por las calles. Los niños corrían entre ellos, descalzos, pateando pelotas de plástico o cargando leña sobre sus cabezas. La iglesia era un sencillo techo de lámina con un letrero colgando de él: Iglesia. Afiches de candidatos políticos y de Pepsi Cola me guiñaban un ojo desde cada esquina. Mujeres lavaban la ropa en piedras alargadas y las colgaban a secar en alambre de púas. El olor de las cocinas de barro encendidas inundaba el aire. Un grupo de ancianos daban sorbos de guaro, el equivalente hondureño al aguardiente casero. Otros se agrupaban alrededor de tiendas de la esquina, bebiendo refrescos. Música de reggaetón sonaba de bocinas conectadas a baterías de autos, la única fuente de electricidad de la comunidad. Siete de Abril puede que haya sido construido como un asentamiento temporal, pero en algún punto del camino, la gente se dio cuenta de que no iban a irse. Así que lo volvieron un hogar.

* * *

La hermana Tulia, Henry y yo habíamos dejado el auto cerca del río; ahora, caminábamos por las calles, con frío sudor acumulándose en la base de mi columna. Cuando la gente vio la comida y medicina que traíamos, una multitud nos rodeó. Comenzaron a alborotarse. Ansiosos por obtener su parte, se empujaban más cerca, apretándose contra nosotros, gritando. Cuando alguien empujó a una abuelita, Henry les rogó a todos que se calmaran. Tulia dispersó a la multitud al prometer que iríamos dejando comida en la casa de cada persona. Luego reclutó la ayuda de unos cuantos niños, quienes pusieron las bolsas en sus hombros y en sus triciclos. Así, deambulamos lentamente a través de Siete de

Abril. Cuando caminábamos por un precipicio con vistas al río, un niño me agarró de mi camiseta para impedir que me cayera. Lo hizo con el tipo de gracia que sólo podría tener un niño que ha arriado a un burro.

Las familias de Siete de Abril nos dieron la bienvenida. Yamilet, una mujer robusta con un bebé amarrado a sus caderas, blandió un machete hacia mi cabeza y luego se rio cuando grité de horror. Sólo estaba apuntando a una papaya cerca de mí. Luego me enseñó cómo cortar la fruta entre naranja y amarilla y comer su dulce interior. Marta, una mujer que usaba una gorra rosa de béisbol, nos invitó a tomar café con ella. Utilizó el agua del río que habían traído en una cubeta y la hirvió. Sus hijos gritaron de placer mientras yo hacía como que el café estaba muy caliente. Débil, me llamaron, y todos nos reímos.

De todas las familias, la visita a la casa de Marta se ha quedado conmigo. Las tres hijas de Marta tenían el cabello entre rubio y anaranjado, lo cual después aprendí que era una señal de desnutrición. Cuando por primera vez trajeron baldes para que nos sentáramos, les pregunté en qué año escolar estaban. Pero me arrepentí de la pregunta inmediatamente. Ningún miembro de la familia de Marta había ido a la escuela. Ellos pasaban los siete días de la semana recolectando basura reciclable para venderla en una fábrica local. Marta quería que sus hijos estudiaran, pero tenían que trabajar para que la familia pudiera comer.

Además, Siete de Abril no tenía escuela. La escuela más cercana estaba a varios barrios de distancia —para llegar a ella, los niños tenían que atravesar un río crecido, con sus mochilas de la escuela sobre la cabeza. Era peligroso. Sólo ese año, una pequeña niña de la comunidad había sido hallada estrangulada en el lecho del río. MS-13 controlaba el lado sur de El Progreso, donde se encontraba Siete de Abril, y su reino era uno de intimidación y asesinato. Sus cuarteles generales estaban a sólo doscientos metros de Siete de Abril.

Era una infancia tan diferente a la mía. Cada noche, mi mamá nos reunía a mis tres hermanos y a mí en su cama para leernos libros. A veces, leíamos libros en japonés. Otras noches, leíamos en inglés. Al principio, ninguno de nosotros sabía cómo pronunciar palabras como burrito o bread roll (panecillo). Decíamos *bled lol* y *bulito*. Pero mi mamá leyó cientos de libros con nosotros a lo largo de los años, y nuestras habilidades lectoras se dispararon. Yo crecí pensando que todos los niños del mundo tenían padres que sabían leer, una minibiblioteca en su casa y acceso a la educación. No tenía idea de lo afortunado que era.

Los hijos de Marta eran fuertes —nada los perturbaba. Cuando me apoyé con mucha fuerza contra un poste de madera e hice que la casa entera temblara, las niñas se burlaban de Henry y de mí por cubrirnos la cabeza. Se tomaban todo con calma. El único colchón que la familia compartía. Las botellas y latas de aluminio en el piso (dejarlas afuera no era una opción; se las robarían durante la noche). Una de las niñas tenía una herida en su tobillo, y simplemente se la tallaba con saliva.

Pasamos mucho tiempo en la casa de Marta, tomando café y hablando libremente. Aprendí que Marta le temía al desalojamiento, que es cuando el gobierno arrasa con una barriada entera. Había pláticas de uno en los meses venideros. Para asegurar su lote, Marta había pagado una suma significativa a los hombres de la comunidad quienes habían formado un grupo llamado el Comité de Propiedad y Vivienda. Pero no le habían dado un título de propiedad. Había firmado documentos, pero no podía leerlos. Aun así, el comité le había prometido a Marta que recibiría su título de propiedad una vez que el gobierno legalizara el asentamiento.

Esta fue mi introducción a la locura que era el sistema de propiedades de Honduras. Me volvería más familiar con él a través de los años por venir, pero por ahora, no comprendía. ¿Cómo podía alguien vender tierra que no poseía? ¿Estaban embaucando a estas familias o es así como funcionaban las cosas?

"El sistema de propiedades en Honduras es tan desorganizado", dijo la hermana Tulia, "sólo Dios parece saber cómo funciona".

Pero las preocupaciones de Marta no sólo se extendían al desalojamiento. La frágil naturaleza de su casa significaba que era vulnerable a los robos. Había un agujero en su muro de cartón opuesto a mí, con el viento soplando a través de él. Una pandilla había tratado de partir el muro con sus machetes y de patear el metal corrugado. Marta se escondió adentro, sosteniendo un cuchillo de cocina y con sus hijos escondidos detrás de ella. Afortunadamente, los intrusos robaron lo que había en el exterior de la casa y huyeron.

Marta misma parecía no estar afectada por esto. Este tipo de cosas ocurrían diariamente, según me dijo. Pero la naturaleza depredadora de la violencia me asustaba. "¿Qué dijo la policía?", pregunté.

"¡¿La policía?!".

Todos se rieron menos yo.

Cuando era tiempo de irnos, le agradecimos a Marta y le dimos una bolsa de comida. Los niños pelearon por llevar el arroz y los frijoles a la mesa, soltando risitas. Marta me dijo que la hermana Tulia era la única dispuesta a tomarse un café con ella. Las organizaciones de ayuda y los partidos políticos visitaban, se tomaban fotos, hacían promesas vacías y se marchaban. No se molestaban en preguntarle su nombre..

* * *

Vimos a Marta y a su familia una vez más antes de que me fuera de El Progreso. Estábamos distribuyendo comida y medicinas en las montañas detrás de Siete de Abril. Estas montañas eran un vertedero. Aunque Tulia nos había advertido de esto, ni Henry ni yo estábamos preparados para lo que vimos. Cuando salimos del taxi, el olor era tan abrumador que apenas podíamos respirar. Había tanta basura que cubría dos montañas. Y había personas —tantas personas, incluyendo niños— hurgando entre la basura. Para poner comida sobre sus mesas, se arriesgaban a contraer infecciones mortales, pisar agujas contaminadas o caer por precipicios.

Algunos vivían al lado del vertedero de basura en casas improvisadas con colchones recuperados. Nunca había visto a humanos vivir en estas condiciones. Requirió de todo mi esfuerzo mantener la compostura.

La hermana Tulia se puso a trabajar repartiendo víveres. La ayudé, maravillado ante la fuerza de la naturaleza que era. Gracias a Dios que existían personas como ella. Tres niños estaban saludándonos con entusiasmo, con las caras cubiertas de mugre. Eran los hijos de Marta. Corrieron a nosotros para chocar las manos, y Marta llegó un poco después.

"Fuimos los primeros aquí esta mañana", me dijo Marta. Los camiones de la basura arribaban en horarios impredecibles. Para obtener la mejor basura, tenías que esperar y adelantarte a todos los demás.

"Me gusta llegar aquí temprano", dijo Mariana. Ella era la hija más joven de Marta, y tenía un extraño tono amarillento en su piel. Me entregó una muñeca de plástico para que la examinara. "Podemos quedarnos con todo lo que el primer camión nos traiga".

Marta se acercó. "Mariana cumple cinco años pronto", susurró. "Estamos tratando de ahorrar suficiente dinero para comprarle un pastel. Todo lo que necesitamos son ochenta lempiras (cuatro dólares), lo cual es mucho. Pero creo que podemos hacerlo".

Mariana, que estaba escuchando a escondidas, soltó una risita y bailó emocionada. Pensé en las botellas de plástico en su casa, el agua del río en la cubeta, las velas en la mesa, el cabello descolorido de los niños, el agujero en la pared de cartón. Familias de diferentes culturas celebran los cumpleaños con pastel. Algunas familias, sin embargo, tenían que arriesgar sus vidas para lograrlo.

* * *

Mi semana en El Progreso provocó un profundo efecto sobre mí, tan profundo que no lo comprendía por completo. En nuestra última noche, Henry y yo cenamos dentro de un lavado de autos. No sé a quién se le ocurrió la idea de un restaurante dentro de un lavado de autos, porque todo olía a jabón y a aceite de motor. Pero el lugar estaba lleno. Ordenamos carne asada y tajadas de plátano, y la comida llegó muy caliente. Estaba deliciosa. No obstante, me sentí raro comiendo con tanto ímpetu después de una semana en Siete de Abril, donde la gente luchaba para comprar arroz y frijoles.

Henry y yo nos habíamos vuelto increíblemente cercanos durante esta semana. Habíamos pasado cada momento del día juntos y compartimos risas durante cada comida. No le importaba que fuera un estudiante universitario sin experiencia que no era tan bueno traduciendo. Yo, a cambio, le advertía de todo el refresco dietético que se estaba tomando —como un "nieto preocupado", me decía bromeando. Entonces me habló en serio.

"Quiero que continúes ayudando a Tulia y a la gente de Siete de Abril sin mí", dijo. "Mis problemas de espalda han empeorado —los doctores me están diciendo que no viaje tanto".

Le dije que los doctores estaban siendo ridículos. "Todavía te quedan como cien años".

"Mi salud no lo permitirá. Te apoyaré desde Milwaukee".

"¿Pero qué se supone que haga? La situación en Siete de Abril es abrumadora".

Henry sacudió la cabeza. "Ojalá tuviera la respuesta".

La conversación me conmocionó. La situación en Siete de Abril era agobiante. Las raíces de su pobreza eran tan generacionales, tan entrelazadas, y mucho más complejas de lo que hubiera podido imaginarme. No veía la diferencia que yo pudiera hacer —¿por dónde empezaría siquiera? Y ciertamente no podría lograrlo sin Henry o la hermana Tulia; ellos eran mis anclas.

"Necesitamos hacer esto juntos", dije. "¿Quién va a recordarte por la mañana que tienes crema de afeitar en las orejas si te quedas en Milwaukee?".

Ambos nos reímos. Cuando terminamos de comer, Henry salió hacia el baño, sosteniendo su espalda baja para aliviar el dolor. Mientras lo veía irse, una intensa soledad me envolvió.

— CAPÍTULO TRES —

SE NECESITA MÁS QUE BUENAS INTENCIONES

UNA BECA PARA VIAJES DE LA UMW ME PERMITIÓ REGRESAR a Honduras durante el verano. Quería ayudar, sin importar cuán pequeña fuera la diferencia que yo pudiera hacer. Henry no pudo unirse debido a su dolor de espalda, así que volé hacia allá yo solo, planeando pasar tiempo en Siete de Abril, aprender a hablar fluido el español, y trabajar como pasante en distintas organizaciones sin fines de lucro.

Conseguí una pasantía en Defendiendo Niños sin Hogar (DHC por sus siglas en inglés), un centro de rehabilitación residencial para niños en situación de calle. Se encontraba a las afueras de El Progreso. Cada mañana, me subía a mi bicicleta oxidada y pedaleaba al trabajo, pasando la estatua de acero de un trabajador de la plantación sosteniendo un racimo de bananos. Honduras había sido una república bananera durante el último siglo —un país políticamente inestable con una economía dependiente de las exportaciones de bananos. En el siglo XX, a cambio de sobornos, la oligarquía hondureña les dio a las corporaciones bananeras de los Estados Unidos concesiones libres de impuestos, grandes regiones de territorio e influencia política. Los dos grupos manejaban a la nación como una empresa comercial privada, y el negocio de los plátanos dejó un legado de pobreza, desigualdad y corrupción gubernamental generalizadas por toda Centroamérica. Es un motivo por el cual tantas familias —incluyendo aquellas en Siete de Abril— no tenían dónde vivir.

En DHC, trabajé con Luis, el director del programa, y Yalena, una joven mujer con tenis desgastados que era la coordinadora principal de actividades. Yalena creció en una pequeña comunidad metida en las plantaciones bananeras. Cuando se mudó a la ciudad, estaba sorprendida por el número de niños sin hogar. Así que, a los diecinueve, Yalena se unió a DHC para ayudar a cambiar eso; rápidamente ascendió de asistente a coordinadora principal de actividades, trabajando a la par de Luis.

Mi trabajo consistía en una variedad de labores. En mi primer día, jugué fútbol con los niños, algunos de los cuales se veían demasiado pequeños como para estar en primaria, y otros que tenían bigote y marcados bíceps. Jugué de delantero con Erik, un niño de diez años con cicatrices en su cabeza rasurada, y lo asistí durante su gol que ganó el partido. Se quitó la camiseta, corrió a toda velocidad como si acabara de anotar el gol ganador de la copa mundial de la FIFA, y me levantó su pulgar. Durante el almuerzo, me tomó de la camiseta como si estuviera previniendo el escape de una cabra domesticada.

A veces, enseñaba. Fueron lecciones simples, el alfabeto, principalmente, pero era trabajo duro. Los chicos se la pasaban haciendo pulsos entre ellos y arrojando aviones de papel. En una habitación adyacente, Yalena estaba enseñando la misma clase a un grupo mucho más grande —lo lograba como si nada.

La intención de DHC era preparar a los niños en habilidades que necesitarían para reintegrarse a la sociedad, tales como alfabetización básica, resolución pacífica de conflictos, y cosas tan elementales como lavarse los dientes. Tenían recursos limitados, pero el equipo trabajaba incansablemente en la humedad y el calor, pausando de vez en cuando para detener exabruptos de violencia y peleas a puños.

Mi primera experiencia de tal violencia fue con Erik. Yo estaba enseñando una clase cuando escuché gritos. Salí corriendo y vi a Erik de diez años peleando con un adolescente. No era una pelea tranquila: estaban golpeándose y pateándose el uno al otro, usando cualquier cosa que podían para atacar. En un punto, levantaron escritorios y se los lanzaron. Luis intervino, tomando al mayor de los chicos y llevándoselo a otra parte. Yo tomé a Erik. Los dos chicos lucharon hasta zafársenos, tomaron grandes piedras, y comenzaron a amenazarse con lanzárselas mutuamente. Usando todas nuestras fuerzas, Luis y yo separamos a los dos chicos en habitaciones distintas.

La pelea me conmocionó. Noté que muchos de los niños tenían cicatrices en sus cuerpos. A algunos les faltaban dedos.

"Están condicionados por la violencia", Yalena dijo más tarde. "Para sobrevivir la violencia en las calles, tienen que ser violentos ellos también. Es la única manera de enmascarar lo asustados y vulnerables que se sienten".

Varios chicos habían recurrido a inhalar Resistol, un pegamento industrial que los había ayudado a reprimir el hambre en las calles y a lidiar con la desesperación. En DHC, lo dejaron de golpe, y los intensos síntomas de la abstinencia en un inicio los volvían más violentos.

¿Pero cómo terminaron en las calles en primer lugar? La respuesta fue una que había escuchado antes —provienen de comunidades rotas donde los niños eran dejados sin comida, abandonados o abusados. Cuando Yalena mencionó que varios niños venían de Siete de Abril, pensé en la parábola de Tulia sobre los bebés en el río.

De acuerdo con las Naciones Unidas, hay aproximadamente 140 millones de niños huérfanos y un mínimo de treinta millones de niños sin hogar en el mundo, siendo los nueve años la edad promedio de entrada a las calles.[1] Un estudio encontró que más del 40 por ciento de los niños sin hogar en

Honduras tenían problemas significativos de desnutrición.[2] Cuarenta y un por ciento comían un promedio de sólo una o dos comidas al día, y 29 por ciento pertenecía a una pandilla. Más de la mitad inhalaba pegamento. Cuatro de cada diez bebían alcohol ocasionalmente, y uno de cada cinco fumaba marihuana.

Durante años, muchos gobiernos buscaron disciplinar a los niños encarcelándolos. El estudio antes mencionado encontró que 40 por ciento de los niños hondureños en situación de calle habían sido encarcelados.[3] De acuerdo con Casa Alianza, la organización no gubernamental más grande en Centroamérica que trabaja con jóvenes sin hogar, 1,817 niños en situación de calle fueron asesinados en Honduras entre 1998 y 2003.[4] A muchos les dispararon con arma de fuego en la parte posterior de la cabeza durante ejecuciones sumarias que quedaron impunes. Estos homicidios eran una forma de "limpieza social", llevada a cabo por grupos paramilitares. El gobierno hondureño afirmaba, sin embargo, que los asesinatos estaban relacionados con las pandillas. Más allá de quién fue responsable por los homicidios, era deprimente aprender que niños en situación de calle eran a menudo tratados como delincuentes irremediables que representaban una amenaza para la sociedad civilizada.

Una hora más tarde, Erik se disculpó por golpearme con la piedra. Se mantuvo cerca, enseñándome la jerga hondureña y contándome de sus equipos de fútbol favoritos. Me di cuenta de por qué se había peleado —los otros niños lo acosaban. Erik era el único garífuna en DHC, una minoría étnica descendiente de una mezcla africana e indígena. También descubrí que detrás de su fachada dura, Erik era un buen chico. Sólo peleaba contra niños que eran más grandes que él; y dejaba a los más pequeños en paz.

Era retador e ingrato trabajar con pequeños que han sido marginados, pero Yalena, Luis y el equipo de DHC lo hacían con paciencia e interminable optimismo. Cada vez que un niño aprendía una nueva letra del alfabeto o una habilidad social como levantar la mano para hablar, Yalena festejaba y decía algo para hacerlo sonreír. Me inspiraban. La semilla que había sido plantada cuando conocí a Ani en Our Little Roses —y que creció cuando visité Siete de Abril— ahora había florecido en una certeza. Quería trabajar con niños que habían sido marginados. Es lo que quería hacer por el resto de mi vida.

* * *

Tres cosas pasaron ese verano que profundizaron mi comprensión del verdadero servicio.

La primera fue un partido de fútbol. Cuando llegué a Siete de Abril, me encontré con Mauricio, el capitán del equipo de fútbol de la comunidad. Con su cabello corto por delante y largo detrás, barba de mosquetero y camiseta blanca sin manga enrollada hacia arriba mostrando su gran panza, Mauricio era inconfundible. Nos pasamos el balón por un rato, y rápidamente me di cuenta de que Mauricio no era el capitán del equipo debido a sus habilidades futbolísticas. No podía patear el balón derecho ni aunque se le fuera la vida en ello. Seguía pateándolo al precipicio hasta un caudaloso río que había abajo, y luego tenía que quitarse la ropa hasta quedar en bóxers, y bajar escalando el escarpado acantilado para recuperarlo. Yo me preocupaba por su seguridad en cada ocasión. Él seguía refunfuñando que el balón no servía.

Cuando me invitó al torneo del domingo, acepté con gusto. Habló del torneo como si fuera la cosa más importante del mundo. "Llega aquí a las 7:00 a.m. en punto", me dijo con seriedad. "No llegues tarde, no puedes llegar tarde".

Me presenté a las 6:55 a.m. y luego esperé casi una hora antes de que él llegara, con la apariencia de alguien que acabara de salir de la cama. "¡Shiiiiin!", gritó, encantado, y luego frunció el entrecejo. "¿Por qué llegaste tan temprano?".

Juanita lo acompañaba —era su hija de *ocho* años, como ella dijo al corregirlo cuando él mencionó que tenía siete. Luego me tocó el hombro y dijo, "¿Tú no le tienes miedo a los jaguares o a los monos, verdad?".

"¿Jaguares o monos?", contesté con mi voz más sobresaltada y miré a la montaña.

"¡¡¡ARRGHH!!!", súbitamente gruñó y pretendió morderme en un costado. Yo grité, pretendiendo estar asustado para ocultar el hecho de que en realidad sí estaba algo asustado. "No te preocupes, mi papá te protegerá", dijo ella y luego abrazó el brazo de su padre. "Yo también voy. Soy la asistente del equipo".

Tomó otra hora que el equipo se reuniera. Mauricio gritó algo, y la gente comenzó a aullar. No estaba seguro de por qué estaban aullando, pero a medida que me uní —me gustó. Me daba una extraña adrenalina. Entonces comenzamos la caminata cuesta arriba por la montaña cubierta de nubes, en dirección al pueblo en la cima.

Subimos varias decenas de metros hacia la profundidad de la selva. A medida que caminábamos entre nubes, el aire se volvía fresco y neblinoso. Estábamos a la distancia de un brazo del cielo azul. El camino de tierra se había estrechado en un angosto y lodoso sendero, flanqueado por vides que me recordaban al *Libro de la Selva*. El aire estaba lleno de cantos de aves, chillidos de mono y sonidos misteriosos. Los chicos adolescentes que nos acompañaban apuntaban rocas a animales azarosamente usando sus resorteras de goma. Estaban determinados a cazar su cena en el camino. Cuando Juanita me vio poniéndome bloqueador solar y repelente para insectos, se burló de mí y me dijo que me veía como un payaso paliducho. Cada vez que escuchábamos un crujido, ella sentía mi temor y gritaba para asustarme. "¡Cagado!", repetía. Yo hacía como que rociaba repelente para insectos en sus ojos, lo cual la hacía alejarse riendo.

Era una subida agotadora —ciertamente distinta a pasearse por un campo de fútbol allá en casa. ¿Cómo iba a soportar un partido de noventa minutos en la cima? Me tomé el último trago de agua de mi botella y me arrepentí de haber traído tan poca. Una hora más de esto y estaba seguro de que llegaríamos a Guatemala.

Para cuando arribamos al pueblo, mis piernas se sentían como gelatina. Mientras estirábamos los músculos, le pregunté a Mauricio por qué había comenzado el equipo. Se rio entre dientes y llamó a Juanita. Frotó sus nudillos en su cabeza mientras ella intentaba irse corriendo. "Lo hago por ella". Había muchas drogas, pandillas y crimen en el barrio. Mauricio no podía estar siempre ahí para mantenerla a salvo debido a las largas horas en que trabajaba como guardia de seguridad. (Hizo como que disparaba una escopeta imaginaria mientras me decía esto. "¡Pa! ¡Pa! ¡Pa!", gritó, como si fuera un Rambo hondureño. Si Mauricio disparaba su arma como pateaba el balón, no quería estar cerca cuando lo hiciera). Si los muchachos del equipo tienen algo que anhelar y de lo cual sentirse orgullosos, pasan menos tiempo en las calles. "Tal vez el barrio —donde vive mi Juanita— es un poco más seguro gracias a esto", dijo él. "Por eso lo hago".

Mi propio amor por el fútbol parecía egoísta en comparación: una necesidad de elogios, halagos y reconocimiento. Mauricio jugaba por su comunidad, para mantener a todos vivos. Era un simple reenfoque del individuo hacia el bien mayor. Me llenó de humildad.

Yalena tenía el mismo efecto cuando me invitaba a hacer senderismo. Usualmente pasaba mis fines de semana durmiendo, tomando cervezas Natural Light y viendo el *Príncipe de Bel-Air*, pero esta vez fui con ella. Tomamos el bus de las 6:00 a.m. hacia la montaña Mico Quemado, luego subimos una colina, y luego otra. Ella había traído una pesada bolsa de lona que cargábamos por turnos. No tenía idea de dónde estábamos, pero seguía a Yalena alegremente.

A medida que hablábamos, aprendí que, además de sus responsabilidades en DHC, estaba estudiando una carrera universitaria. Salía de casa a las seis de la mañana, trabajaba todo el día en DHC, y luego tomaba un viaje de una hora en bus hasta su universidad en San Pedro Sula. Llegaba a casa tarde por la noche, hacía su tarea y dormía unas cuantas horas. Luego lo hacía todo otra vez al día siguiente.

Comenzó a llover en algún punto, y caminamos en silencio. La bolsa de lona de Yalena se volvía más y más pesada. ¿Qué había en ella? Secretamente esperaba que fuera comida para un picnic. Pero cuando finalmente alcanzamos nuestro destino, no era un lugar para días de campo sino un pueblo. Niños se nos amontonaron cantando el nombre de Yalena. Ella abrazaba a todos lo que podía mientras se reía.

"Les traje lo que les prometí", dijo, abriendo la bolsa.

Estaba llena de cuadernos, lápices y útiles escolares. Nunca había conocido a alguien que hiciera lo que Yalena hacía en DHC, y que *además* estudiara una carrera y pasara su tiempo libre subiendo montañas para entregar utensilios escolares. Como mi conversación con Mauricio, observar a Yalena me hacía cuestionarme mi perspectiva y mi indisciplinada vida. La versión del servicio que me demostraban era pura, resiliente y llena de humildad.

* * *

Pero fue el tercer incidente el que realmente hizo que me diera cuenta. Al final del verano, Cosmo vino a visitarme.

Cosmo, la hermana menor que me saludaba desde la carriola en el fatídico día en que por primera vez jugué fútbol, era ahora una estudiante de primer año en la Universidad de William & Mary. Se me unió mientras plantábamos vegetales en Siete de Abril y dirigíamos entrenamientos de fútbol en DHC. Ella pasaba mucho tiempo con Yapa, la pequeña niña de HFC que quería seguir los pasos de la hermana Tulia, ayudándola con su tarea de inglés.

Después de dos semanas, Cosmo me sentó a hablar.

"Algo", dijo ella, "le está faltando a tus esfuerzos".

A pesar de que no quería admitirlo, ella tenía razón. Los niños podrían fácilmente jugar fútbol sin mí. Yapa podía aprender inglés por su cuenta. Las familias ciertamente no me necesitaban para ayudar a plantar sus cosechas. Más aún, debido a lo limitado de nuestro español, éramos a menudo una carga para los hondureños, que tenían que explicarnos las cosas. Además, Cosmo pensó que dos meses —los cuales yo había creído que serían más que suficiente tiempo para establecer relaciones, aprender cómo funcionaban las cosas y generar un impacto significativo— eran demasiado poco. El impacto que tuvimos ese verano fue, en el mejor de los casos, marginal. Sus comentarios me punzaron porque sabía que eran ciertos.

"Podrías hacer muchísimo más", dijo Cosmo. "Recauda dinero para ellos. A cada organización que nos hemos cruzado en Honduras le faltan fondos. La hermana Tulia incluso dijo que les estaba costando trabajo reunir los fondos para HFC este año".

La idea era demasiado grande; era aterradora. El voluntariado era una cosa, ¿pero recaudar dinero para otros? Resistí con cada excusa imaginable. "Nunca he organizado un evento ni hablado en público antes", dije. "Somos estudiantes que ni siquiera tenemos carreras". Pero Cosmo era insistente. Si quería ofrecer un compromiso y servicio reales, de larga duración, a la gente de El Progreso; si quería ofrecer más que sólo mis buenas intenciones, entonces recaudar fondos era el camino por delante. Incluso podía comenzar una organización sin fines de lucro eventualmente. "Yo te ayudaré", dijo ella. "Realmente lo haré. Y Yapa también lo hará. Ella quiere dirigir una organización sin fines de lucro; este es su sueño".

Por un momento, me tambaleé en el borde. Esto era ridículo —no tenía la habilidad para esto. Por un breve y sobresaltado momento, pensé en Michael y esos bravucones en mi sótano. No era lo mismo para nada, y aun así... *Haz algo*. Me dije a mí mismo entonces. *Cualquier cosa.*

Cuán a menudo deseaba haber actuado aquel día. ¿Me sentiría igual respecto a esto?

"Lo haremos juntos", dijo Cosmo, tendiéndome su mano. Sus ojos brillaban de emoción. "Si tu organizas un evento de recaudación de fondos en UMW yo organizaré otro en William & Mary".

Cuando iba en sexto grado, estaba en la patrulla de seguridad. Acompañaba a Cosmo caminando a la escuela con mi chaleco color neón naranja, levantaba mi brazo para recordarle a los conductores que disminuyeran su velocidad y protegía a mi hermana del peligro. Ella me hacía caso y a veces se agarraba de mi camiseta mientras cruzábamos las intersecciones juntos.

En algún punto de la vida, nuestros roles se invirtieron. Ahora era Cosmo quien lideraba el camino. Le di la mano, y decidí intentarlo.

― CAPÍTULO CUATRO ―

ENFRENTA TUS MIEDOS Y ATRÉVETE A PEDIR

DE VUELTA EN UMW, COMPRÉ UN FRASCO DE PLÁSTICO EN la tienda de un dólar y me dirigí al centro del campus. Representantes de clubes estudiantiles estaban montando sus mesas para promoverse; la mesa que tenía reservada estaba en la esquina. Era mi primer evento de recaudación, una campaña de recolección de moneda. Mi objetivo para hoy era simple: recaudar cien dólares para la hermana Tulia y HFC. Puse mi frasco y arreglé algunas fotografías de Honduras que había imprimido. *Hagámoslo*.

El momento del almuerzo se acercaba, y la afluencia de asistentes aumentó. La gente echaba un vistazo. Los amigos saludaban. Ninguno se detuvo. Cuando sonreía, caminaban más rápido. Después de una hora, reacomodé las fotos para asegurarme de que estuvieran derechas. No cambió nada —nadie vino. Respiré profundamente y me levanté. Me puse delante de mi mesa, saludando a extraños, dándoles la mano y presentándome. Daba miedo pero funcionó. La gente donaba su cambio suelto y me hacían preguntas. Funcionaba ser más proactivo.

Cuando el edificio quedó en silencio después de la cena, decidí darlo por terminado. El frasco estaba medio lleno.

Llevé el frasco de vuelta a mi dormitorio como si fuera el tesoro de la nación. Mis manos temblaban de emoción mientras organizaba las monedas en montones. Había incluso algunos billetes de un dólar. Comencé a contar.

Había recaudado menos de veinte dólares.

Conté de nuevo. ¡Había billetes! Seguramente había recaudado más. Pero el total resultó el mismo: veinte dólares. No podía creerlo —qué completo fracaso. Frustrado, deslicé todo de vuelta al frasco, queriendo arrojarlo al bote de basura.

Cuando le conté a mi compañero de piso lo que había pasado, me dijo que había convertido un frasco de cincuenta centavos en veinte dólares; esa era una ganancia de cuarenta veces mi inversión. Me alentó a continuar. Si comenzaba un club universitario, podía involucrar a más estudiantes y recaudar más dinero.

Su positividad me dio valentía. Sin embargo, no sabía nada sobre cómo crear un club universitario, así que respiré profundamente de nuevo y llamé a la presidente del club de derechos humanos de UMW, Meghan. No esperaba que supiera quién era yo: usualmente me sentaba en silencio en las reuniones, demasiado intimidado como para hablar. Pero Meghan no sólo sabía quién era, se acordaba de que había pasado el verano en Honduras. Después de que le conté mis planes, me recomendó mandar correos electrónicos a mis compañeros, imprimir volantes y organizar mi primera reunión de interés. Necesitaba cinco personas para comenzar un club.

"Nunca he hecho un volante antes", susurré.

"Lo resolverás. Sólo comienza y yo te ayudaré durante el proceso".

Así que hice mi primer volante: diseñado en Microsoft Word y usando la fuente Comic Sans. Los pegué por todas partes. Mandé correos electrónicos a mis amigos con la fecha y hora de la reunión de interés —"lleguen temprano para alcanzar los mejores asientos", escribí. Un par de días antes de la reunión, vi algunos de mis volantes arrugados y en el piso. Los recogí y los engrapé de nuevo en el tablón de anuncios, diciéndome que tal vez el viento había soplado con fuerza la noche anterior. Luego caminé un kilómetro y medio hasta el supermarcado y compré dos cajas de galletas para mis nuevos miembros por llegar. Olían muy apetitosas. Tuve cuidado de no comerme ninguna; quería asegurarme de tener suficiente para todos.

Fueron más que suficientes. Dos personas se presentaron a la primera reunión: Nick y Lauren. Escondí mi decepción, y hablé con entusiasmo sobre Honduras. Ellos aplaudieron un poco; después comimos galletas. Fue una buena reunión. La asistencia puede que no haya sido tan grande como esperaba, pero triplicamos nuestra membresía ese día.

* * *

Buscando consejo, Cosmo y yo nos acercamos al Dr. Greg Stanton, uno de los amigos de mi padre. Él había trabajado durante treinta años en el sector internacional de los derechos humanos, y dirigía Genocide Watch, una organización que combatía al genocidio alrededor del mundo. Dijo que necesitábamos comenzar una organización sin fines de lucro y donataria autorizada tipo 501(c)(3). Hicimos una lluvia de ideas y nos decidimos en un nombre: Students Helping Honduras (Estudiantes Ayudando a Honduras, SHH por sus siglas en inglés). Entonces, con su ayuda, entregamos la solicitud.

Ese invierno, regresé a El Progreso con seis miembros de UMW, incluyendo a Nick y Lauren. Pasamos una semana conociendo a las familias de Siete de Abril, jugando fútbol en HFC y explorando la ciudad. En nuestro último día, nos reunimos con la hermana Tulia. Mientras tomábamos muchas tazas de café, nos contó su visión para

HFC ese año. Estaba reuniendo $100,000 dólares para acoger a niños de otra casa hogar que estaba por cerrar, hacer mejoras en las instalaciones y pagar las deudas de HFC. Le dije que estábamos comprometidos a ayudarla a recaudar el dinero. Mientras yo hacía mi descarada promesa, el grupo celebraba. "Estaré agradecida incluso si sólo recaudan unos cuantos cientos de dólares", dijo ella, y se rio con una risa de abuela ante nuestro idealismo.

* * *

En el semestre de otoño, el pastor Bob me llamó al CCC.

"Escuché sobre lo que estás intentando hacer", me dijo. "Y voy a ponerte frente a Doris Buffett, una filántropa que vive aquí en Fredericksburg".

Me reí. Doris Buffett era la hermana de Warren Buffet, el hombre más rico del mundo en ese momento. Ella había comenzado la fundación Sunshine Lady Foundation para ayudar a los necesitados. Ya la había conocido, de hecho —brevemente, cuando fue ponente invitada en mi clase de economía. "Yo doy la mano en vez de dar limosna", había dicho; recordaba eso con claridad. Me costó muchísimo juntar el valor para acercarme con ella, y cuando lo hice, todo lo que pude decir fue "Gracias", y le di una tarjeta de Navidad de Honduras.

Ella era una celebridad. No tenía tiempo para un estudiante universitario.

"¿Qué es lo peor que puede pasar?", dijo Bob. "Has estado yendo de puerta en puerta, enfrentándote a cientos de rechazos. ¿Qué más da *un* rechazo más?".

Bob tomó mi duda como un sí. Acto seguido, usó algunas influencias y yo estaba afuera de la casa de aspecto ordinario de Doris, demasiado nervioso para tocar a la puerta.

"Vamos", dijo Bob.

Llamé a la puerta. Nos dejaron pasar y rápidamente me di cuenta de que lo único ordinario en la casa de Doris era su exterior. Pasamos al lado de cientos de esculturas, pinturas, incluso un piano programado para tocar conciertos por sí mismo. Cuando entramos a un elevador disfrazado de habitación, me percaté de que estábamos adentro de una de esas casas que aparecen en *MTV Cribs*. Entonces se abrieron las puertas del elevador, y ahí estaba Doris.

"¡Hola!". Saltó de su asiento y nos saludó mientras avanzaba con un caminar decidido. "¡Oh! ¿Tú eres el joven de Mary Washington que me dio esa tarjeta navideña de, de dónde era, Honduras?".

No podía creer que se acordara de mí, pero intenté permanecer lo más calmado posible. Asentí.

"¡Maravilloso! ¡Me gustó tanto que la puse justo aquí!". Apuntó a una repisa con la carta acomodada hasta arriba. Me quedé boquiabierto.

Doris nos dio un recorrido de su casa mientras hablaba del tipo de gente que apoyaba su fundación: víctimas de abuso, niños enfermos, personas enfrentándose a enfermedades mentales, presos y mujeres vulnerables en México y Afganistán. "Me estoy asegurando de que el dinero de Warren sea dado a las causas que más lo merecen antes de que yo muera. Me quedo hasta tarde leyendo cartas de personas que necesitan ayuda. Quiero que el último cheque rebote por no tener fondos, de haberlo dado *todo* a otros. Tengo casi ochenta años, ¡así que más me vale apurarme!".

Bob me dio un pequeño empujón. Era mi señal.

Me aclaré la garganta. Durante los siguientes dos minutos, le conté de mis esfuerzos por recaudar fondos para HFC. Ella me preguntó sobre mi relación con HFC, y le dije que eran dignos de confianza. Los había conocido por cerca de un año.

"¡Alto! ¿Los has conocido por sólo un año? Aquí va mi primer consejo, jovencito. *Nunca asumas*. Nunca asumas que las personas tienen buenas intenciones. Tienes que observar cuidadosamente y hacer que *se ganen* tu confianza. El mundo de dar tiene un lado oscuro, lleno de corrupción, avaricia y ego. Lo he visto todo. Ten cuidado". La mirada de Doris era tan intensa que tuve que mirar por la ventana. "¡Una cosa más! Para empoderar a las personas con las que trabajas, no les des limosna. Dales—".

"La mano", completé. "Lo dijo en su discurso".

"¡Muy bien! ¡Estabas poniendo atención! Lo que necesitamos promover es la *autosuficiencia*. Es *ahí* donde el dinero debería ser destinado. Ahora, ¿cuál es el objetivo de tu fundación? ¿Cuánto dinero están tratando de recaudar?".

"Cien mil dólares".

"*¡Cien mil dólares!*". Se rio entre dientes, luego pensó por un rato. Giró su rostro hacia la ventana y se quedó en silencio durante unos segundos. "¡Te diré algo!", exclamó. Mientras me miraba, luché cada impulso por desviar la mirada y en vez de eso trabé mi vista en ella. "Es muy audaz de tu parte venir aquí. ¿Cuánto has recaudado hasta ahora?".

"¿Yo?".

"¡Sí! ¡Tú!".

"Déjeme sacar mis hojas de cálculo y planes de recaudación para mostrarle lo que estaré haciendo". Busqué en mi mochila.

"¡No, no! ¡No necesito ver nada de eso! ¡Sólo dime en qué punto te encuentras!".

"Recaudé poco más de veinte dólares durante mi primera campaña de recolección de moneda, y hemos recaudado un poco más desde entonces".

Ella se rio a carcajadas. "¡Te falta mucho!". Doris se quedó quieta y me miró de arriba abajo —de mis pies hasta los ojos. Todo el metro con sesenta centímetros que mido.

"¡Ajá!", gritó. "Sería fácil para mí sólo darte los $100,000 dólares justo ahora... Pero, claro, eso no le demostraría a nadie cuánto te importa. Ahora, por otra parte, ¿si te doy *un desafío*? Podrías probar cuán duro estás dispuesto a trabajar por aquello en lo que crees".

"¿Un desafío?".

"¡Sí! Bien, Shin —si vas y recaudas $33,333 dólares con tus amigos de la universidad, te daré los $66,666 dólares que necesitas para llegar a tu meta. En nuestra fundación, llamamos a esto una donación de desafío. ¡Tengo este extraño presentimiento de que puedes hacerlo!".

"Pero la escuela termina en tres mes—".

"¿Sí o no?".

Me quedé sin habla. No era un activista. Jamás había organizado una campaña de recaudación de fondos, o dicho un discurso en público. No obstante, por alguna razón, Doris pensaba que podía recaudar $33,333 dólares. Si fallaba, sería vergonzoso, el mayor fracaso público de mi vida. Pero también era una oportunidad de una vez en la vida. Dije que sí.

CAPÍTULO CINCO

REQUIERE DE UN EQUIPO

TAN PRONTO COMO NOS FUIMOS DE LA CASA DE DORIS, FUI al entrenamiento de fútbol del club. Después de un partido de práctica, le dije a mis compañeros sobre la donación de desafío. No esperaba que nadie donara mucho. Después de todo, muchos jugadores del equipo pagaban los veinte dólares de anualidad en pequeños adelantos. Unos cuantos de ellos fueron a sus autos a traer las monedas de cambio que tenían en sus portavasos. Steve, mi cocapitán, sacudió su bolsa de fútbol haciendo caer monedas y calcetines sucios. Vitto, mi compañero de piso, y varios otros hicieron donaciones. Sólo dos horas después de haber comenzado la campaña, mis compañeros de equipo me ayudaron a reunir más de cien dólares.

* * *

Diez personas se presentaron a nuestra reunión esa semana, lo cual rompía nuestro récord de asistencia. Cuando les conté sobre la donación de desafío, Lauren se rio de emoción. "¡Vamos a despertar a este campus dormido!", gritó Nick, quien era para entonces el vicepresidente del club.

"Escribamos algunas ideas en el pizarrón", dijo Strider, un estudiante fisicoculturista que hablaba con una voz suave. Tomó un pedazo de tiza y escribía mientras los demás le gritaban sugerencias. Citas relámpago. Torneos de fútbol. Cenas de beneficencia. Cabinas para lanzar pasteles. Torneos de baloncesto. Entregas de galletas. Una hora más tarde, cada pequeño espacio del pizarrón estaba lleno.

Para poner en acción nuestros planes, pusimos eventos en un calendario gigante. Al lado de cada evento, escribimos cuánto dinero pensamos que recaudaría —$100 dólares en una venta de pasteles, $500 en un autolavado, $750 en una fiesta de beneficencia. Cuando sumamos los ingresos proyectados, refunfuñamos. El total estaba muy por debajo del objetivo de $33,333 dólares.

"Necesitamos llenar nuestros fines de semana", dijo Strider, "y hacer dos o tres eventos por día".

Como fisicoculturistas escribiendo detallados planes de alimentación, regresamos al calendario para agregar más eventos. Para un sábado cercano, planeamos un lavado de autos matutino en una gasolinera local, una venta de pasteles en el campus por la tarde, y una fiesta de beneficencia en mi apartamento por la noche. Cuando hicimos las cuentas, nos dimos cuenta de que era posible recaudar más de $1,000 dólares al día. Cuando pensamos que nos habíamos quedado sin ideas, Kristin, de primer año, levantó su mano. Sugirió un *maratón de caminata* por todo el campus. Todo lo que necesitábamos era una ruta. Era un evento con un potencial de recaudación gigantesco, y podríamos reunir a los diferentes grupos en el campus.

Estaba dudoso al principio, dada la logística que se necesitaría. Pero cuando hablamos al respecto, nos dimos cuenta de que el proceso sería simple. Todo lo que teníamos que hacer era inscribir participantes, convencerlos de conseguir patrocinadores, y recolectar las donaciones durante el evento. El voto fue unánime: el maratón de caminata sería nuestro proyecto principal.

A las once de la noche, concluimos la reunión y nos fuimos a casa. La mañana siguiente, nos pusimos a trabajar.

* * *

Siempre he odiado hablar en público. Culpo a una experiencia en sexto grado, en nuestro examen final de oratoria. La Sra. Rhine hizo que todos recitáramos el poema de Robert Frost "El camino no elegido", como examen de nuestras habilidades de oratoria y memorización, pero yo estaba seguro de que estaba poniendo a prueba cuánta tortura podíamos soportar.

"Shin", dijo ella. "Es tu turno".

Tomé un respiro profundo y agitado, recordándome lo lejos que había llegado de ser ese niño que no podía explicarle a su entrenador por qué estaba practicando un pase tan lejos de la cancha. Ya me había graduado del programa de inglés como segundo idioma; podía con esto. Me concentré en la clase dándome una ovación de pie al final, y lo bien que eso se sentiría. Mis amigos chocaron los puños conmigo mientras los pasaba caminando. Todos los ojos estaban puestos en mí.

"Dos caminos divergen en un bosque amarillo".

Pausé. Mi voz sonaba rara. Estaba tan temblorosa que sonaba como si estuviera arriba de una lavadora. De hecho, mi cuerpo entero estaba temblando como si estuviera dentro de una. Intenté recitar unas cuantas líneas más, pero la Sra. Rhine se estaba riendo. Estaba cubriéndose la cara, pero era claro que estaba riéndose. Cuando mis compañeros notaron a la Sra. Rhine, comenzaron a reírse ellos también. Pronto, todo el salón estaba carcajeándose tan fuerte que estaban llorando. Era mi peor pesadilla.

Nunca más me pondría en esa situación.

No obstante, ahí estaba; escribiendo a cada club estudiantil en UMW con el fin de arreglar una presentación para invitarlos al maratón de caminata. Redacté mi discurso; lo practicaba infinitas veces frente al espejo de mi baño. Mi primera presentación fue con el club de animé, y llegaron usando bonitas camisetas de animé y parafernalia de Pokémon. No importaba. Me aterrorizaban. Balbuceé algunas palabras, entregué volantes y corrí directo al baño por si necesitaba vomitar. Mejoró después de mi vigésimo o trigésimo discurso. Mis piernas finalmente dejaron de temblar en mi quincuagésimo discurso. La clave, aprendí, era simplemente mucha práctica.

No sólo realicé mi presentación en clubes estudiantiles. Llegaba temprano a mis clases y también me metía a salones al azar para proponer el maratón de caminata antes de que un profesor apareciera. Después de clases, elegíamos un dormitorio e íbamos de puerta en puerta para hablar de la organización. Si nadie respondía, deslizábamos un volante por debajo de la puerta. Cuando se me acabaron los grupos para hablar en el campus, di presentaciones en diferentes organizaciones civiles y colegios en el área de Fredericksburg. Bob me consiguió espacios para hablar en varias iglesias.

Pero hubo algunos discursos para los que no pude haberme preparado. Una vez le hablé frente a un público de cincuenta personas, todos de traje, e intenté comprimir toda mi información en los cinco minutos que me habían asignado en el itinerario. Cuando terminé, un hombre de mediana edad levantó la mano.

"¡Joven!", exclamó. "¿Cómo puedes garantizarnos que esta casa hogar para niños de la que ninguno de nosotros ha oído usará el dinero sabiamente? No estoy seguro de cuáles sean tus credenciales, pero parece demasiado ambicioso para personas tan jóvenes estar lidiando con algo de esta magnitud en un país extranjero".

Continuó con una racha de preguntas y regaños a los que no sabía cómo responder. Después de todo, eran preguntas con las que yo también estaba luchando.

"¿Tienen un estatus tipo 501 (c)(3) de donatario autorizado sin fines de lucro?".

Expliqué que estábamos esperando a que el fisco enviara una carta de aprobación. Pero él siguió interrogándome, ocasionalmente mirando a sus colegas como para hacerlos cómplices del chiste. Podía ver a Nick al fondo de la habitación, con las manos en la cara.

"Todo este asunto", anunció el hombre, "me preocupa grandemente". Luego se sentó triunfante.

Me sentí tan pequeño. Nick susurró, "Buen trabajo", cuando lo alcancé, pero sólo me hizo sentir peor porque sabía que no era cierto. Unas pocas personas donaron antes de que nos fuéramos, pero yo estaba desmoralizado.

En el camino a casa en el viejo sedán de Nick, reproducía en mi mente los comentarios del hombre y me criticaba a mí mismo por mis desordenadas respuestas. Los comentarios me hirieron porque eran ciertos en muchos niveles. No había manera de garantizar que lo que estábamos tratando de hacer funcionaría. Me sentía terrible de que Nick se hubiera saltado su clase de filosofía para darme un aventón, pero me sentía peor de que trabajara con un líder que fallaba cuando las apuestas eran altas. A medida que entramos en la autopista, él rompió el silencio. "Ninguno de nosotros pudo haber previsto esas preguntas", dijo. "No podemos siempre controlar lo que nos pasa". Me recordó que habíamos recaudado poco más de cien dólares en el evento, lo cual era todo lo que importaba. A medida que Nick hablaba de lo mucho que SHH le importaba y cuánto quería ayudar a Tulia y a los niños en HFC, comencé a sentir un resurgimiento de energía. Cuando los dos entramos a nuestra reunión semanal aquella noche, me di cuenta de lo mucho que SHH había crecido. Más de quince personas llenaban el aula.

* * *

Tuvimos nuestra última cena como equipo en el comedor Seacobeck. Era el final del año. El maratón de caminata estaba a menos de veinticuatro horas.

A Lauren se le llenaron los ojos de lágrimas —no podía creer lo que habíamos podido conseguir juntos. Habíamos organizado más de cincuenta eventos y habíamos enviado cientos, sino miles, de cartas de petición de donaciones. Ese semestre, Lauren no se había perdido de un sólo evento o reunión. Tampoco Strider, quien estaba tomándose su quinto vaso de leche en esta cena. No sabía qué había hecho para merecer amigos tan leales y comprometidos.

Habíamos reunido más de $10,000 dólares. Nick creía que era un récord universitario para un grupo de nuestro tamaño. Pero aunque estábamos orgullosos, ninguno estaba celebrando —estábamos apenas a un tercio del camino de nuestro objetivo de $33,333 dólares. Mañana sería nuestro último esfuerzo. Era emocionante pero aterrador.

Me desperté al rayar el alba y me encontré con un cielo nublado y un campus dormido. Llegué temprano al punto de partida del maratón de caminata, pensando que sería el primero ahí. No lo era. Varios miembros ya estaban preparando todo.

"Buenos días", dijo Nick, sosteniendo un manojo de pósteres y marcadores.

"¡Hoy es el día!", dijo Lauren, tratando de contener su emoción con respiraciones profundas. Strider llegó, cargando una jarra de agua llena con hielo. Tomamos mesas y sillas de un edificio cercano. Lauren escribió "Regístrese aquí" con un marcador en un póster de papel y lo pegó con cinta a la mesa. Después de que montamos un área para una banda de rock local que habíamos invitado, se nos acabaron las cosas por hacer. Nuestro maratón estaba decorado de manera tan básica y sin adornos, que ciertamente no parecía el tipo de evento que buscaba recaudar $20,000 dólares.

Después de que nos agrupamos para darnos ánimos, el cielo comenzó a tronar y una oscura nube apareció. Comenzó a caer una tormenta. "¡Los pósteres!", gritó Nick. Corrimos a quitar los pósteres, pero era demasiado tarde. Estaban empapados, y las palabras ya se habían borrado. "¡Corran a cubrirse!", alguien gritó. El grupo se dispersó a medida que la lluvia caía. Nick y yo corrimos al comedor donde temblábamos y desayunábamos. Mirando a través de la ventana, supe que todo nuestro trabajo se había ido por el drenaje.

Cuando salí de bañarme de vuelta en mi apartamento, había dejado de llover y el cielo gris se estaba volviendo azul. Con menos de una hora para dar inicio, salí corriendo por la puerta. Dado que era fin de semana antes de exámenes finales, el campus estaba todavía en silencio y vacío. Llegué al punto de inicio y vi a Nick y a Lauren sentados en la mesa de registro. Ni un alma más estaba ahí además de nosotros tres. Estaba tan silencioso, que podía escuchar a los árboles susurrando con el viento. Mis preocupaciones crecieron hasta ahogarme. Tal vez habíamos escrito mal la fecha en nuestros volantes. Tal vez nadie aparecería. ¿Qué pasaría si fracasábamos en lograr el desafío de una vez en la vida de Doris?

Escuché una voz detrás de mí decir, "Shin".

Cuando me giré, no podía creerlo. Mi mamá había llegado. Traía puesto un pastoso bloqueador en toda su cara y una gastada gorra de béisbol en la cabeza. "Ya llegamos", dijo ella. Mi papá apareció detrás de ella, usando sus lentes de sol de ejercicio y asintiendo estoicamente. Mi hermano Gaku y mi hermana Koko los seguían. Mi familia había manejado desde Falls Church, a más de una hora de distancia, para asistir al evento. Les di a cada uno un abrazo y les presenté a mi equipo.

Poco después, el club de animé entero se presentó. Estaba tan sorprendido que no sabía cómo agradecerles. Pensé que nadie vendría a un evento auspiciado por un organizador al que se le iban las palabras en su discurso. Nick y Lauren comenzaron a registrarlos a medida que más personas se integraban. Súbitamente, escuchamos una conmoción en el estacionamiento.

"Vienen hacia acá un montón de personas vestidas de verde", dijo Strider con una voz preocupada. Un ruidoso grupo de jóvenes usando ropa amarilla y verde salió de sus vehículos y comenzó a caminar hacia nosotros. Cuando miré más de cerca, me di cuenta de que eran Cosmo y su gente de la Universidad de William & Mary. Habían manejado dos horas desde Williamsburg para llegar al maratón de caminata.

Cosmo me dio un abrazo de oso y me entregó un sobre de papel de manila lleno con donaciones. "Nos hemos estado partiendo el lomo", dijo, "¡sólo en caso de que ustedes estuvieran flojeando aquí en Mary Wash!".

Cuando Cosmo me preguntó dónde estaba la mesa de registro, apenas pude encontrarla. Cientos de personas estaban en la fila, bloqueando la vista. La gente seguía llegando, forzándonos a retrasar el comienzo. Mientras que Nick dirigía a la multitud, me miraba y apuntaba a su reloj. Yo seguía asintiendo. El Dr. William Crawley, un profesor de renombre, me encontró en la multitud y me estrechó la mano. "He estado escribiendo un libro de historia sobre nuestra universidad", dijo. "De todos los eventos organizados por estudiantes que la universidad haya visto en sus cien años de historia, pienso que este es el más grande jamás. ¡Bien hecho!". Yo sólo continué estrechando su mano, sin palabras.

Cuando ya habíamos registrado a casi todos, el equipo y yo nos subimos al escenario de madera. Había tanta gente en el césped, que apenas podía ver el pasto. Clubes de estudiantes, equipos deportivos, fraternidades, iglesias, sinagogas, templos budistas, mezquitas, organizaciones civiles, colegios, representantes de una organización en Missouri que recaudó dinero para la campaña e incluso corredores maratonistas ghaneses —todos estaban ahí, cantando. La energía que llenaba el aire era como ninguna otra cosa que hubiera experimentado.

Quería empaparme en la emoción un poco más, pero era momento de decir algo. Sostuve el micrófono, respiré profundamente y tartamudeé algunas palabras. Cuando me quedé sin cosas que decir, le pasé el micrófono a Cosmo.

"¿Cómo están, Mary Washington?", dijo Cosmo. "¿Listos para empezar esto?". El público explotó. "¡*Cosmo! ¡Cosmo! ¡Cosmo!*". La turba de verde y amarillo comenzó a gritar y a soplar silbatos. Por los siguientes cinco minutos, ella electrizó a la multitud. Cosmo era la Oprah asiática.

"Cuando cuente desde cinco, vamos a comenzar esto... ¿*ESTÁN LISTOS?*".

"¡Sííííí!", gritó la multitud. El campus entero reverberaba mientras la multitud contaba al unísono. "¡Cinco...! ¡Cuatro...! ¡Tres...! ¡Dos...! ¡Uno...! ¡¡¡¡ARRANCAMOS!!!!".

La banda de rock, al unísono, comenzó a tocar sus instrumentos y la caminata comenzó. El circuito de un kilómetro y medio a través del campus estaba tan lleno, que la gente surfeaba entre la aglomeración para llegar al frente. Yo saludé y agradecí a los participantes mientras caminaban. El equipo trabajaba sin parar, asegurándose de que la gente tuviera suficiente agua, de que los que llegaban tarde se registraran y de que todos pasaran un buen rato. A medida que la brisa de la noche comenzó a enfriar el aire húmedo, la gente nos deseó suerte y comenzó a marcharse. Mi familia se quedó a tomarse fotografías y eventualmente se fue. Cosmo me dijo que le llamara cuando tuviéramos la suma total y se fue en un auto con sus amigos.

Después de que limpiamos bajo el atardecer, reuní al equipo. "Gracias", dije. "No importa el resultado, estoy orgulloso de lo que hemos logrado. Han sido increíbles". Lauren, sudorosa y exhausta, comenzó a llorar. Nick cerró los ojos y asintió con la cabeza. Antes de que nos dispersáramos, Strider abrazó a cada persona.

Nick y yo nos quedamos a contar el dinero. En aquel momento, no teníamos una página web ni un procesador virtual de donaciones. Teníamos un montón de sobres de papel de manila, efectivo, jarros llenos de monedas y cheques cubriendo la mesa de plástico frente a nosotros. A medida que oscurecía, le dije a Nick que necesitábamos apurarnos. La gente estaba mirándonos de forma extraña cuando veían todo el dinero sobre la mesa. Después de cerca de dos horas, me paré a caminar un poco.

"Casi terminamos", dijo Nick.

Pensé en todas las personas que nos habían apoyado, todas las clases a las que no había entrado para llegar a nuestras reuniones, y la primera campaña de recolección de moneda. Se sentía como hace una década.

"Tengo el total", dijo Nick.

Sus manos estaban temblando mientras escribía el número en un pedazo de papel con un marcador azul. Cubrí mi cara con ambas manos y me apreté los ojos cerrados. Sentía como si me fuera a explotar el corazón.

"¿Estás listo?", me preguntó.

"No".

Nick se rio y le dio la vuelta al papel. Yo quité mis manos de mis ojos y miré. "OCHENTA MIL DÓLARES", decía. Cerré mis ojos y los volví a abrir para asegurarme de que estaba leyendo el número correctamente. Todavía decía OCHENTA MIL DÓLARES. Sin hablar, me tambaleé hasta una banca de madera y me acosté. Exhalé lentamente. Sentía como si hubieran liberado un millón de mariposas en mi estómago. Las lágrimas caían por mis mejillas. Luego Nick me tomó, me puso de pie y ambos estábamos gritando, aullando, locos por la euforia del suceso. "¡Aaaaaaaah!". Corrimos por el lugar como si hubiéramos perdido la razón. Gritábamos y gritábamos. Yo salté y lancé golpes al cielo con mis puños como Rocky Balboa. "¡Lo hicimos!", gritó Nick. "¡Lo hicimos!". Habíamos casi triplicado el desafío de Doris.

Cuando me encontré con Doris más tarde esa semana, ella sonrió y me dio la mano. "Tenía un presentimiento de que ibas a lograr esto", dijo. "¡Voy a traerte tu cheque!". Secretamente esperaba que Doris me diera uno de esos cheques del tamaño de una tabla de surf como los que ves en televisión, pero era un cheque de tamaño normal. Cuando lo levanté en el aire, no me quejé. El endeble pedazo de papel en mis manos valía más dinero que cualquier cosa que haya tenido. Valía $66,666 dólares.

Doris pronunció las palabras que Margaret Mead alguna vez dijo: "Nunca dudes que un pequeño grupo de ciudadanos pensantes y comprometidos pueden cambiar el mundo. De hecho, son los únicos que lo han logrado". La frase sonaba verdadera. Un pequeño grupo de estudiantes había recaudado más de $140,000 dólares en unos cuantos cortos meses. No podía esperar para contarle a la hermana Tulia las buenas noticias.

CAPÍTULO SEIS

NO ESPERES POR PERMISO

NO SABÍA SI NUESTRO MARATÓN DE CAMINATA HABÍA SIDO una casualidad, suerte de principiante, o si habíamos dado con algo. Pero ser capaz de hacer la diferencia era vigorizante, y sabía que sólo había una manera de averiguarlo.

Así que cuando fui de vuelta a Siete de Abril ese verano y Mauricio me dijo que necesitaban un edificio para su escuela, me puse a trabajar. Por ahora, su pequeña Juanita estaba aprendiendo bajo una ceiba con los otros estudiantes, con un pizarrón apoyado contra el antiguo tronco. Llamé a la iglesia presbiteriana Emanuel, una iglesia en Virginia que había comenzado a apoyarnos, para ver si podían ayudar. Se unieron. Construimos la escuela de un salón con madera para que pudiera ser desensamblada si la disputa territorial escalaba. Siete de Abril era, por supuesto, un asentamiento temporal todavía.

¿Qué seguía? "Techos", Mauricio dijo. Apuntó a los techos de lámina que se pudrían, unidos con una lona. "Una mala tormenta" —chocó sus palmas— "y somos frijoles en una baleada".

Así que reemplazamos los techos, con financiamiento del CCC y Rotary International. Yo ayudé con el trabajo. Compré provisiones de comida para las familias. Y hubiera seguido así —identificar un problema, luego intervenir para ayudar— de no haber conocido a Camila.

La primera vez que charlé con Camila, estaba cargando madera y ella estaba agarrada de mi camiseta. Tenía sólo nueve o diez años, y estaba vestida con una camiseta de resaque de Clifford, el gran perro rojo. Estaba bastante seguro de que ella no tenía idea de quién era Clifford; pues no había visto un solo libro —a excepción de la Biblia— en la comunidad. Ella era tan pequeña, con oscuros ojos cafés que me recordaban al oso Corduroy, no obstante su forma de ser estridente me recordaba a las abuelas que trabajaban en los mercados callejeros en la ciudad.

"Chinito", dijo con una voz rasposa, "Deberías comprar mis naranjas. Son las mejores de la ciudad".

Colocó una naranja en mi mano. No era nada parecida a las naranjas perfectas y genéticamente modificadas que encuentras en Estados Unidos.

"¿Cuánto cuestan las naranjas?".

"Usualmente están a dos lempiras (como diez centavos de dólar). Pero para ti, un lempira cada una".

Era una oferta irresistible, pero tenía una pregunta para ella: "¿Por qué tus naranjas son verdes?".

"Las mejores naranjas en Honduras siempre son verdes". Levantó los ojos, como si fuera obvio. "¿Entonces cuántas vas a comprar?".

No estaba seguro de si estaba contribuyendo al trabajo infantil, pero a su familia probablemente le caería bien el dinero. Le di un billete de veinte lempiras y compré la canasta entera. Ella levantó el billete hacia el cielo, apretó los ojos, y lo dobló cuidadosamente en su bolsillo. Luego peló dos naranjas con un cuchillo romo. Le di una, y comimos juntos en la sombra. Como sospechaba, las naranjas sabían a limones gigantes. Estaban tan amargas que no tenía idea de cómo me comería tantas. Fruncí los labios, y Camila soltó una risita.

"Toma", dijo ella. Sacó una bolsa de plástico con azúcar y puso una pizca en mi naranja. Tan pronto le di una mordida, solté un aullido fuerte. El polvo blanco no era azúcar. *Era sal*. Camila se rio y puso un polvo negro en mi naranja. Cuando volví a morderla, casi escupo. *Pimienta*. ¿Por qué estaba esta pequeña niña haciéndome bromas? Pero no era así—Camila estaba echándole sal y pimienta a su propia naranja y comiéndosela gustosamente como si fueran las mejores de la ciudad.

Cada mañana, Camila me esperaba en la entrada de la comunidad, y yo le compraba una canasta de naranjas magulladas. Nos sentábamos en una raíz de árbol y comíamos juntos, Camila echándole sal y pimienta con mucho cuidado mientras hablaba de su familia, amigos, algo que encontró en el río el día anterior. Con cada naranja, conocía a Camila un poco mejor. Incluso comenzaron a gustarme las naranjas verdes con sal y pimienta. Camila tenía la pinta de una abuela porque ella había estado cargando el peso de proveer para sus hermanos menores.

Bromeando con Camila me mantenía entretenido durante el pesado trabajo. Ella intentaba ayudarme con la obra en construcción, pero los materiales eran demasiado pesados para que los cargara. Así que le di mi mochila en su lugar. Ella la cargaba diligentemente, siguiéndome a todas partes. No mucho tiempo atrás, no sabía de su existencia. Ella era una entre millones de niños que vivían en un asentamiento y vendían fruta en una canasta. Ahora sabía sobre su vida y cómo le gustaban sus naranjas, y ella me importaba profundamente. Le deseaba una buena vida. Ya no era importante que hubiéramos crecido a miles de kilómetros de distancia.

Una mañana, Camila estaba esperándome como de costumbre. No traía su canasta de naranjas. Había llovido la noche anterior, y la lluvia había convertido su piso de tierra en un charco de lodo. Su techo había goteado, y había pasado la noche con su familia hacinada bajo una lona de plástico.

Ahora, pequeña y con los ojos hinchados, me entregaba un papel envuelto en plástico.

A medida que caminaba y miraba a sus pies, sus ojos comenzaron a llenarse de lágrimas. No estaba preparado para eso. Miré el papel. Era un dibujo de una casa con puerta, dos ventanas y naranjos creciendo a los dos lados. Por encima, con una letra apenas legible, decía: *Chin y (C)osmo, ayúdenos. Somos pobres y de bajos recursos.*

Para Camila yo era, sin duda alguna, la persona más adinerada que conocía. Después de todo, era la única persona que podía costear su canasta entera de naranjas todos los días. Mi visión comenzó a volverse borrosa, y me dolía el pecho. Ella se merecía estar hablando con Bono o Bill Gates, no con un estudiante universitario que ganaba el salario mínimo trapeando pisos en la universidad. Las cosas a mi alrededor comenzaron a girar en círculos, así que me excusé y me senté debajo de un árbol de mango, mirando al río. Pensé en todo lo que había aprendido en Siete de Abril. La niña que había sido asesinada en el río. El mayor miedo de Marta: un desalojamiento. Juanita aprendiendo debajo de un árbol en vez de en una escuela. Los niños recogiendo basura en el vertedero, respirando gases tóxicos. En la década que Siete de Abril había existido, las condiciones no habían mejorado. Todavía tenían que reconstruir sus casas cada vez que llovía.

La carta me obligó a admitir una verdad brutal que había estado pretendiendo que no existía —distribuir comida o arreglar un par de techos era como ponerle un curita a una herida abierta e infectada. Esta era pobreza generacional, profundamente enraizada y compleja. Me había estado dando palmadas en la espalda vergonzosamente para luego volver a casa, mientras a Camila y a todos los demás continuaban faltándoles las necesidades más básicas.

Camila jaló mi camiseta de fútbol. Para entonces, era yo quien tenía los ojos hinchados. Me dio un golpe en las costillas y me preguntó si estaba bien. Nos sentamos juntos por un rato. Cuando fue momento de que ella se fuera, me dejó unas naranjas en la tierra.

Volé de regreso a Estados Unidos con una promesa para mí mismo: haría todo por regresar, esta vez con una respuesta real a la carta de Camila.

* * *

Le pedí a Doris una reunión, y fui a su casa a explicarle la situación en Siete de Abril. Lo que más necesitaban eran viviendas adecuadas, con sistema de aguas grises y agua corriente.

"¿Cuánto costaría?".

"Construir una para cada familia", dije, "un total de $200,000 dólares". "¡Doscientos mil! ¡Eso es el doble de tu objetivo del último año!".

Discutimos detalles. Los padres en la comunidad estarían dispuestos a proveer el trabajo manual, así que sería el costo de los materiales, la tierra, las herramientas y los especialistas. Doris comenzó a caminar.

"Te propongo algo", dijo ella, tronando sus dedos. "Si puedes recaudar $100,000, lo igualaré para que puedas alcanzar tu meta". Sin dudar, estreché su mano. Otra donación de desafío era exactamente lo que necesitábamos. Nos daba una razón para ampliarnos, acercarnos a personas que nos asustan, hablar con la prensa y hacer crecer la organización. Mientras corría de regreso al campus, sentía que mis venas iban a estallar de tanta adrenalina.

Más de veinte miembros de SHH se presentaron a la primera reunión del semestre. "Las matemáticas nos dicen una cosa", dije. "Necesitamos llevar a cabo un evento de recaudación de fondos cada doce horas, comenzando mañana". La intensidad de la reunión me hacía sentir como si estuviera en los vestuarios durante el medio tiempo.

"¡Es una locura!", gritó alguien. No estaban equivocados.

Strider levantó la mano tímidamente y señaló que hubo personas que dijeron lo mismo cuando anunciamos el objetivo del año anterior. Podíamos con esto.

"Empecemos fuerte escribiendo *mil* cartas de petición de donación de fondos", dijo Nick.

Lauren asintió, añadiendo: "Yo pediré la pizza".

Después de la reunión, nos desvelamos horneando galletas y brownies. Nuestra venta de reposterías al día siguiente fue un éxito. Vendimos rápidamente todo y ganamos cientos de dólares. El éxito trajo consigo consecuencias no buscadas. Otros clubes estudiantiles notaron lo que estábamos haciendo y comenzaron a vender sus propios postres justo al lado de nosotros. Pronto, estábamos compitiendo con media docena de clubes que tenían carteles que se sostienen solos y manteles personalizados. Nosotros no teníamos ninguna de esas cosas elegantes que ellos tenían, pero para cuando las otras mesas vendían tres galletas, nosotros ya habíamos vendido tres charolas. La diferencia era que se sentaban detrás de sus mesas y se quedaban callados. Nosotros, por otra parte, nos parábamos frente a nuestras mesas y vendíamos galletas como si nuestras vidas dependieran de ello. A medida que el grupo crecía, comenzamos a organizarnos en múltiples ventas de repostería simultáneas en diferentes rincones del campus.

Cada fin de semana era una gran oportunidad de recaudar fondos. Llevábamos a cabo eventos hasta muy noche y luego nos levantábamos a las 6 a.m. a vender panqueques en el Applebee´s local o a lavar autos en una gasolinera, muriéndonos de frío. Cuando nos faltaban dos meses para terminar el semestre, entramos a un concurso de votación en línea patrocinado por la Dodge Motor Company. Para ganar el premio en efectivo, necesitábamos conseguir que la mayor cantidad de gente diera clic a un botón de "votar" en su página web. Entramos al concurso tarde y empezamos en último lugar, detrás de incontables organizaciones sin fines de lucro. Nos preocupaba que si pasábamos mucho tiempo en una competencia que pudiéramos no ganar, perderíamos tiempo para otros eventos. Después de una larga reunión, nuestro equipo decidió tomar el riesgo e ir de lleno con el concurso. Durante los días finales del concurso, tocamos en cada puerta de cada dormitorio e instalamos mesas de registro por todo el campus. Debí haber refrescado la página cien veces cada día para ver cuántos votos teníamos. Ganamos la competencia y el premio de veinticinco mil dólares. Éramos imparables.

Acumulé tantos pósteres, materiales y frascos llenos de monedas de todos los eventos, que eventualmente necesité espacio de oficina. Cuando averigüé lo caro que era rentar en un edificio en Fredericksburg, decidí convertir mi clóset en el primer cuartel general de la organización. Moví toda mi ropa a un lado y puse mi escritorio, silla y frascos de monedas en el espacio libre. Cuando mi compañero de habitación, que no estaba al tanto del cambio, fue hacia el clóset para tomar algo esa noche, gritó del susto. Lo que tomó no era una chamarra —era la cabeza de un hombre asiático mirando una pantalla de computadora.

Luego de haber ido de puerta en puerta en cada dormitorio, decidimos hacer lo mismo en Fredericksburg. El primer día, Nick y yo comenzamos en la avenida Universidad, justo al lado del campus. Teníamos miedo, pero tocamos en la primera puerta con gran entusiasmo.

Una mujer usando pantuflas abrió.

"¡Hola! Me llamo Shin, y él es Nick". Estreché su mano. "Somos estudiantes de Mary Washington, y estamos recaudando dinero para una organización sin fines de lucro en Honduras".

"¿Honduras?", dijo la mujer, frunciendo el ceño. "¿Por qué deberíamos estar ayudando a la gente en Honduras cuando tenemos suficientes personas en situación de calle justo en nuestra ciudad?".

Era una pregunta justa y filosófica que no sabía cómo responder.

"Si siguen solicitando así en nuestro barrio, puede que se metan en problemas con la policía". ¡PUM! Nos cerró la puerta en la cara.

¿Era posible ser arrestados por lo que estábamos haciendo? Nos debatimos sobre si continuar o no. Estábamos descolocados, pero después de que nuestro ritmo cardíaco se estabilizara, decidimos tocar en un par de casas más y ver cómo nos iba. Mientras caminábamos a la siguiente casa, secretamente esperaba que nadie nos respondiera. Pero toqué, y una abuela en piyamas nos respondió. "Hola, me llamo Shin, y él es Nick", dije con una voz más temblorosa que antes, "Somos estudiantes de Mary Washington. Estamos recaudando fondos para—".

"Oh, pasen", dijo ella al abrir la puerta. "Déjenme traerles algo de beber. Se ven sedientos".

La señora nos dio limonada y galletas. Nos preguntó por nuestra campaña de recaudación y rellenó nuestros vasos a medida que nos los tomábamos. Ella nos escuchó. Luego nos dio un billete de veinte dólares y nos deseó buena suerte. Los dos agradecimos a la abuelita y regresamos a la calle. Queríamos brincar y celebrar, pero una patrulla de policía se nos acercó. El oficial pasó al lado de nosotros mientras yo escondía mi carpeta detrás de mi espalda. Me pregunté si la primera señora llamó a los policías por nosotros, pero no había manera de saberlo. La posibilidad de ser arrestados se sintió real. A medida que nos enfrentábamos a rechazo tras rechazo, pensé que la gente no donaba porque nos les gustaba cómo me veía o tartamudeaba. Pero me di cuenta de que la gente tenía todo tipo de razones legítimas por las que no querían donar. No tenían el dinero. Estaban teniendo un mal día. Solamente donaban a ciertas organizaciones. A medida que comencé a comprender que obtener un sí se trataba más de la probabilidad y menos sobre mí, cada rechazo me afectaba menos. Nick y yo recaudamos como doscientos dólares esa tarde.

En nuestra reunión semanal, Nick imprimió mapas de distintos barrios y organizó a todos. Más de veinte de nosotros fuimos de puerta en puerta al día siguiente y recaudamos varios miles de dólares. El esfuerzo era tan redituable que decidimos recorrer las calles cada semana a partir de entonces. La campaña no terminaba por las tardes.

Después de ir de puerta en puerta, pasaba mis noches promocionando nuestro segundo maratón de caminata anual. Di el discurso de promoción tantas veces que cuando entré a un concurso de discursos de todo el campus sólo para anunciar el evento, terminé ganando el premio de la audiencia. No pude llegar a la ceremonia de premiación porque iba a dar otro discurso en otro lugar. Me despertaba a las cuatro de la mañana, hacía mi tarea de premedicina antes de que saliera el sol, y pasaba el resto del día asistiendo a clases o trabajando en la campaña. Iba al baño pensando en la campaña y me acostaba pensando en ella también. Me sentía como una máquina que estaba programada para perseguir un objetivo y nada más. Era extraño recordar que apenas unos cuantos años atrás, caminaba por el campus confundido y sin un sentido de propósito.

Durante una de las últimas reuniones del año, me puse emotivo mientras les agradecía a todos por su dedicación incondicional. Para entonces, había tantos miembros en el club, que tuvimos que traer sillas de otro salón. "Creo que no hay nada más que pudiéramos haber hecho", dije. Realmente lo creía, dado nuestro extenuante horario. Habíamos organizados noches de citas relámpago, eventos de bingo, ventas de jardín, ventas de segunda mano, ventas de pizza, cenas de espagueti, subastas, rifas, incontables ventas de pasteles, barrido de hojas y limpieza de garajes. Antes de terminar, Anna, una nueva integrante del club, levantó la mano.

"Hay una cosa que no hemos intentado aún", dijo. "Algunos de nosotros estamos planeando ir de puerta en puerta en el campus para limpiar baños e inodoros".

"Cuenten conmigo", dijo Strider. "No quiero recordar la universidad y arrepentirme de no haberlo dado todo". Tuve un nudo en la garganta por segunda vez esa noche. Nunca había sido parte de un esfuerzo tan unido y determinado. Ese fin de semana, mientras hablaba en iglesias por toda la ciudad, el equipo en el campus limpiaba baños sucios. Anna estaba orgullosa de que nuestro esfuerzo de limpieza nos pusiera unos cuantos cientos de dólares más cerca de nuestro objetivo. Cuando tu equipo está dispuesto a limpiar inodoros para lograr una misión, se siente como si nada pudiera detenerte.

* * *

En la mañana de nuestro maratón de caminata, treinta voluntarios montaron escenarios, puestos de barbacoa, espacio para bailarines, venta de camisetas y numerosas mesas de registro por el corredor del campus. A medida que nos acercábamos al momento de comenzar y la temperatura aumentó hasta superar los treinta y dos grados, mi familia y miles de estudiantes de UMW, William & Mary, Virginia Tech, Universidad de Georgetown y la Universidad de Virginia atiborraron el soleado campus. Con un número mucho mayor de participantes ese año, el maratón se apoderó del campus entero.

Cuando estaba preparándome para subir al escenario, sentí que alguien me tocó el hombro. "¡Vaya, hola!", dijo una mujer usando lentes de sol y un elegante abrigo azul con doble botonadura. Cuando se quitó los lentes, me di cuenta de que era Doris Buffett. "Doris, ¡te ves como si estuvieras por correr un maratón!", dije bromeando, dándole un sudoroso abrazo. Quería preguntarle por qué estaba usando un abrigo en el calor sofocante, pero en vez de eso, le dije que se veía como la princesa Diana. La hice reír. Hasta el día de hoy, no sé qué vio Doris en mí para apoyarme tanto. Ella fue la primera persona en hacer una apuesta financiera en el potencial de SHH, y eso hizo toda la diferencia.

Pero no eran sólo las grandes donaciones que nos importaban. Una vez recibí una carta de una niña llamada Mimi. Tenía dos pedazos de papel: uno era un dibujo de extraterrestres, o eso pensé. Cuando miré más de cerca, me di cuenta de que eran dibujos de pequeños niños agarrados de las manos. Arriba del dibujo, la remitente había garabateado un mensaje con crayón: "Hola, soy Mimi y tengo seis años. Voy en primer año en la escuela primaria Hugh Mercer". El resto era apenas legible. La segunda carta decía: "Querido Shin, mi hija Mimi escuchó sobre tus esfuerzos en Honduras. Después de mostrarle dónde se encuentra el país en el mapa, ella decidió donar sus ahorros. Hemos estado orando cada noche para que puedas alcanzar la meta de tu recaudación. ¡Nos vemos en el maratón!".

La donación de Mimi era de sólo unos cuantos dólares, pero tenía un valor increíble. Eran los ahorros de toda la vida de una niña de primer año quien se había ganado cada centavo haciendo quehaceres. Pegué la carta de Mimi en la pared al lado de mi computadora para recordarme seguir avanzando, incluso en los días lluviosos. Mimi apareció en el maratón con su mamá y una botella de agua.

Ninguno de nosotros, incluyendo a Doris, podía creer cuánto terminamos recaudando ese semestre: $188,000 dólares. Después del maratón, Doris nos dio un cheque por $100,000 dólares, aumentando nuestro total a $288,000 dólares. Me gradué de UMW ese verano, sabiendo que lo que habíamos conseguido no era suerte de principiantes o una casualidad. Habíamos descubierto un modelo universitario de recaudación.

El modelo más tarde se extendería a más de cincuenta ciudades. Era tan simple que sólo requería de dos pasos. Paso uno era conseguir que un grupo de estudiantes visite Honduras para que puedan conectar emocionalmente con sus habitantes y nuestra causa. El paso dos ocurre tan pronto como los estudiantes regresan a casa: los ayudamos a organizar eventos de recaudación en sus universidades.

* * *

Cosmo y yo les contamos nuestro plan de postgraduación a nuestros padres durante la cena. Me sentía mal por ellos. Todas sus vidas, habían trabajado duro por nosotros y habían invertido sus ahorros en campamentos de ciencia, tutorías de matemáticas y cursos de preparación para los exámenes de aptitud académica SAT. Mis padres rara vez compraban ropa nueva o gastaban mucho dinero en ellos mismos. En una ocasión, Koko, mi hermana mayor, le preguntó a su maestra de segundo año qué significaba la palabra "perla". La maestra le dio a Koko la tarea de buscar en el alhajero de su mamá para averiguarlo. Pero se dio cuenta de que mamá no tenía perlas. De hecho, mi mamá no tenía ninguna joya. Incluso después de que nuestra familia dejó de calificar para los food stamps (cupones de comida) y entró en la clase media, mis padres nunca mejoraron sus estilos de vida. Simplemente continuaron invirtiendo sus ahorros en nuestra educación. Ellos me vieron ser rechazado por la Universidad de Virginia (UVA), mi primera opción. Donde crecí, muchos padres asiáticos definían su propio valor por medio de si sus hijos eran aceptados en UVA o no. Aunque mis padres no eran de esos, de todas maneras me sentí como si los hubiera decepcionado. Ahora que había terminado mi educación premédica y me había ido bien en mi prueba de admisión a la facultad de medicina (MCAT por sus siglas en inglés), dieron por hecho que tendría la bonita y segura vida de un doctor. Esa noche, los estaba decepcionando una vez más.

Nos mudábamos a Honduras.

Necesitábamos hacerlo, para poder supervisar los fondos que habíamos recaudado. Esperábamos quedarnos allá por unos cuantos años, tal vez más tiempo, para desarrollar SHH. Doris Buffett nos había dado el equivalente a dos años de financiamiento inicial para poder establecer la organización en Honduras. No había seguridad financiera en nuestro plan más allá de eso. No había garantías de nuestra seguridad física.

Mi mamá seguía viendo al reloj en la pared que hacía un sonido de ave cada hora. Había hecho tic tac fielmente durante años. Mis padres no estaban sorprendidos. Ni decepcionados. Bebieron su té verde y hablaron alegremente sobre visitar El Progreso. Estaban orgullosos de nosotros, y eso significaba el mundo para mí.

Cuando Cosmo y yo empacamos nuestras pertenencias y le dijimos adiós a Falls Church, éramos dos veinteañeros idealistas "siguiendo nuestros corazones" para ir a "hacer una diferencia" en uno de los países más pobres y peligrosos del hemisferio. Sin saberlo, nos volvimos parte de lo que Nicholas Kristof llama la revolución de ayuda extranjera hazlo tú mismo (DIY por sus siglas en inglés), la cual comienza con la proposición de que no son sólo los presidentes, los funcionarios de las Naciones Unidas o aquellos que trabajan para grandes organizaciones como UNICEF quienes pueden contribuir a los retos globales.[5] El movimiento DIY de ayuda extranjera tiene su justa porción de críticos, dado que algunos proyectos causan más mal que bien. Incluso el mismo Kristof advierte que los jóvenes idealistas son a menudo ingenuos sobre qué se requiere para cambiar el mundo. "Al principio no siempre aprecian la importancia de escuchar a las personas locales e incluirlas en la administración de proyectos, y usualmente sobreestiman las probabilidades de éxito", dice. "A veces también piensan que será romántico atender problemas sociales, un punto de vista que puede desvanecerse una vez que han contraído malaria".

Cosmo y yo no éramos excepciones cuando nos graduamos de la universidad en 2007 y nos mudamos a Honduras. No teníamos ni idea de lo que nos esperaba.

LIBRO 2

CAPÍTULO SIETE

TODO LO QUE PUEDE SALIR MAL, SALDRÁ MAL

COSMO Y YO ESTÁBAMOS ESPERANDO EN LA ESCUELA DE madera el comienzo de nuestra primera reunión. Era debatible *cuándo* comenzaría: "en algún punto después del almuerzo y antes de la cena", aparentemente. Espantaba mosquitos y releía *Montañas tras las montañas*.

Habíamos aterrizado en Honduras esa mañana. Nuestro conductor de taxi frunció el ceño cuando le contamos sobre SHH y nuestro proyecto de vivienda —él sabía de un proyecto cerca de Siete de Abril que había fracasado recientemente. Había comenzado muy prometedor, pero luego M-13 se instaló, se apoderaron del barrio, y muchos de los beneficiarios originales del proyecto huyeron. Ahora era el lugar más peligroso de la ciudad. Había otro proyecto de vivienda que había colapsado: construyeron todas estas hermosas casas, pero nunca resolvieron los títulos de propiedad de la tierra. Diez años más tarde, esas casas siguen vacías.

Tenía muchas historias más.

Así que aquí estaba, releyendo *Montañas tras las montañas*, tratando de olvidar aquellos mensajes de perdición. El libro es una biografía sobre el Dr. Paul Farmer, un doctor que se enfrentó a enfermedades en Haití contra las que se decía que era "imposible" luchar, como la tuberculosis resistente a múltiples fármacos. Me daba esperanza. El Dr. Farmer confrontaba a los críticos, a los dudosos y a la corrupción durante todo el camino pero, al final, tuvo éxito. También me hacía sentir totalmente inadecuado. El Dr. Farmer tenía una inteligencia, valor, ingenio y motivación sobrehumanos. Él dirigía una clínica en Haití *mientras* que asistía a la facultad de medicina en Harvard y trabajaba simultáneamente en su doctorado.

La escuela se estaba llenando —madres meciendo a sus bebés, padres usando sombreros de paja, niños persiguiéndose unos a otros entre las piernas de la gente. Camila chocó los cinco conmigo al estilo hondureño y corrió a jugar con sus amigos. Los adultos ordenaron a los niños ir afuera, y la reunión comenzó.

Puse al tanto a todos del éxito de la campaña de recaudación: $288,000 dólares. Muchos nos vitorearon, pero otros nos miraban con la mirada en blanco. No confiaban en nosotros y no los culpaba; Cosmo y yo teníamos que probarnos todavía. La discusión dio vueltas alrededor de dónde construiríamos las casas. ¿En Siete de Abril o en otro lugar? Construir en otro lugar seriamente reduciría nuestro presupuesto y cronología. Pero no podíamos construir en Siete de Abril si la comunidad no tenía los títulos de propiedad.

Las miradas se dirigieron a un hombre mayor con un sombrero de vaquero del Comité de Propiedad y Vivienda.

"Todos tendremos los títulos de propiedad en unos cuantos meses", dijo, arreglando el cuello de su camisa. "No hay de qué preocuparse; podemos construir las casas aquí".

Alguien se burló. "¡Pero si eso es lo que has estado diciendo durante años. '¡Sólo unos cuantos meses!'".

El aula explotó. Los argumentos se entrecruzaron a nuestro alrededor, formando un crescendo. Un hombre fornido con un bigote formidable —Dago— estaba apuntándonos. "Cómo sabemos", dijo, fuertemente, sobre el ruido, "que ustedes no van a reclamar las casas para sí mismos después de que las construyamos? ¿Eh? Hemos tenido demasiados políticos y organizaciones no gubernamentales que han venido a nuestro pueblo con promesas vacías, tratando de engañarnos".

Intentamos tranquilizar a Dago, pero nuestras voces no se oían. Los hombres continuaban discutiendo entre ellos sobre asuntos que tenían poco que ver con los títulos. Las mujeres se quedaron calladas; me preguntaba qué estarían pensando. La junta directiva de la comunidad hizo su mejor esfuerzo por recuperar el control de la reunión. Casi lo habían conseguido —los hombres estaban tomando sus asientos, silenciándose— cuando Dago se levantó de nuevo. Apuntó al otro lado del aula.

"Ese niño y su familia no deberían de tener permitido unirse al programa. Se robó mi bicicleta este mes".

La habitación explotó de nuevo. El adolescente lo negó, y los hombres se levantaron de sus asientos para unirse al alboroto. A medida que aumentaban los gritos, el conductor de taxi apareció en mi mente. Estaba sonriendo engreídamente. Cosmo y yo estábamos asustados.

* * *

Lo primero que teníamos que resolver eran los títulos de propiedad. Después de la reunión, busqué el consejo de la mayor cantidad de gente posible. "No te preocupes, podemos construir las casas justo ahí en la comunidad", un abogado me dijo. "No construiría ahí las casas si fuera tú", dijo otro. El alcalde de El Progreso, Alexander López, nos escribió una carta concediéndonos el permiso de construir las casas en Siete de Abril. Él prometió interceder personalmente si alguien intentaba quitarles la tierra. Unos cuantos días después, uno de los abogados líderes de la oficina del alcalde me dijo en secreto que no construyera las casas ahí, a pesar de la carta. Estaba tan confundido que me tomé un viaje en bus de cuatro horas a Tegucigalpa para visitar las oficinas centrales del registro civil de Honduras. Incluso ahí, recibíamos información contradictoria. Nadie parecía saber de quién era la tierra de Siete de Abril, o en qué estado legal se encontraba.

Siete de Abril era un ejemplo viviente de lo que el economista peruano Hernando de Soto escribió en su libro, *El misterio del capital*. La falta de leyes de propiedad estandarizadas en territorios de bajos ingresos, combinada con la proliferación de gente que se ve forzada a vivir en asentamientos informales o ilegales, previene que los pobres salgan de la pobreza. Las personas que carecen de acceso a títulos de propiedad seguros no sólo no están dispuestas a invertir en mejores viviendas, más importante aún, son incapaces de usar sus casas como garantía para pedir préstamos o comenzar un negocio. La incapacidad de convertir sus activos "muertos" en capital "líquido", una práctica largamente tomada por sentado en Occidente, mantiene a las familias pobres lejos de acceder a un gran trampolín hacia el éxito.[6]

Al final, realizamos una votación sobre si construir en Siete de Abril o en otro lugar. Fue una larga y acalorada reunión. Miembros del comité de vivienda hablaron sobre las horas que han dedicado a conseguir los títulos de propiedad, sobre el sudor y el esfuerzo. "Estamos a unos cuantos centímetros", prometieron. Pero fue una mujer delgada y de edad avanzada quien nunca hablaba en las reuniones quien inclinó la balanza. Estaba furiosa y agobiada. Cada año, el comité cobraba una tarifa y prometía que *este* año conseguirían los títulos. Estaba harta de creerles. ¿Puedes imaginarte trabajar bajo el sol durante meses, reemplazando una casa de cartón con una casa de verdad, sólo para ver cómo te lo arrebatan todo? ¿Valía la pena el riesgo?

Todo el mundo decidió que no lo valía. Votaron a favor de un lugar nuevo.

Yo fui asignado con la tarea de encontrar el lugar, negociar por él y comprarlo. Nunca había comprado un terreno, mucho menos en otro país donde las leyes eran poco claras. En cuanto a negociar... no podía ni regatear con las abuelitas que me vendían verduras. Mis protestas fueron desestimadas. "Sólo busca terrenos con señales de Se Vende", me dijo la gente. "Es fácil". Y así comenzó la búsqueda.

En algún punto durante mi búsqueda por este terreno, me topé con el dengue. "Me topé" es una frase ligera. Pensé que me iba a morir. Desperté a las tres de la mañana con sábanas empapadas en sudor, y apenas logré llegar al baño —pasando de puntillas a Cosmo para no despertarla— cuando sentí un sabor ácido en mi boca. Me senté en el inodoro y tomé un bote de basura, justo a tiempo. Un líquido verde fue eyectado de mi boca y nariz en explosiones rítmicas. Pasé la noche en el inodoro, alternando entre diarrea y vómito.

Desperté en un hospital. Me confirmaron dengue: una enfermedad tropical propagada por los mosquitos conocida como la fiebre rompehuesos. Los doctores estaban preocupados de que pudiera ser dengue hemorrágico, una variante mortal. Perdía y recuperaba la consciencia. Cosmo se quedó, durmiendo por las noches en sillas de plástico. No recuerdo mucho. Sólo recuerdo despertar una vez para ir al baño, y sentir tanto dolor, que estaba seguro de que iba a morir. Cuando me senté en el inodoro, me sentí raro —demasiado frío y demasiado bajo. Miré hacia abajo y me di cuenta de que faltaba el asiento de plástico. En muchos inodoros en los que estuve en Honduras, este era a menudo el caso. El dolor pulsaba detrás de mis ojos mientras intentaba averiguar a dónde se habían ido todos los asientos de inodoro. ¿Alguien los coleccionaba? ¿Estaban siendo almacenados en algún lugar? Luego puse mi cara en mis manos y lloré. Me estaba muriendo, y mi último pensamiento iba a ser sobre asientos de inodoro.

* * *

No me morí. Comencé a buscar terrenos de nuevo, a medida que lentamente me recuperé. Pronto tuvimos más de cien opciones, y los miembros de la comunidad comenzaron a visitar los mejores lugares. Votaron por un terreno de 5.3 hectáreas al norte de El Progreso que era plano, hermoso y sólo a unas cuantas cuadras la carretera principal que conduce a la ciudad. Si el precio era justo, esta era la tierra que comprar.

Un hombre grande e imponente entró a la cafetería. Usaba un sombrero café de vaquero, su camisa de vestir fajada en su grueso cinturón de cuero. Su bigote lo hacía parecer como una mezcla entre luchador de la federación mundial de lucha libre y un cantante de mariachi. Cuando me vio, me saludó. Respiré profundo y sonreí con tanta confianza como pude. Era el momento de mi primera negociación.

"¿Es usted el señor Shin? Me preguntó. "Sí, ¿y usted es el señor Ángelo?".

Sonrió, mostrando un par de dientes de oro. Mientras nos dábamos la mano, traté de no mirar fijamente sus abultados bíceps. Ángelo se sentó. Sacó un objeto de su cinturón y lo colocó sobre la mesa —*clac*. Un revólver. "En una reunión de negocios hondureña", dijo, "no ocultamos nada". Asentí y pretendí reír como si ya lo supiera. Tan pronto como vi el arma, supe que practicar mis habilidades de negociación en el mercado no me había preparado para esto. Las abuelitas en los puestos de verduras no sacaban armas. Sacaban papas.

Ángelo miró mi cintura. Supongo que era mi turno. Me aclaré la garganta y saqué lo que estaba oculto en mi bolsillo: un lápiz del número dos.

"Quiero $100,000 dólares por la tierra", dijo. "Son trece acres de buena tierra sin ninguna hipoteca".

Me reí entre dientes tan dramáticamente como pude para mostrarle que su oferta inicial era ridícula. Podría comprar dos millones de naranjas de Camila por ese precio. Si pagábamos algo parecido, no nos quedaría suficiente dinero para construir las casas. Mi investigación de mercado me indicó que la tierra valía $70,000—$80,000 dólares. Le pregunté si estaba seguro sobre la hipoteca (una reclamación contra los bienes típicamente usada como aval para satisfacer una deuda) para cubrir el hecho de que no sabía lo que era una hipoteca.

"Estoy actualmente en pláticas con un doctor que quiere comprar la tierra la próxima semana", dijo él, viéndome a los ojos. "Le daré la tierra a quien sea que pague primero".

¿La próxima semana? Estaba inventando. ¿Cierto? No estaba seguro. Me sentí presionado, pero lo último que necesitaba era verme desesperado. "Puedo darle $40,000 dólares".

Ángelo arrugó el entrecejo como si acabara de escupirle en la cara. "No estoy aquí para perder mi tiempo. Necesito una oferta seria".

"Escuche, tengo una lista de más de cien terrenos en venta. Si no me da un precio realista, le daré nuestro dinero a alguien más". *No pienses en lo decepcionada que quedará la comunidad si no consigues este terreno. No pienses en ello.* ¿Ángelo se había dado cuenta de que mi nariz había comenzado a sudar?

"$90,000 dólares si me los da en un solo pago".

No era una oferta terrible, pero probablemente nos quedaríamos sin dinero a la mitad de la construcción si pagábamos tanto. Mi corazón comenzó a latir más fuerte mientras rebotaba el precio en mi cabeza.

"Por Dios", dije, con una fuerza en mi voz que me sorprendió. "El terreno no tiene ni siquiera acceso a la calle. Le daré $45,000 dólares".

"Estoy aquí para *ganar* dinero", dijo. "No para *perder* dinero".

"Pero el terreno no está siquiera conectado a la red de electricidad o al sistema de aguas grises. Tendríamos que hacer eso nosotros mismos, de nuestros propios bolsillos". Me le quedé viendo fijamente.

"¿No ha visto la maquila que está cerca? ¿O la plaza comercial y universidad que están construyendo? La tierra valdrá el doble el próximo año".

Por varias horas, Ángelo y yo negociamos. Faroleamos, bromeamos y nos conocimos mutuamente. Fue agotador tener que mantener una actuación por tanto tiempo. Después de mi tercera taza de café, le di mi oferta final: $66,000 dólares. Angelo se quedó en silencio por unos momentos. La comunidad había programado para diciembre la ceremonia de colocación de la primera piedra del proyecto, lo cual estaba sólo a unas cuantas semanas de distancia. Bob y un grupo de colaboradores de Virginia ya habían reservado sus vuelos para acompañarnos. Si la negociación fallaba, estaría en el embrollo de encontrar otro terreno. Sería desastroso si no podía conseguir algo a tiempo.

Ángelo sonrió y me extendió su mano derecha. "Trato hecho".

Tomé su mano agradecidamente. Noté que su palma estaba sudando más que la mía.

Después de que nuestro abogado llenó el papeleo, Cosmo y yo nos encontramos con Ángelo en la esquina de una calle. "Es tuyo ahora", dijo él, entregándonos el título de propiedad. Le di a Ángelo un cheque certificado por el banco, y él inclinó su sombrero de vaquero en señal de gratitud, y luego se fue tranquilamente. Cosmo y yo sostuvimos el documento en alto, hacia el cielo. El proyecto de vivienda no era más sólo una idea. Habíamos dado bien nuestro primer paso.

Poco después, Ángelo fue asesinado a balazos. Entre los habitantes de la ciudad se sospechaba que se debió a que las personas equivocadas se enteraron de que había ganado todo ese dinero. Yo estaba conmocionado. Alguien con quien había tomado café tan sólo unas semanas atrás ahora estaba muerto; no podía asimilarlo.

También estaba asustado. Cosmo y yo estábamos a punto de embarcarnos en un proyecto que costaría cientos de miles de dólares; era esencial mantener un bajo perfil a medida que avanzáramos. Pero El Progreso era un lugar pequeño. Las noticias se esparcían rápidamente.

* * *

La propiedad que compramos era hermosa, llena de árboles de mango y de coco, con matorral que nos llegaban al pecho. Había una quebrada seca que atravesaba la comunidad. Por aquí y por allá, tuvimos vistazos de animales silvestres que nos petrificaban a Cosmo y a mí. Vimos una serpiente pitón una vez, y Mauricio se enorgulleció mucho de enseñarnos una tarántula gigante con dos colmillos y ojos brillantes. "Usan sus pelos venenosos como si fueran pequeñas agujas", dijo, moviendo sus dedos como antenas. "Saltan, y estarás muerto en veinte minutos si te muerden". Mauricio reía mientras que yo temblaba y me alejaba.

Por votación elegimos el nombre de la comunidad: *Villa Soleada*. Fue en honor a Doris Buffett y su fundación Sunshine Lady. Algunos de nuestros recuerdos más felices fueron inmediatamente después de comprar la tierra y justo antes de empezar la construcción. Todos nos reunimos en la escuela, y entregamos hojas de papel. "Dibujemos cómo queremos que se vea el barrio y las casas", dije. Pasamos la tarde así, dibujando nuestros sueños. Nos reímos de campos de fútbol tan grandes como la propiedad misma, o casas demasiado pequeñas como para albergar a los humanos gigantes dibujados a un lado. Pero era emocionante. Sabíamos por lo que estábamos trabajando. Hacia qué nos dirigíamos.

Repasamos el memorándum del proyecto con la comunidad. SHH aceptó proveer todas las herramientas y materiales de construcción para Villa Soleada. Los miembros de la comunidad aceptaron proveer toda la mano de obra. Todos laborarían en turnos durante ciertos días de la semana. Un grupo de padres que tenía experiencia en la albañilería aceptaron liderar la construcción. Les dimos los dibujos para que ellos pudieran combinar las ideas y crear una maqueta. Aunque el memorándum era extensivo, era un trabajo en progreso. Todavía no sabíamos cómo organizar los turnos para las personas en la comunidad que eran viejas o estaban enfermas. No sabíamos cómo íbamos a decidir qué familia se quedaba con qué casa. No sabíamos dónde podríamos almacenar de forma segura todos los materiales.

Varias familias decidieron optar por salir del proyecto. Una familia decidió quedarse en Siete de Abril para permanecer cerca de su iglesia. Otra familia vendía vegetales en una bicitaxi y no querían perder a sus clientes en el área. Otros decidieron quedarse porque estaban involucrados en el negocio de vender los terrenos en disputa. El líder del Comité de Propiedad y Vivienda decidió quedarse. Resultó ser una decisión mortal para él —poco después, un grupo de hombres lo asesinaron. No era un destino inusual en Honduras para aquellos involucrados en disputas sobre tierra. Marta y su familia también decidieron quedarse. Ella quería permanecer cerca del tiradero de basura, la única fuente de empleo que había conocido.

Sesenta de las setenta y dos familias en Siete de Abril decidieron mudarse. Muchas de las decisiones me sorprendieron, pero también entendía que cada familia tenía el derecho de decidir sobre su propio destino. La verdad era que, nadie, incluyéndome, sabíamos qué grupo de familias terminaría estando mejor a largo plazo. Como dijo el conductor de taxi, muchas cosas podrían salir mal con el proyecto. Las familias que planearon mudarse a Villa Soleada aceptaron una cantidad significativa de riesgo por una probabilidad —no una garantía— de una vida mejor.

Lo primero que necesitábamos hacer era cortar los arbustos y la jungla que cubría el terreno. No teníamos podadoras ni sierras, así que utilizamos machetes. Estaba conociendo mejor a la comunidad. Teníamos a bromistas como Mauricio, con su pelota de fútbol y bravuconería. Tenías a personas que decían ser líderes de la comunidad, y que nadie respetaba mucho. Tenías a unas cuantas madres y hombres jóvenes que hablaban poco, pero a quienes la comunidad siempre escuchaba.

Wilfredo era uno de ellos. En los muchos años que lo conocería,

Wilfredo sería un hombre de inalterable temperamento y casi ningún agobio. Abordaba todo amablemente, con un estoico movimiento de cabeza. Compartíamos un amor por el fútbol, y se volvería uno de mis amigos más cercanos. Ahora él estaba mostrándome cómo afilar mi machete con una lima. "No tienes que apresurarte cuando afiles", dijo, mientras ponía el machete en sus rodillas y colocaba la piedra por encima. "Entre más tiempo pasas preparando tu machete, menos tiempo pasas cortando".

Detrás de nosotros, una conmoción se estaba desatando. Dago estaba rehusándose a que las mujeres cortaran el matorral. "Ese es un trabajo de hombres aquí en Honduras", dijo él, arrebatándoles sus machetes. Cosmo y yo nos miramos el uno al otro, desconcertados.

Las mujeres, sudorosas y desalentadas, se congregaron. Entre ellas estaba Yamilet, la misma mujer de Siete de Abril que blandió un machete hacia mi cabeza para darme una papaya. La historia de Yamilet es similar a la de muchos en Siete de Abril. Nació en El Progreso como la mayor de seis hijos. La educación no era una opción: pasó su niñez encargándose de sus hermanos mientras que su madre trabajaba. Cuando su mamá se mudó a Guatemala para encontrar un mejor trabajo, Yamilet se volvió la cabeza del hogar a los trece años. Eventualmente, se llevó a sus hermanos a Guatemala y se reunió con su madre. Se quedaron hacinados en una habitación de cemento. Yamilet trabajaba como ayudante de cocina en una cafetería y luego en una pequeña fábrica de relojes. Cuando su madre enfermó dos años después, se mudaron de vuelta a El Progreso. Pero todo lo que recordaban había desaparecido. El Huracán Mitch había arrasado el país. Terminaron en un campo de refugiados con otras 250 familias, y eventualmente en Siete de Abril. Yamilet tuvo que renunciar a su trabajo en la maquila (fábrica textil) cuando dio a luz a su primera hija. Su esposo las abandonó.

Ahora estaba aquí, buscando darles una vida mejor a sus hijos. Dina, la bebé atada a sus caderas cuando la conocí en Siete de Abril, no era más grande que la papaya que compartimos, feliz y llena de vida. Yamilet se acercó a Cosmo. "Puede que no seamos capaces de cortar el matorral tan rápido como los hombres", dijo ella en una suave pero firme voz. "Pero somos parte del proyecto tanto como ellos. Acordamos que tanto hombres como mujeres haríamos el trabajo".

Ella fue hacia un montón de machetes y tomó varios, mirando a Dago fijamente. Él tenía cruzados sus gruesos brazos. Ella dudó, pero entonces les entregó los machetes a las mujeres, y comenzaron a cortar. Los hombres discutieron entre ellos. Cosmo y yo no sabíamos qué hacer. Como extranjeros, habíamos llegado al proyecto abrazando la idea de la igualdad de género. Ahora nuestras ideas de bien y mal eran puestas en duda. ¿Estábamos imponiendo un concepto que era insensible a la cultura, normas sociales y roles de género tradicionales en Honduras? No sabíamos cómo proceder.

Al final, Wilfredo lo resolvió. Dago gruñó, pero se dobló las mangas y se puso a trabajar. "Espero que puedan perdonar a mi viejo", dijo Wilfredo. Dago era su tío. "Su forma de ser a la antigua a veces puede causar problemas, pero tiene buenas intenciones".

Árboles de mango y coco se agitaban en la brisa mientras que coloridas aves salían volando de las copas de los árboles, y una larga fila de personas usando sombreros de paja cortaban al unísono. Blandí mi machete torpemente. ¡*Chop*! La cuchilla de sesenta centímetros emitía un sonido agudo mientras que las yerbas volaban por los aires. "El truco está en la muñeca", dijo Wilfredo mientras se agachaba y me mostraba la técnica correcta. Blandí mi machete usando mi muñeca, pero perdí mi agarre. Salió volando en el aire, apenas esquivando la cabeza de Wilfredo. Se rio nerviosamente y se mantuvo más lejos a partir de entonces.

Era un trabajo que parte la espalda, pero se sentía bien. Los matorrales estaban tan altos, que cortábamos sin saber dónde estaba el fin.

* * *

Pasamos dos semanas limpiando la tierra. Wilfredo y su hermano Adriano luego comenzaron a martillar estacas de madera en el suelo y a poner cordones entre ellas. Durante el proceso, una tormenta nos tomó desprevenidos. La lluvia caía torrencialmente; los rayos partían el cielo. El matorral se convirtió en un pantano. Vi objetos moviéndose en el agua lodosa, y escenas de la película *Anaconda* pasaron por mi mente.

Comenzamos a salir; Wilfredo y Adriano iban por delante de mí. Hacía tanto ruido que no podía escucharlos. El agua nos llegaba a las rodillas. En mi caso, a la cadera. Traté de seguir a Wilfredo, pero la corriente seguía jalándome hacia atrás. Seguí andando. No sé cómo llegamos hasta la camioneta.

La mañana siguiente, no pudimos entrar manejando a Villa Soleada. El área previa se había convertido en un pantano. Si intentábamos atravesarlo caminando, nos atascaríamos en el profundo lodo. La camioneta definitivamente no pasaría. Nuestra ceremonia de colocación de la primera piedra estaba sólo a unos cuantos días de distancia —¿cómo íbamos a llevar a todos los visitantes y suministros a Villa Soleada?

"Necesitamos crear un camino aquí", dijo Wilfredo. "Necesitamos piedras".

Pedimos un camión de carga de piedras de una cantera local. El cúmulo de piedras era tan alto que parecía la gran pirámide de Guiza. Las piedras eran filosas también —cortaban mis suaves manos. ¿Cómo íbamos a mover todas estas piedras con nuestras propias manos? Era una locura. Pero los miembros de la comunidad ya estaban formando una larga cadena humana, pasándose piedras entre ellos y colocándolas en el lodo. Doña Nibia, la mujer más vieja de la comunidad, estaba ahí trabajando. Yo dejé de quejarme y me uní a la cadena.

Toda la labor me recordaba a la leyenda de Sísifo, un mortal condenado a subir rocas en una montaña del infierno, sólo para verlas caer cuesta abajo, una y otra vez, por toda la eternidad. Yo quería parar, tomar un descanso, nunca regresar, pero todos estaban trabajando tan arduamente que seguí. Tomó horas mover toda Guiza. Para entonces, aun las manos más rudas y encallecidas estaban al rojo vivo y sangrando.

El pantano seguía tan profundo como siempre.

"Aquí es donde Dios nos pone a prueba", dijo Wilfredo, sonriendo y cubriéndose con una toalla para ocultar sus cansados ojos. "Debemos pedir otro camión de piedras".

Camión de carga tras camión de carga entregó piedras, y nosotros continuamos con nuestro castigo. La comunidad trabajó incansablemente y sin quejarse. Eventualmente, una piedra se convirtió en diez mil piedras y diez mil piedras se convirtieron en un camino. Podíamos manejar a Villa Soleada.

Cientos se presentaron para la ceremonia de inicio de obras. La hermana Tulia, adolescentes de HFC, Bob, patrocinadores de Estados Unidos, el alcalde de la ciudad, políticos, periodistas locales —todos ellos manejaron por el camino que nosotros habíamos construido. Un pastor de la comunidad dio una oración para bendecir el proyecto. Algunas personas dieron breves discursos. Mauricio pidió a todos en la comunidad dejar las diferencias a un lado y trabajar en unidad. Yapa habló, y yo me la imaginé dando una presentación como la cabeza de una organización internacional no gubernamental algún día. Le di un codazo a Wilfredo para que dijera algo, pero él sólo sonrió y encendió un cigarro. Era un hombre de pocas palabras.

"*¡Viva Villa Soleada!*", gritaba Alexander López, el alcalde de El Progreso. A medida que la lluvia caía en las lonas azules, Roberto Micheletti, el líder del Congreso de Honduras, tomó el micrófono. Con su voz rasposa, urgió a todos a trabajar duro para convertir Villa Soleada en una comunidad modelo para El Progreso. Todos aplaudimos.

Luego comenzamos a excavar. El lodo salpicaba por todas partes, pero estábamos tan jubilosos que a nadie le importaba. "Cava tan profundo como puedas", dijo Wilfredo. "Los cimientos escondidos bajo la construcción son como la familia para la comunidad. Son lo que sostiene todo". Lanzábamos nuestros picos con más fuerza.

* * *

Cuando le dije a Wilfredo que necesitábamos pedir suficientes materiales para que nos duraran un mes, negó con la cabeza y me miró gravemente.

"Esa es una decisión arriesgada. Deberíamos comprar sólo lo que necesitamos para la semana".

Yo no estaba de acuerdo. Desde el comienzo del proyecto, los miembros de la comunidad me habían instruido ordenar los materiales semanalmente. Lo había hecho porque confiaba en su guía, pero con el paso de los meses, me había cansado del protocolo. Frecuentemente se nos terminaban los materiales y desperdiciábamos tiempo. Constantemente estábamos hablando por teléfono con pequeñas ferreterías familiares para negociar precios por cada clavo comprado. Teníamos que corregir tantos errores de entrega, que me preguntaba si los "errores" no eran parte de un fraude. Era un proceso desgastante.

Ahora ya estábamos listos para poner techos en las casas, y sería más fácil comprar los paneles del techo y las vigas al mismo tiempo. "Se trata de eficiencia", le dije a Wilfredo.

"No lo recomiendo, pero es tu decisión".

Ordené un camión de carga lleno de material de construcción. Llenaban la bodega de materiales hasta el techo, y el metal galvanizado era tan brillante que sentía como si estuviera dentro de un cofre del tesoro. Me sentía extrañamente orgulloso al mirar los materiales —podías darte cuenta de lo resistentes que eran las vigas si les dabas golpecitos. Estas casas iban a soportar las más fuertes tormentas.

Un par de días más tarde, una llamada telefónica me despertó a la mitad de la noche. Era Mauricio.

"Shin, la Mara nos hizo una redada. Se llevaron todo".

¿Qué? Me levanté de golpe.

"Sabían dónde estaba la bodega. Se llevaron todos los materiales para el techo, las herramientas y máquinas para soldar. Dago y Siprian fueron golpeados, pero están vivos".

Dago y Siprian eran los dos padres custodiando la bodega. Casi lloré de alivio. Cuando llegué a Villa Soleada, los hombres se veían agitados.

"Nos amarraron. Restregaron nuestras caras contra el piso —pensé que nos iban a disparar en la nuca".

Debí haber escuchado a Wilfredo. Era importante ser eficiente, pero aún más esencial escuchar la guía de la comunidad. Llamamos a la policía. Tomaron notas desinteresadamente. "Usamos lo último de gasolina que nos quedaba para llegar aquí", dijo un oficial, tallando su pulgar con su dedo índice. Le dimos dinero. Nada ocurriría a partir del reporte de la policía.

Tratamos de almorzar. Wilfredo y los otros hombres discutían sobre la posibilidad de otra redada. Madesto, un padre proclive a la violencia, sacó una pistola. "¡Debemos defendernos!", gritó. "Protegeremos los materiales por la noche. ¡¿Quién está conmigo?!". Hombres y mujeres levantaron la mano. Comenzaron a afilar sus machetes gastados.

Mi celular timbró, y todos se quedaron en silencio. Era Canaleta, nuestro contratista para los techos. "Señor Shin, me notificaron que las herramientas para soldar que dejé en su bodega fueron robadas. Esto es un gran problema. No puedo trabajar sin mi equipo. No podré alimentar a mis hijas".

Sin saber cómo responder, me disculpé.

"Necesitará pagarme por lo que se perdió", dijo. "Usted dijo que mantendría mis herramientas a salvo".

Me sentí mal por él. Apenas había comenzado el trabajo con nosotros y había trabajado duro en los techos de las primeras casas. Reembolsarlo por la pérdida parecía lo más sensato.

Wilfredo se levantó de la tierra. "Algo huele mal", dijo. "Por lo que a mí respecta, el de los techos es un pandillero de la MS-13".

"Eso no puede ser posible", dije, forzando una risa. "Él tiene un negocio de poner techos y dos hijas".

"Muchas personas de las que nunca lo esperarías están en la Mara. Hemos estado viviendo en este pueblo lo suficiente como para saber quiénes son".

"Piénsalo", añadió Mauricio mientras caminaba. "Todo había estado marchando bien durante meses. Y luego unos cuantos días después de contratar a este tipo, nos hacen una redada. ¡Sabían exactamente a dónde ir por los materiales en medio de la total oscuridad!".

"¿Estás diciendo que Canaleta tomó su *propio* equipo durante la redada y ahora está pidiendo dinero por él?".

La idea de que alguien había sido la mente maestra detrás de tal estrategia me superaba. La comunidad estaba dividida: algunos pensaban que debíamos pagarle a Canaleta, otros no. Algunos creían que él tenía que "pagar" por lo que les pasó a Dago y Siprian.

Canaleta llegó con tres hombres. La comunidad lo miraba fijamente. No me gustó la tensión en el aire, así que estreché la mano de Canaleta con tanta confianza como pude y sonreí. Ahí estaba, usando una cangurera morada, estrechando la mano de un supuesto pandillero de la MS-13.

Le di el dinero. Sonrió, mostrando sus dientes de oro. "¿Entonces cuándo quieres que regrese para terminar los techos?", me preguntó.

Mentí y le dije que no podíamos continuar debido a dificultades financieras. Necesitaba cortar lazos con Canaleta; la comunidad claramente no confiaba en él. No pude verlo a los ojos —¿qué tal si él no tenía nada que ver con esto?

Antes de irse, Canaleta se asomó desde la ventana de su camioneta. "Hermano. ¿Has considerado la posibilidad de que la redada nunca ocurrió? Este puede ser un elaborado engaño inventado por la comunidad con la que estás trabajando. ¡No confíes en ni una sola alma aquí por tu propio bien!".

Las palabras de Canaleta se repitieron todo el día en mi mente. Él estaba loco o estaba advirtiéndome de lo que estaba por venir. No debería permitir que la opinión de un hombre erosione mi confianza en ellos, pero no podía evitar preguntarme si las familias realmente querían que el proyecto tuviera éxito o si tenían otras intenciones. Entre más pensaba sobre esto, más me confundía. La confianza tomó años en construirse, y sólo segundos en resquebrajarse.

CAPÍTULO OCHO

SÓLO CONCÉNTRATE EN EL PRÓXIMO PEQUEÑO PASO

DESPUÉS DE UN DÍA DE TRABAJO DURO, NOS SUBIMOS AL autobús para volver a Siete de Abril. Un año y medio había pasado desde que iniciamos la obra en Villa Soleada, y nos encontrábamos en la recta final de la construcción. Estábamos construyendo los pisos de concreto para las casas casi terminadas. Fue un proceso arduo, el cual requirió que todos mezclaran concreto a mano por ocho horas al día durante meses. Aunque habíamos planeado construir sesenta y seis casas, terminamos con sólo cuarenta y cuatro. Más de una docena de familias habían abandonado el proyecto. Afirmaban que era demasiado trabajo, o cambiaron de opinión sobre dejar Siete de Abril.

Observé a las familias que quedaban. Estaban exhaustos. Sus manos estaban repletas con ampollas y callos; sus frentes cubiertas de polvo. Me preguntaba si más se saldrían del programa, dado lo agotador que era el trabajo. ¿Se arrepentían de inscribirse? ¿Qué pasaría con el proyecto si todos decidían renunciar? ¿Qué les pasaría a *ellos* si la construcción terminaba siendo una gigantesca decepción?

No pienses en eso, me dije a mí mismo. El conductor encendió el bus y música de reggaetón retumbó de las viejas bocinas.

Antes de que pudiéramos movernos, una mujer y sus hijas subieron al autobús, frenéticas. "Vi algo", dijo la madre con una voz temerosa. "Un grupo de hombres armados vestidos todos de negro está escondiéndose en los arbustos". Ella apuntó su dedo tembloroso al final del camino de tierra.

"¡Atrás!", dijo Wilfredo con urgencia. "¡Tenemos que regresar a la propiedad!".

El conductor dio reversa inmediatamente, estacionándose en un pedazo de tierra. Cuando apagó el motor, la música murió también, y ahora todo estaba tan silencioso que daba escalofríos. Llamé a la policía. Tratarían de llegar lo antes posible, pero justo ahora no tenían un vehículo ni combustible.

Esperamos.

"Puede que sea el Mataburros", dijo Wilfredo, sentándose a mi lado.

"¿Quién?".

"Es el asesino más temido de los alrededores. Lo llaman el Mataburros porque mata a sus víctimas como si fueran animales".

"¿Por qué estaría él ahí detrás de los arbustos?".

"Todos traemos carteras, celulares y relojes". Wilfredo miró a la mujer que nos avisó. "¿Estaban armados?", preguntó. "¿Los hombres?".

"No pude verlos bien, pero eso creo", respondió. "Sí, deben de haberlo estado".

El Mataburros. Me dieron náuseas. ¿Qué tal si manejamos muy rápido por el camino —seguramente no serían capaces de hacerle nada a un autobús? Wilfredo creía que nos dispararían; no valía la pena el riesgo. Quizás la mujer estaba equivocada... Wilfredo negó con la cabeza de nuevo. El Mataburros había hecho saqueos violentos en varios barrios de la zona este mes —no deberíamos tomar esto a la ligera.

El sol comenzó a ponerse. Los hombres caminaban fuera del bus, discutiendo la situación.

"Si nos quedamos aquí pasado el anochecer", dijo Wilfredo, "somos igual que ganado esperando dentro del matadero".

Una de las pastoras de la comunidad sacó una Biblia y comenzó a rezar. Su voz se volvía más y más fuerte, y luego comenzó a gritar como si estuviera poseída. Otros la siguieron, arrodillándose y tomándose de las manos. Intenté mantenerme en calma, pero el pánico estaba sacándome de quicio. Dago estaba afilando su cuchillo, con las manos temblorosas. Yamilet estaba diciéndole a sus hijos un cuento para distraerlos, aclarándose la garganta de vez en cuando para mantener su voz calmada. Wilfredo discutía la situación con su hermano. Los dos usualmente bromeaban, pero esa noche, ninguno se estaba riendo.

Estaría totalmente oscuro en cuestión de minutos. Llamé a la policía de nuevo. Misma respuesta. Los hombres discutieron en grupo, luego se dirigieron a la bodega. Regresaron con machetes y picos.

"Tenemos un plan", dijo Wilfredo. "Los hombres se pondrán en formación al frente del bus y correrán delante de él. El bus, con las mujeres y los niños adentro, nos seguirá de cerca".

Wilfredo era padre. Sus hijos, esposa, incluso sus ancianos padres dependían de él. Él era una de las mejores y más genuinas personas que había conocido, y yo no estaba interesado en verlo salir lastimado. No estaba interesado en ver a nadie lastimarse.

"Esto suena como una idea terrible".

"Si dejamos que nos atrapen ahora, percibirán debilidad y volverán por más. Pero si peleamos, pensarán dos veces antes de volver".

No sabía cómo responder a algo como eso.

"Escucha". Wilfredo tomó mi hombro. "La mayoría de nosotros aquí hemos sido desplazados de un lugar a otro durante todas nuestras vidas. Pronto, por primera vez, mi familia tendrá una casa que podremos llamar nuestra. ¡No voy a permitir que un grupo de criminales me arrebate eso!".

Se me cerró la garganta. Sabía la historia de Wilfredo. Sus padres se conocieron en una fiesta de cumpleaños en Yoro; fue amor a primera vista. Se casaron y construyeron una casa de adobe que se convertiría en el hogar de Wilfredo y sus otros cinco hijos. Había sido una vida difícil, enfocada en cultivar para sobrevivir, pero eran felices. El padre de Wilfredo ganaba un lempira (cincuenta centavos de dólar) al día vendiendo cosechas; cuando averiguó que podía ganar diez lempiras (cinco dólares) al día trabajando en El Progreso, la familia se mudó.

Los cuatro hermanos pasaron sus años de adolescencia en la nueva ciudad, trabajando como obreros de construcción. Aunque la familia ganaba más en El Progreso, la renta era mucho más cara, e iban de casa en casa, incapaces de llegar a fin de mes. La familia terminó en Siete de Abril, donde alguien les prometió "regalarles" una parcela de tierra por veinte lempiras (alrededor de un dólar). Vivían bajo una lona de plástico. Después de que Wilfredo encontró su primer trabajo formal como empleado de limpieza, usó sus ahorros para comprar madera y paneles de aluminio para el techo, luego construyó un refugio básico. Muros de lodo, lona, aluminio y cartón —esas habían sido sus casas. Villa Soleada era su oportunidad de algo mejor.

Incapaz de hablar, asentí.

Wilfredo hizo un gesto a los hombres, y comenzaron a marchar. Horas antes, me preguntaba cuántos más renunciarían al proyecto. Ahora estaban aquí, aferrándose a herramientas de construcción para pelear contra armas de fuego. "Dame un machete", dije desesperadamente, tratando de unírmeles, pero Wilfredo me empujó de vuelta al bus. No sabía si esta sería la última vez que lo vería.

El bus avanzó. Luces azules y rojas aparecieron al final del camino —la policía. Oficiales salieron y, con los hombres, cargaron hacia el área de arbustos donde los bandidos estaban escondiéndose. No había nadie ahí. O los bandidos habían huido, o nunca habían estado ahí en primer lugar.

Cuando llegamos a la carretera, festejamos y gritamos, agradecidos de estar con vida. Pienso a menudo en ese momento cuando recuerdo aquella noche. Pienso en la verdad que me fue ofrecida en aquellas horas oscuras: Todos aquí estaban dispuestos a morir para que sus familias pudieran tener hogares.

* * *

El incidente del Mataburros hizo aún más difícil ver los hechos de frente —nos estábamos quedando sin dinero.

Era el 2009, y el mundo estaba en las penurias de la gran recesión. Volé de vuelta a Estados Unidos para embarcarme en una serie de tours de recaudación para completar nuestras crecientes necesidades presupuestarias. Necesitábamos $75,000 dólares para construir un pozo, torre de agua y sistema de aguas grises para convertir Villa Soleada en una comunidad habitable. Necesitábamos dinero para echar a andar nuestras operaciones. Con el paso de los meses, habíamos contratado a amigos de Estados Unidos para que nos ayudaran con cosas como tecnología, presupuestos, recibos y comunicaciones. Eso quería decir que teníamos que gastar dinero en salarios, seguros, reembolsos de viaje y equipo de oficina. No había planeado nada de eso, y la financiación inicial de Doris se estaba acabando. Ese año, Doris decidió dejar de financiar todas las causas internacionales y concentrar sus esfuerzos filantrópicos en asuntos domésticos.

A pesar de la recesión global, estaba determinado a rescatar nuestras finanzas. Después de pasar un par de días con mi familia, llevé mi destartalado Toyota Tercel 1994 a la carretera. Con una bolsa de dormir y una hielera llena de carnes frías para el almuerzo y pan, visité nuestras filiales en UMW, William & Mary, Universidad de Virginia, Georgetown y Virginia Tech para enseñarles el modelo de recaudación universitario y ayudarlos con eventos. Los miembros de las filiales coordinaban mi agenda de discursos, hospedaje y comidas, haciendo mis viajes cómodos y placenteros. Era mucho más complicado visitar universidades donde no teníamos filiales. Rara vez recibía respuesta a mis llamadas en frío y correos electrónicos, lo cual significaba que me aparecería sin anunciar, pegaría volantes, dejaría cartas bajo puertas, comenzaría conversaciones al azar con estudiantes y agendaría reuniones para tomar café con cualquier interesado. En más de una ocasión, los guardias de seguridad privada del campus me descubrieron y me acompañaron a la salida.

En cada ciudad, me daba un presupuesto de diez dólares al día para conseguir comida y dónde dormir. Durante mi primera noche en Greensboro, Carolina del Norte, no pude encontrar un sofá para pasar la noche. Amigos y personal me habían estado acompañando durante ciertas semanas en el recorrido por carretera, pero aquella noche, estaba solo. Estacioné el Tercel en el estacionamiento de un supermercado y me cambié al asiento trasero. Me envolví dentro de mi bolsa de dormir, me aseguré de que todas las puertas estuvieran cerradas con seguro, y fui tan silencioso como pude. Cada vez que un auto pasaba a mi lado, contenía la respiración. Sabía que si los policías me descubrían, me pedirían que me fuera. Mientras me colocaba una polvorosa cobija sobre la cara, me preguntaba cómo se sentían las familias allá en Siete de Abril cuando se iban a dormir cada noche. Para ellos, el miedo de ser desalojados era permanente.

Cuando me desperté, encontré un gimnasio y convencí al chico en la recepción de darme un pase de prueba gratuito. Era rejuvenecedor hacer ejercicio, tomar una ducha caliente y cepillarme los dientes. Después de agradecerle al chico en la recepción, caminé de vuelta y abrí el cofre. Se había estado derramando aceite toda la semana, pero no tenía dinero para reparar el motor. Mientras veía cómo el aceite se derramaba sobre el asfalto, me estremecía pensar en alguien arrojando un cigarrillo encendido debajo del auto.

Manejé hasta un centro comercial donde tomé un relleno de café gratuito, un puñado de sobrecitos de condimentos complementarios y hielo gratis de una máquina de refrescos para llenar mi hielera. Mientras me sentaba en la acera de concreto, le daba un sorbo a mi café, y me preparaba un sándwich de pavo, me preguntaba si yo era el director de la fundación más frugal del país. Nuestras cuentas bancarias estaban vaciándose. Necesitábamos nada menos que un milagro para sobrevivir.

* * *

El milagro vino poco después. Estaba en otro campus pegando volantes cuando sonó mi teléfono. "¡Hola!", dijo quien llamaba. "Habla Lisa de CNN. ¿Estoy hablando con Shin Fujiyama?".

¿*CNN*?

"Quisiera saber más sobre tu trabajo en Honduras", dijo Lisa. Ella me explicó que cada año, CNN escoge a unas cuantas personas ordinarias de todo el mundo que realicen buenas obras. El canal resalta su trabajo en *Héroes de CNN* y en *Larry King Live*, su programa más visto y con mayor tiempo al aire. "Alguien a quien le diste un aventón del gimnasio te ha nominado a ser parte de Héroes de CNN", dijo. A menudo le daba aventones a la gente, así que no tenía idea de quién me había nominado.

Después de responder algunas preguntas, Lisa me dijo que CNN planeaba hacer una revisión de antecedentes extensiva. Durante las siguientes semanas, Lisa me llamó frecuentemente mientras yo visitaba distintas universidades. Revisé a premiados anteriores y sus increíbles logros, y no podía creer que pensaran que yo era merecedor de estar en esa lista.

Un día, Lisa me hizo una pregunta que frenó de golpe el proceso de selección. Ella quería saber si yo conocía a alguien que pudiera acusarme a mí o la organización de algún mal comportamiento. Pensé en decir que no, pero mi conciencia no me lo permitió. Tenía que ser completamente transparente y contarle sobre —inventemos un nombre aquí— Pamela, una de las principales donantes de HFC en los Estados Unidos.

Mi relación con Pamela comenzó cuando ella me contactó para hablar acerca de cómo habíamos hecho el marketing de nuestras campañas de recaudación para HFC. Nuestros mensajes se habían enfocado en las deficiencias de HFC, las cuales creaban el sentido de urgencia que requería una campaña efectiva. No obstante, Pamela señaló que habíamos fallado en subrayar lo suficiente el buen trabajo que HFC estaba realizando. Ella también dijo que hacíamos ver mal al equipo de recaudación de HFC (del cual ella era parte) al revelar sus déficits de recaudación. Pamela tenía razón de muchas maneras. En el truculento negocio del marketing de las organizaciones sin fines de lucro, el mensaje necesita ser convincente, aunque respetuoso. A nuestra campaña le faltaba lo segundo.

Las cosas se complicaron cuando comenzamos a negociar con HFC sobre cómo gastaríamos el dinero que habíamos recaudado durante el primer maratón. Después de haber financiado las obras de renovación que la hermana Tulia había pedido, la junta directiva de HFC —con la cual nunca había trabajado, ni siquiera visto— nos pidieron entregar el resto del dinero. Querían que HFC tuviera el poder de gastar los fondos a discreción suya y pagar varias deudas de las que nosotros no estábamos enterados. Nosotros habíamos planeado gastar el dinero principalmente en la educación de sus niños; siguiendo el consejo de Doris Buffett, queríamos que ellos comenzaran iniciativas que los ayudaran a volverse autosuficientes y dejar así el ciclo de deudas de una vez por todas. Debido a nuestras diferencias, tuvimos que entrar en un agotador proceso de negociación. La peor parte era ver a la hermana Tulia, quien permaneció neutral, estresada por toda la tensión.

Pudimos haber evitado la dolorosa situación de haber hecho yo las cosas de diferente manera. Debí haber sido más sensible con respecto a nuestra publicidad. Debí haber sido intencional respecto a identificar y desarrollar relaciones con las distintas partes involucradas en HFC. Debí haber conocido lo difícil que era para HFC recaudar fondos debido a su apretado presupuesto y estar más abierto a su petición. Más importante aún, debí haber tenido la previsión de escribir un memorándum de entendimiento con HFC antes de embarcarme en la campaña de recaudación de fondos. Cosmo y yo reconocimos nuestros errores, y nos disculpamos incontables veces con Pamela y con la junta directiva de HFC. Queríamos seguir adelante juntos, pero era demasiado tarde.

Durante el proceso de negociación, Pamela nos sorprendió interponiendo una denuncia en el Departamento de Protección al Consumidor en Virginia, acusando a nuestra organización de malversación de fondos designados para HFC. Nunca había experimentado nada como eso. Estaba confundido y asustado. Pasamos incontables horas localizando y enviando registros de gastos y transferencias bancarias para probar que el dinero había sido enviado a HFC, a pesar de las declaraciones de Pamela. Fue una situación estresante que tuvo un costo emocional para todos en nuestra organización. Algunos colaboradores nos urgieron a llevar el asunto al juzgado, pero lo último que queríamos era ir a juicio contra una organización que nos importaba profundamente o gastar meses de nuestras vidas en costosas audiencias. Una vez que el Departamento examinó nuestros estados financieros y confirmó que no habíamos malversado fondos, actuaron como un intermediario para ayudar a SHH y HFC a decidir qué hacer con el dinero restante. A fin de cuentas, decidimos enviar a HFC los recursos restantes y terminar con la colaboración. Cuando fuimos a HFC por última vez para decir adiós, sentí como que una parte de mí murió.

Después de contarle a CNN sobre Pamela y darles su información de contacto, una investigación inmensa comenzó. Pamela fue más lejos de lo que me había imaginado y le contó a la CNN que nuestros proyectos en Honduras no existían realmente. CNN llamó a la hermana Tulia y a incontables otros en El Progreso para ver si las denuncias eran válidas. Llamaron a nuestra junta directiva. Llamaron a Doris Buffett. Llamaron a cada una de las cuatro niñas, incluyendo a Yapa, quien había salido por su edad de HFC y estaba asistiendo a universidades locales mediante un programa de becas que nosotros habíamos comenzado. Sabía que la verdad estaba de nuestro lado, pero no tenía idea de qué posición tomaría CNN. Tal como el Departamento de Protección al Consumidor de Virginia, CNN examinó nuestros estados financieros para asegurarse de que no hubiéramos malversado fondo alguno. Al final, CNN descartó todas las acusaciones de Pamela. Todas y cada una de ellas. Cuando Lisa me llamó para felicitarme, sabía que habíamos hecho lo correcto al confrontar de frente esta estresante situación.

Fui invitado a los cuarteles generales de CNN en Washington, DC para mi entrevista con *Larry King Live*. Estaba nervioso, y no pude evitar pensar en otros que merecían estar en mi lugar: la hermana Tulia, quien había estado ayudando a los pobres por décadas. Yalena, quien pasaba sus fines de semana distribuyendo materiales escolares. Yapa, quien estaba sobreponiéndose a retos aparentemente insuperables. Ellas eran héroes de verdad.

Los cuarteles generales de CNN eran un edificio gigante de cristal pintado de azul y rojo. Cuando entré, el portero ya tenía preparado un gafete de plástico con el logo de CNN y mi nombre. Me coloqué el gafete en mi pecho y me recordé que debía guardarlo para mostrárselo a mis padres. Una maquillista me condujo a una habitación que parecía una barbería. Después de sentarme, me puso un polvo café en la cara, el cual me hizo toser. Intenté practicar mi sonrisa frente a un espejo, pero los músculos de mi rostro estaban demasiado tensos.

Entonces me condujeron al escenario de la entrevista. "¿Listo?", me preguntó la mujer a cargo. "Estamos en vivo en tres, dos, uno…".

Larry me hizo una serie de preguntas al tiempo que yo miraba sus tirantes. Mientras respondía, no dejaba de distraerme con lo brillantes que eran las luces. No podía recordar ninguna de las frases que había practicado, pero noté a Larry asintiendo a mis improvisadas respuestas como diciéndome que continuara. Así que eso hice. Antes de darme cuenta, estaba realizándome su pregunta final.

"¿Todavía quieres ser doctor, cierto?", me preguntó Larry. Estaba tan halagado de que supiera un hecho aleatorio sobre mí, que tuve que respirar profundamente para prevenir hiperventilarme.

"Por ahora", respondí, "estoy intentando ayudar a estos chicos a convertirse en doctores. Pienso que ese es mi reto". Larry me agradeció por acompañarlo y comenzó a hablarle a la cámara sobre los nuevos temas para esa noche. Para Larry, yo era sólo uno de treinta mil personas a quienes ha entrevistado en su carrera. Para mí, fue una experiencia inolvidable. No podía esperar para mostrarle a mis padres mi gafete con el logo de CNN y contarles sobre el polvo que me pusieron en la cara. No tenía idea de lo que pasaría como resultado de la publicidad, pero esperaba que ganáramos suficiente apoyo para arreglar la fuga de aceite en el auto.

Resulta ser que *Larry King Live* no es un programa en vivo. Grabaron mi episodio y me dijeron que lo transmitirían pronto, en algún momento. Mis padres y yo vimos CNN cada noche esa semana para ver si el episodio salía al aire, pero después de unos cuantos días, tuve que irme a Honduras. Cuando llegué a mi terminal en el aeropuerto internacional de Miami, no podía creerlo. Mi episodio de *Héroes de CNN* estaba saliendo al aire. Revisé las televisiones cercanas y vi mi maquillado rostro en todas ellas.

Miré alrededor, preguntándome si alguien había notado que el atractivo asiático en la televisión estaba justo ahí a su lado. Nadie lo notó. Tenían llamadas por hacer y revistas por leer. Con el paso de las semanas, gente de todo el país que vio el segmento donó. Nos contactaron para preguntarnos cómo podían involucrarse o comenzar una sede de SHH. A medida que estudiantes e incluso la embajada de Japón en

Honduras me ofrecieron su ayuda, comencé a preguntarme si la suerte divina estaba de nuestro lado.

* * *

La suerte divina no lo estaba. Encontramos el dinero, pero Villa Soleada fue golpeada por una serie de complicaciones y retos a tal grado que comencé a perder la esperanza de que algún día terminaríamos la construcción.

La primera calamidad fue un acto de la naturaleza. Estaba durmiendo en nuestra casa para el personal en El Progreso cuando escuché un ruido extraño. Súbitamente, la cama comenzó a rebotar, como si estuviera dentro de una secadora para ropa. Esa noche, un terremoto de categoría 7.3 —el más fuerte registrado en la historia del país— azotó el norte de Honduras. Platos y cristales se despedazaban al caer al piso y las alarmas de los carros se dispararon mientras que la gente comenzaba a gritar. Cuando el sacudimiento se detuvo, encendí la linterna de mi celular y salí corriendo del edificio. El personal se había reunido en el jardín, temblando. Tratamos de dormir en pedazos de cartón, pero los mosquitos y las réplicas nos mantuvieron despiertos toda la noche.

Cuando el sol salió, averiguamos que el terremoto había causado siete fatalidades y había destruido 130 edificios por todo el norte de Honduras. El puente que conectaba El Progreso con el resto del país había colapsado en el río, interrumpiendo la economía de la ciudad. Y entre las víctimas estaba una pequeña niña de Siete de Abril. Una pared improvisada le había caído encima. Si el terremoto hubiera ocurrido un par de meses más tarde, ella habría estado viviendo en Villa Soleada —y todavía se encontraría con nosotros. Habíamos invertido en barras de refuerzo de acero para incrementar la resistencia a la tracción en los hogares de Villa Soleada. Cada casa que habíamos construido soportó el terremoto.

Tratamos de continuar con la construcción, pero unas cuantas semanas más tarde, la Corte Suprema de Honduras y el Ejército derrocaron al presidente Manuel "Mel" Zelaya y lo enviaron al exilio. El gobierno designó a Roberto Micheletti, el político que nos acompañó en la ceremonia de colocación de la primera piedra de Villa Soleada, como presidente interino. A medida que miles organizaban protestas por todo el país, el gobierno declaró la ley marcial. Soldados patrullaban las calles y aplicaban un estricto toque de queda. Nos abastecimos de comida enlatada y tratamos de averiguar cómo seguir avanzando con el proyecto en medio de disturbios civiles.

Las cosas se tranquilizaron después de un tiempo, permitiéndonos continuar con el trabajo. Nuestro siguiente reto era traer agua corriente a Villa Soleada. Demasiados niños en Siete de Abril se habían enfermado por beber agua turbia del río. *Casas con agua corriente y aguas grises* —esa había sido mi promesa a Camila.

Consultamos con la Building Goodness Foundation (BGF), una organización que se especializaba en proyectos de ingeniería, e identificaron dónde podíamos encontrar un acuífero subterráneo en la propiedad. Trajimos una excavadora y cavamos un pozo, el cual perforó la tierra —un poderoso chorro de agua brotó de su interior. Para almacenar el agua del pozo, comenzamos a construir una torre para el agua que BGF había diseñado para nosotros. A medida que la estructura aumentaba en altura, se volvía más complicado cargar concreto hasta la cima. Después de una lluvia de ideas, los hombres crearon un sistema de poleas que levantaba baldes de concreto. No me gustaba voltear hacia la cima cuando los padres de familia estaban ahí en lo alto; me preocupaba que alguien se cayera.

Cuando terminamos los puntos de apoyo de concreto y la plataforma, nos quedamos sin dinero para construir el tanque. Cosmo usó sus habilidades en redes de contactos y convenció a una granja local de donar un viejo tanque para agua del tamaño de una casa. Rentamos un camión grúa para colocarlo sobre la torre. Los niños se reunieron en multitud a los lados, mirando con asombro. La grúa era lo más genial que jamás habían visto —hablaron sobre eso por días.

Cuando la torre estuvo terminada, nos pusimos de inmediato a excavar zanjos para las tuberías subterráneas que conectarían a cada edificio con el sistema de aguas grises. Los zanjos eran tan extensas que el barrio se veía como el interior de una colonia de hormigas. Excavamos hasta que nuestros picos se rompieron, entonces los arreglamos y volvimos a excavar. Cuando ya no podían ser reparados, compramos más, y seguimos excavando. Excavamos y excavamos, durante meses, hasta que terminamos los zanjos e instalamos las tuberías.

El último paso era la bomba eléctrica. La instalamos sobre el pozo, y entonces Wilfredo con emoción presionó el botón.

"¡Ahora!", gritó.

Una por una, la gente abrió sus llaves del agua en las casas y por toda Villa Soleada. El agua salió de la llave de la primera casa, luego de la segunda, y luego cada una de las casas tenía agua corriente. La gente salió de sus hogares y levantaba el pulgar alto en el aire, riendo. Los niños gritaban en un alegre coro: "¡Tenemos agua! ¡Agua! ¡Agua! ¡Agua!".

Pasamos a los baños. Sin un sistema que encadenara agua, higiene y tratamiento de aguas residuales, la comunidad sería inhabitable. Después de todo, el 80 por ciento de las enfermedades en países de bajos ingresos estaba relacionada con malas condiciones sanitarias y de agua. En todo el mundo, una de cada cinco muertes antes de los cinco años se debe a enfermedades prevenibles y relacionadas con el agua, como la diarrea, disentería, tifoidea y cólera.[7] Algunos miembros de la comunidad habían sugerido instalar letrinas de hoyo en cada casa, justo como en Siete de Abril. Era de bajo costo, y por lo tanto tentador. Pero sabíamos que tales inodoros descargan los desechos directo en el hoyo, y las aguas residuales podrían filtrarse y contaminar el pozo de agua.

También sabíamos que, durante las inundaciones severas, los hoyos podían llenarse y derramarse, lo cual sería un desastre de salud pública.

BGF trabajaba con ingenieros de El Progreso para idear un plan para nosotros. Propusieron instalar estanques de estabilización de desechos, los cuales eran grandes piletas en las cuales las aguas negras podrían ser tratadas por completo mediante procesos naturales que involucran algas y bacterias. Requerirían únicamente de luz de sol y mínima supervisión para la operación diaria. De acuerdo con los ingenieros, necesitábamos dos estanques con revestimiento de arcilla que estarían interconectados. Uno sería el "aeróbico" y el otro el "facultativo". No entendía por completo qué querían decir esas palabras ni la ciencia detrás del sistema, pero sí entendía lo suficiente como para saber que los estanques tratarían y destruirían los patógenos en el agua. Esencialmente, necesitábamos construir dos estanques para popó.

Para crear los estanques para popó, colocamos tuberías de drenaje en ángulos específicos en los zanjos y construimos varios pozos de registro. Pensamos en excavar los dos estanques con palas, pero cuando los ingenieros nos explicaron la profundidad que debían tener los estanques, decidimos rentar excavadoras. Después de un par de llamadas, equipo pesado de construcción llegó a Villa Soleada para comenzar a excavar.

Cuando los niños jugaban en los montones de tierra que creaban las máquinas, encontraban objetos color tierra que parecían basura de un vertedero clandestino. Resultó que esos objetos eran piezas de cerámica de barro, puntas de flecha y artefactos antiguos. Debían haber pertenecido a alguna tribu indígena, tal vez a los mayas, que habitó el área cientos de años antes que nosotros. Estábamos recogiendo piezas del pasado; hace un tiempo esto había sido la antigua casa de alguien.

Los constructores no dejaron la tierra tal cual. Cuando completaron los dos estanques, movieron la tierra excavada a la mitad de la comunidad y la aplanaron. La superficie elevada se convirtió en una fuente de orgullo y alegría: un campo de fútbol.

* * *

Los retos de construir Villa Soleada no sólo fueron de naturaleza política o práctica. Problemas socioeconómicos y culturales tenían raíces profundas; a menudo atravesaban generaciones y complicaban el progreso lineal.

Como Tenaza.

Tenaza era un silencioso padre de la comunidad que pasaba sus días como mecánico automotriz. Cuando estaba bajo el efecto de las drogas, se volvía violento e impredecible. Podía cortar tuberías de agua, quemar cualquier cosa que lo molestara y sabotear los proyectos de la comunidad. Hoy estaba en medio del campo de fútbol, vociferando incoherentemente. "¡El apocalipsis se acerca!", gritaba. Tambaleó hasta el bus de la organización y sacó lo que parecía un picahielos de su bolsillo trasero. Miró el vehículo, gritó ininteligiblemente sobre demonios y apuñaló los neumáticos del bus. Luego sus ojos se pusieron en blanco, salió espuma por su boca y se desmayó. Su esposa lo puso en la sombra, llorando suavemente. Los miembros de la comunidad, acostumbrados a los exabruptos de Tenaza, negaban con la cabeza y continuaban con la construcción.

Al siguiente día, Tenaza bajó la cabeza y lloró. No tenía el dinero para reemplazar los neumáticos, pero prometió arreglar el bus si llegaba a tener problemas mecánicos. Su larga lucha con la adicción comenzó cuando era un adolescente, cuando experimentó con todo tipo de drogas para disminuir el dolor y la vergüenza que acompañan a la pobreza. Ahora estaba enganchado, y no podía parar. Había escuchado historias similares en la comunidad. Mucha gente en Siete de Abril tenía problemas con el abuso de sustancias, lo cual parecía heredarse de generación en generación. Su esposa temblaba: "Por favor no nos echen del programa. Tengan piedad de nosotros".

No todos estaban dispuestos a darle otra oportunidad. "¡Sus desplantes están costándole a la organización demasiado dinero!". "No podemos tenerlo en el proyecto". "¡Nos está retrasando a todos!". Pero eventualmente, lo dejamos quedarse. Fue el bondadoso Wilfredo quien lo dijo mejor: "Si echamos a la gente porque tienen defectos o problemas con las adicciones, ninguno de nosotros estaría aquí".

El abuso de sustancias no era un problema tan generalizado como la violencia. En Honduras, las personas portaban machetes y armas, a menudo como protección pero a veces como forma de intimidación. Madesto, un padre con un bigote de cepillo, era el ejemplo más contundente de esto. Trabajaba duro y rara vez tomaba descansos, pero si no estaba de acuerdo contigo —bueno, era más probable que te apuntara con su arma a que resolviera las cosas hablando.

Y no era sólo un alardeo vacío. Había un elemento de acoso ahí. Cuando la comunidad votó para prohibir machetes y armas en las reuniones porque estaban cansados de ser amenazados para tomar ciertas decisiones, Madesto no estaba dispuesto a ceder. "No me van a mangonear", dijo, sacando su revólver calibre .38 y apuntándolo a nuestras cabezas. "Deberíamos tener el derecho de traer lo que se nos dé la gana a estas reuniones". Entre más la gente evitaba su mirada, más amplia era su sonrisa. Votamos por una política de no armas, pero no había manera de implementarla en tipos como Madesto.

Esa noche, Madesto bebió una botella de aguardiente casero hondureño y le dio un puñetazo a uno de los adolescentes mucho más pequeño que él. Cuando el chico se defendió, Madesto sacó su .38 y tomó al chico por el cuello. Él lo golpeó en la cara repetidas veces con la culata de su arma cargada. Huesos se rompieron. Hubo sangre por todas partes. La gente tuvo que intervenir para detener a Madesto de matar al chico.

Le pedimos a Madesto que abandonara el proyecto. Aunque nos

sentíamos mal de que su esposa e hija tuvieran que irse con él, era una amenaza directa a la seguridad de todos. Pero Madesto se atrincheró en el interior de una de las casas a medio construir. "Esta será mi casa", gritó, "¡y cualquiera que intente arrebatarme esto recibirá una bala entre sus ojos!". Siguió presentándose en los turnos de construcción para mostrarnos que aún era parte del proyecto. Era surreal palear concreto al lado de una persona que en repetidas ocasiones me había apuntado a la cabeza con una pistola.

Contactamos a la policía. Accedieron a arrestar a Madesto por lo que le había hecho al muchacho, pero no tenían un vehículo esa semana —nosotros tendríamos que llevar a los oficiales en nuestra camioneta. Era una petición terrible, dado que nosotros no queríamos que Madesto averiguara quién lo había denunciado. Si los oficiales lo arrestaban en nuestro vehículo, sería más que obvio que nosotros habíamos contactado a las autoridades. Pero no tuvimos opción. Alex, nuestro director financiero, recogió a los cuatro oficiales que arrestaron a Madesto.

"No verá la luz del día por un largo tiempo", dijo un oficial de alto rango mientras escoltaba a Madesto hacia la prisión. De alguna manera, ni siquiera veinticuatro horas más tarde, Madesto volvió a Villa Soleada. "¡Quien haya llamado a la policía que se dé por muerto!", gritó. Le pedimos a Alex que se mantuviera apartado de Madesto por su propia seguridad.

Para celebrar su regreso, Madesto fue a Barrio Amistad, una comunidad adyacente a Villa Soleada. Se emborrachó en el bar del barrio y se metió en una pelea con algunos pandilleros. En El Progreso, causar problemas en el territorio de otro es una sentencia de muerte. A Madesto le dispararon unos días más tarde mientras salía de la comunidad en bicicleta.

Madesto vive porque Alex, el mismo Alex a quien Madesto había amenazado con matar, casualmente iba manejando por ahí. Se apresuró a llevarlo al hospital. La esposa de Madesto comenzó a prepararse para un funeral, pero él sobrevivió.

Cuando Madesto llamó un mes más tarde y me pidió reunirme con él, su voz era más débil de lo que recordaba. Dudaba al comienzo, porque estaba casi seguro de que él creía que yo había contratado a los asesinos, pero acepté verlo en una cafetería. Cuando llegó, renqueaba y tenía un brazo enyesado. Temblaba mientras me contaba del tiroteo y sus ojos se llenaban de lágrimas. Aunque había acosado a todos en la comunidad, me sentía mal por él. Madesto usaba este comportamiento de macho para ocultar sus resentimientos; ahora, incluso eso le había sido arrebatado. "Si compras una casa para mi familia en otro lugar", dijo, "nos iremos pacíficamente".

Hubo preocupaciones sobre el precedente que estaríamos dejando si aceptábamos la propuesta de Madesto. Pero al final, accedimos a su proposición para que pudiera irse a algún lugar muy, muy lejos. Compramos una casa para él que valía unos cuantos miles de dólares, y nunca regresó a Villa Soleada.

* * *

Las casas estaban construidas y el sistema de aguas grises terminado. Todo lo que necesitábamos resolver ahora era cómo conectar Villa Soleada con la red eléctrica de la ciudad. Cuando averigüé que en Honduras las comunidades tenían que instalar sus propios postes de luz, sabía que estábamos en problemas. Nos habíamos quedado sin dinero. Todo el proceso de construcción costó más de lo proyectado. Entonces de alguna manera, el presidente Micheletti —quien creció en El Progreso y nos había acompañado en nuestra ceremonia de colocación de la primera piedra en aquel día lluvioso— supo que estábamos en la recta final del proyecto. Nos sorprendió enviándonos una donación para pagar por nuestros insumos eléctricos. No podíamos creerlo. Tan pronto como el cheque llegó, pedimos camiones llenos de postes de luz, cables, transformadores y luminarias. Cavamos pozos por toda la comunidad y fijamos los postes en ellos con cemento.

Semanas más tarde, terminamos la instalación. Técnicos que portaban cascos amarillos conectaron el sistema con la red de la ciudad. *Bzz. Bzzzz. ¡Bzzzzzzzzzz!* Cada lámpara en la comunidad se encendió al unísono. "¡Ya tenemos luz! ¡Luz! ¡Luz! ¡Luz!", gritaban los niños.

Encontré a Camila, ahora de doce años. Le dije que las luminarias le daban a la villa un brillo entre amarillo y anaranjado, como el color del interior de sus naranjas verdes. Ella se rio; se sentía como si estuviera en la cima de un pastel gigante de Navidad, con velas a todo nuestro alrededor. "¡Ahora podemos jugar fútbol toda la noche!", gritó Wilfredo. "¡Al fin mi hija puede estudiar bajo una lámpara!", dijo Mauricio. Mientras nos dábamos abrazos, sabía que sólo nos faltaba una cosa por hacer. Celebrar.

En diciembre del 2009, dos años después de la ceremonia de colocación de la primera piedra, nos reunimos en un área con césped para celebrar la inauguración de Villa Soleada. Familias, personal y colaboradores habían trabajado incansablemente a pesar de incontables obstáculos para construir este refugio. Mientras miraba el atardecer y verdes palmeras se oscurecían contra la puesta del sol, mis ojos comenzaron a llenarse de lágrimas. Juntos, habíamos cruzado la línea de meta.

Dago trajo un cerdo gigante del tamaño de un jabalí. "No miren", dijo mientras golpeaba al cerdo en la cabeza con un martillo y le cortaba la garganta. Las mujeres asaron al animal, repartiendo chuletas y sopa de panza de cerdo. Cosmo trajo una radio portátil y comenzó el baile en la fiesta. Doña Nibia, la abuela con más edad de la comunidad, me tomó de las manos para bailar conmigo. A medida que la radio retumbaba con música de bachata, las mujeres cantaban la letra de la canción, los hombres tomaban cervezas Salva Vida y todos bailaban.

Después de la fiesta, nos reunimos alrededor de un sombrero de paja. Cada familia escogió un número del sombrero para determinar cuál casa sería la suya. Wilfredo aplaudió con alegría cuando supo que su nueva casa estaba justo frente a la cancha de fútbol. Juanita estuvo feliz de que su casa estuviera en una silenciosa esquina al fondo, lejos de todo el ruido que pudiera distraerla de sus estudios. Camila estaba eufórica. Su casa estaba justo al centro de la comunidad.

 Camila y su familia me llevaron a su nuevo hogar. Como todas las otras residencias, tenía una puerta de madera en el centro de la fachada y dos ventanas a los lados. "Como mi dibujo", dijo Camila mirando por la puerta. Cuando entramos, ella le bajaba una y otra vez a la palanca del inodoro para ver cómo funcionaba. Luego todos nos acostamos en el suave piso de concreto. Camila y sus hermanos se daban empujoncitos mutuamente, dando vueltas por el suelo y riendo. Miré hacia el techo de acero y pensé en cómo, durante años, Camila y sus amigos vivieron en casas improvisadas sin acceso al agua, aguas grises, títulos de propiedad o electricidad. Sabía que todas sus necesidades estarían cubiertas en Villa Soleada, y supe con aún más seguridad que habíamos probado que el ciclo de pobreza generacional en Honduras podía romperse. Camila ahora caminaría con libros de texto bajo sus brazos, en vez de canastas de naranjas. Sonreí de oreja a oreja.

LIBRO 3

CAPÍTULO NUEVE

LA INFRAESTRUCTURA NO ES SUFICIENTE

UN VIEJO CAMIÓN DE UNA COMPAÑÍA DE PAPAS FRITAS entró a Villa Soleada para dejar cajas en una pulpería (una tienda de abarrotes de la esquina). Pasó a través de niños jugando con perros y gatos, mujeres torteando masa para hacer las tortillas del desayuno y hombres tomando Café Oro con copiosas cucharadas de azúcar. Súbitamente, un asaltante armado saltó frente al camión y apuntó su 9mm al aire. "¡Salgan del camión! ¡Ahora!". Un segundo asaltante apuntó su arma al repartidor en el asiento del copiloto. Un tercer asaltante apuntó su revólver al conductor. Los tres llevaban puestas máscaras de esquiadores, pero llevaban zapatos y camisetas que los residentes reconocieron.

Así sin más, el atraco comenzó.

Las madres soltaron sus tortillas y los hombres dejaron de dar sorbos a sus cafés. Los niños corrieron dentro de sus casas y cerraron las puertas. Una abuela y sus dos nietas se quedaron en sus sillas de plástico a unos cuantos metros del robo, demasiado petrificadas para moverse. Cerraron los ojos y se cubrieron las bocas.

Dos repartidores portando gorras de papas fritas se bajaron rápidamente del camión, con las manos en alto.

"¡Toma! ¡Llévatelo!", el conductor gritó con una voz temblorosa, sosteniendo un fajo de billetes. El más chaparro de los ladrones tomó el dinero y comenzó a hurgar en los bolsillos de las víctimas. Tomó sus celulares y los metió en su bolsillo trasero.

"¡Al piso de cara al suelo! ¿Dónde está el resto del dinero? ¿Dónde está?", gritaba, pateando al repartidor que iba manejando.

Otro asaltante introdujo sus manos bajo el asiento del conductor.

"¡Mira! ¡Aquí está!", gritó, sacando un fajo de billetes. "¡¿Pensaste que podrías escondernos el dinero?!". Él, también, pateó al conductor.

"¡Ahora lárguense de aquí!", gritó el más chaparro. El conductor y su repartidor subieron a su camión y se alejaron a toda velocidad.

"¡Vámonos!", gritó el asaltante de menor estatura mientras metía su revólver en su cinturón de cuero. Los tres hombres se perdieron en el denso campo de palmeras que rodeaba el lado este de la comunidad. Cuando la abuela y sus nietas abrieron los ojos, los tres asaltantes se habían ido.

* * *

No había visto a Camila ni a sus hermanos en la cancha de fútbol desde hace unas cuantas semanas, y estaba preocupado. Cuando la mamá de Camila me invitó a su casa, acepté agradecido. Mientras caminaba por la comunidad hacia su hogar, noté a un grupo de adolescentes fumando marihuana y riéndose cerca de la cancha. Casi todos ellos habían desertado la escuela para cuando se mudaron a Villa Soleada. Saludaron. Yo les devolví el saludo, preguntándome cómo podríamos hacer que regresaran a estudiar.

Camila estaba esperándome en la puerta. Su mamá, Alvera, me trajo una humeante taza de café y su padrastro, Orlando, me estrechó la mano con solemnidad. Tomamos café, comimos semitas —pan dulce hondureño que parece como la mitad de un bollo de hot dog con azúcar encima— y charlamos sobre el estado del tiempo. Entonces Alvera me soltó las noticias.

"Nos vamos".

"¿Se van?", respondí, derramando un poco de café. "¿Por cuánto tiempo?". Miré hacia Camila y sus hermanos jugando jacks en el piso de concreto.

"Para siempre", dijo Alvera.

"La LMDVS nos quiere fuera", susurró Orlando. "Dijeron que iban a matarnos si no nos íbamos".

Las familias que se mudaron a Villa Soleada trajeron consigo viejos colchones, cazuelas de metal, máquinas de coser, recuerdos del huracán Mitch, sillones remendados múltiples veces, una poderosa ética laboral, balones de fútbol ponchados y tapados con pegamento y cinta, Biblias heredadas por los abuelos —y afiliaciones con las pandillas. La LMDVS (Los Mareros de Villa Soleada) era una pandilla de hombres jóvenes que solían asaltar, vender drogas y robar en las casas en Siete de Abril. Cuando se mudaron a sus nuevos hogares en Villa Soleada, trajeron consigo sus armas y sus actividades criminales. Se pasaban las tardes drogándose y haciéndose compañía en el camino de tierra que separaba Villa Soleada de Barrio de Amistad, la comunidad vecina. La gente se refería a este espacio como el Callejón y lo evitaban. Los arbustos y la maleza crecían tan alto que la luz de las luminarias no podía penetrar en la oscuridad.

"Han estado asaltando en el Callejón", dijo Orlando. "Este mes, asaltaron al repartidor de pizza, un pastor de la iglesia y a varias personas que visitaban Villa Soleada". El líder de todo esto era Equis, un muchacho de dieciocho años que controlaba el tráfico de drogas en el barrio. Según Orlando, Equis asaltaba a punta de pistola para ganarse la vida.

Ahora la LMDVS se había aliado con Los Mareros de Barrio Amistad

(LMB), una pandilla más grande de Barrio Amistad. Trabajaban juntos para organizar asaltos, robos y atracos de camiones. "Las cosas van a empeorar", dijo Orlando. La LMDVS ha enviado amenazas de muerte a varias familias en Villa Soleada, no sólo a la suya. Camila, quien escuchaba en silencio, dejó de jugar jacks y comenzó a llorar. "Una vez que la Mara se apodera de un barrio, tienes que obedecer sus reglas", dijo Orlando. No podía creerlo. La familia recién se había mudado a la casa.

"La situación se calmará", dije. "Tiene que".

No se calmó. Las balaceras, tráfico de drogas y asaltos en Villa Soleada incrementaron. Los taxistas dejaron de entrar a la comunidad.

Los padres de Villa Soleada nos pidieron construir una escuela para darle a sus hijos una alternativa a la violencia. Nuestras sedes en Estados Unidos recaudaron fondos, y los padres construyeron una pequeña escuela con pilares redondos y un hermoso porche. Como sospeché, dirigir la escuela fue más retador que construirla. Los estudiantes a menudo faltaban a clases, llegaban a la escuela hambrientos o se enfermaban. Muchos se comportaban desafiantemente o eran incapaces de concentrarse por algo que había ocurrido en casa. Nuestra visión a largo plazo y plan de estudios estaban mal definidos, y los costos mensuales de dirigir la escuela eran más altos de lo que habíamos anticipado. Las limitaciones de presupuesto se traducían en falta de maestros, materiales y actividades extracurriculares.

Mientras que yo batallaba averiguando cómo operar la escuela, la familia de Camila se marchó silenciosamente. Su casa vacía fue invadida por ladrones, quienes se robaron los focos, las puertas interiores y los marcos de las ventanas. Incluso arrancaron el inodoro de cerámica del piso de concreto. Cuando entré a la casa saqueada, me dieron ganas de vomitar. Todo el asunto me recordaba a *Ciudad de Dios*, una película sobre un proyecto gubernamental de vivienda en Brasil que se convirtió en el asentamiento informal más violento e inmiscuido por las drogas en el país. Villa Soleada se estaba convirtiendo en una Ciudad de Dios hondureña.

Desesperado, me senté en la habitación vacía de Camila. Parecía tan lejano el día en que ella se me acercó con ese dibujo: una casa con dos ventanas, una puerta en medio, árboles de naranjas a los costados. Pensé que se lo había dado. Pensé que lo habíamos logrado. Pero el plan fue siempre ingenuo. Había creído que, proveyendo de vivienda e infraestructura básica, las familias podrían sacarse a sí mismas de la pobreza generacional. No podían. No habíamos hecho nada para resolver los retos que encontraríamos río arriba, como abuso de sustancias, deserción escolar, desempleo, analfabetismo, ruptura familiar y violencia de pandillas. Todo esto ahora amenazaba el futuro de la comunidad. Mi cabeza me dolía cuando pensaba en todos los eventos de recaudación de fondos que nuestros voluntarios habían organizado y los meses de trabajo extenuante que las familias habían invertido en el proyecto. El entusiasmo no era suficiente. Trabajar en solidaridad con la comunidad no era suficiente. Y ahora nuestro trabajo en Villa Soleada estaba por terminar en la basura.

* * *

Durante los oscuros y difíciles tiempos que siguieron, a menudo pensé en mi reunión con Christina.

Era la conferencia Millennium Campus en Estados Unidos, una reunión anual donde líderes juveniles y organizaciones de todo el mundo discutían sobre la pobreza y el cambio climático. Mi equipo y yo estábamos en la última actividad, una feria de interés, cuando una mujer se acercó a nuestra mesa. La reconocí de nuestros talleres como Christina. Ella quería tomarse un café conmigo para platicar sobre SHH.

Cualquier persona a quien pudiéramos convertir a nuestra causa era un triunfo en mi opinión, así que me puse una chamarra sobre mi camiseta polo desgastada y acepté su invitación. No podía quedarme por mucho tiempo porque necesitaba ayudar en la mesa, pero estaba emocionado de responder a sus preguntas sobre Honduras. Le di un sorbo a mi café, pero fui torpe debido a la falta de sueño, y un sorbo del líquido caliente se me cayó en las manos. Quise gritar de dolor, pero apreté mis dientes y permanecí con toda la compostura que pude. Christina bajó su taza de café.

"¿Cómo sabes que no estás causando más daños que beneficios?", me preguntó.

"¿Disculpa?". Sacudí mi mano quemada en el aire y traté de ocultar mi pánico.

"Este es el detalle". Su cara se volvió seria. "Sé de tantas organizaciones que quitan trabajos en países en desarrollo como Honduras, construyendo edificios de baja calidad e imponiendo proyectos que la gente local no quiere ni necesita".

Me miró directamente y esperó por una respuesta.

"Conozco sobre esas organizaciones también", dije, tratando de encontrar las palabras adecuadas. Quería explicarle que hemos tenido como prioridad crear trabajos, nuestras construcciones resistían un terremoto de magnitud 7.2 y los miembros de la comunidad están involucrados en el proceso de planeación. Pero estaba nervioso, cansado y mi mano me dolía.

Mientras rebuscaba en mis pensamientos y ella continuaba como una periodista investigadora, recordé una técnica de debate llamada atacar al hombre de paja. Me preguntaba si eso era lo que ella estaba haciendo. Es cuando alguien simplifica de más una idea y luego ataca esa versión sobresimplificada. A medida que la conversación continuaba, el ímpetu de Christina comenzó a aumentar. Lo contrario me pasó a mí y mis hombros comenzaron a hundirse. "Estoy hastiada de toda la industria de ayuda al desarrollo", dijo ella. "Estoy comenzando a pensar que todo se trata de occidentales dándose palmadas en la espalda cuando todo lo que están haciendo es perpetuar el imperialismo. Paternalismo. Dependencia". Me miró fijamente por lo que se sintió como una eternidad.

"Es difícil no sentirse así". Pensé en la pobreza, analfabetismo y violencia persistentes en Villa Soleada. Pensé en nuestra mediocre y desorientada escuela comunitaria. La construcción era hermosa, pero los resultados dentro eran mediocres en el mejor de los casos. "A menudo me pregunto lo mismo".

"Incluso si tu proyecto tiene éxito, ¿no crees que sería un impacto demasiado pequeño?".

Su comentario me hirió. No sabía qué decir. Ella sonrió triunfante, dijo adiós y se fue. Me sentí como si me acabaran de aporrear por doce rounds dentro de un cuadrilátero de boxeo. Había llegado a esta reunión esperando convencer a Christina del valor de nuestra organización, y lo opuesto había ocurrido. ¿Cómo?

La conversación me dejó con una sensación que conocía demasiado bien. Era como me había sentido cuando mis compañeros de sexto grado se burlaron de mi intento por recitar "El camino no elegido", cuando los espectadores se rieron de mi camiseta de fútbol que era demasiado grande, cuando me presenté al baile de colegio y me senté en silencio en una esquina. No podía ponerlo en palabras, pero lo consumía todo. Así me sentí en las semanas y meses después de que la familia de Camila se fuera de Villa Soleada, y SHH comenzara a desmoronarse.

Nuestro equipo en SHH era ahora de cerca de diez empleados. La mayoría de las personas que se nos unían en Honduras eran personas jóvenes de Estados Unidos motivadas por el idealismo. Al comienzo, disfrutábamos de una cultura positiva de trabajo y todos se llevaban bien. Sin embargo, a medida que pasaron los meses, la negatividad y mezquindad de la política de oficina comenzó a ensombrecer el optimismo del equipo. Incluso contraté a gente del mundo de las organizaciones con fines de lucro quienes eran mucho más inteligentes que yo para arreglar la situación, pero eso tampoco funcionó. Ahora casi todo el mundo estaba planeando renunciar. Las cosas habían empeorado tanto que hasta escuché rumores sobre un empleado que quería adueñarse de la organización y otro que quería iniciar una organización casi idéntica a la nuestra —y llevarse a nuestros donantes consigo. Me sentía como si estuviera en un barco con incontables agujeros al fondo. El agua entraba a raudales, y no sabía si debía estar sacando el agua o arreglando los agujeros —o saltando hacia afuera. El barco se hundía.

Puedo contarte en retrospectiva que la raíz de nuestros problemas provenía de una fuente: liderazgo. Un equipo trabajando bajo presión necesita un líder fuerte que dé descripciones de trabajo claras, que cree sistemas y estructuras y que inspire al equipo con una visión a largo plazo. Un líder competente hace que su gente se sienta escuchada, apreciada y apoyada. Siendo un director ejecutivo sin experiencia, no sabía cómo hacer ninguna de esas cosas. Hice mi mejor esfuerzo y trabajé duro, pero el liderazgo no es una de esas cosas que puedas obtener simplemente trabajando duro.

Cometí el error de pedirle a mi personal que hiciera demasiado a la vez, lo cual consumía su energía y compromiso. Todos trabajábamos siete días a la semana y nos enfrentábamos a estresantes crónicos como violencia aleatoria, enfermedades, disturbios civiles, choques culturales, separación de amigos y familia y constantes apagones. Los bajos salarios, los cuales al comienzo se sentían como un ritual de iniciación, rápidamente se convirtieron en generadores de problemas. Después de trabajar en Villa Soleada durante meses y años, los resultados eran decepcionantes. Los factores río arriba que mantenían pobre a la gente nulificaban nuestros esfuerzos; estábamos perdiendo la batalla. Para añadir más al idealismo frustrado de todos y al nivel de estrés, Pamela había hecho otra ronda de quejas en el Departamento de Protección al Consumidor. Nuestro equipo tenía que pasar horas al teléfono para aclarar sus acusaciones. Nos íbamos a la cama cada noche preocupados de que el gobierno nos clausuraría por un recibo perdido. Nuestro equipo estaba experimentando *burnout* (agotamiento extremo) generalizado.

El burnout es un estado de extenuación emocional causado por una exposición a largo plazo a presiones de trabajo demasiado exigentes y a estrés crónico. Provoca que las personas se vuelvan cínicas acerca de su ocupación y con sus compañeros de trabajo, a la vez que las hace dudar de su propia competencia. La dolorosa ironía es que la intensidad del burnout de un empleado es el reflejo de la intensidad de su compromiso e idealismo originales.

El burnout es un problema serio en la industria de la ayuda humanitaria. Un estudio interseccional en Uganda encontró que el 68 por ciento de los trabajadores de ayuda humanitaria haciendo su labor en ese país reportaban altos niveles de síntomas asociados con riesgo elevado de depresión; 53 por ciento sufrían de desórdenes de ansiedad y 26 por ciento de desorden de estrés postraumático.[8] Otro estudio de Ginebra encontró que los trabajadores de ayuda humanitaria se enfrentaban a excesos de cansancio emocional preocupantemente altos, despersonalización, consumo de alcohol, angustia psicológica y bajo éxito personal.[9] De acuerdo con el estudio hecho en Uganda, niveles más altos de apoyo social, una cohesión de equipo más fuerte y una exposición reducida a estresantes crónicos estaban asociados con una mejor salud mental.

En ese momento, no tenía idea de lo que era el burnout, mucho menos hice el esfuerzo de abordarlo como una realidad en nuestro equipo. Durante las siguientes semanas, los integrantes de nuestro personal se fueron yendo uno por uno. Nos quedamos sin nadie a cargo de nuestros programas, dando mantenimiento a nuestra página web, registrando recibos o respondiendo a nuestros mensajes entrantes. Mientras intentaba averiguar cómo mantener a flote a la organización, Cosmo me soltó una bomba.

Ella se iba. Estaba demasiado agotada para continuar —iba a tomar un descanso indefinido y mudarse a Nueva York. No dije mucho cuando me contó. Sólo me senté ahí, pensando en todas las comidas compartidas, las noches fuera, las metas que habíamos alcanzado juntos. Recordé nuestras celebraciones cuando completábamos la planilla de sueldos y la renta durante nuestros meses más difíciles. Pensé en todo lo que habíamos experimentado juntos en Villa Soleada y todo lo que faltaba por hacer. Estaba confundido y desilusionado.

Debí haber mostrado empatía. Cosmo trabajó jornadas de doce horas. Trabajó los fines de semana. Apoyó a otros emocionalmente cuando ella misma estaba operando con un tanque vacío. Debí haber aceptado su partida como acepté la de todos los demás. Debí haber comprendido —incluso celebrado su contribución. Pero era joven en ese entonces, y mi miedo de tener que hacerlo todo yo solo sacó la peor versión de mí. Hice algo que nunca imaginé que le haría a una hermana. Dejé de hablarle a Cosmo.

Cosmo tomó su avión, y yo me di cuenta de que todo estaba llegando a su fin. Pasé días caminando por la ciudad sin ánimos y despertándome con pesadillas recurrentes de un samurái haciéndose *seppuku* —una forma de suicidio ritual japonés por evisceración. Para distraerme, pasé horas en el gimnasio. Me escondía en mi habitación y veía videos de YouTube.

Bob llamó. Estaba planeando venir en el invierno con un grupo de colaboradores que querían aprender sobre Villa Soleada e invertir en nosotros. Había encontrado a alguien que podía ayudarnos con nuestra página web y otros que podrían ayudar con la recaudación de fondos. "Existe un remedio para todo esto", dijo. "Yo sé que lo hay".

Escuché en silencio, un sollozo alojado en el fondo de mi garganta. Bob estaba intentando fuertemente alentarme y mantener a flote a la organización. Sabía eso. Él era un optimista incansable. Pero no llegaríamos al invierno.

Colgué y luego llamé a los últimos tres empleados de SHH: Aricela, Ingrid y Gonzalo. Todos ellos eran hondureños. Les pedí que nos viéramos en la oficina en una hora. Era momento de decirles que buscaran nuevos trabajos.

* * *

Aricela e Ingrid llegaron primero. Gonzalo, nuestro conductor, llegó poco después, quitándose sus lentes de sol y tomando asiento. Todos estaban en silencio mientras que yo terminaba de preparar el café y de servirlo en tazas. Cómo iba a extrañar el café hondureño.

No traté de suavizarlo; simplemente les dije todo. El desesperado estado de nuestra organización. El hecho de que todos los miembros del personal se habían marchado. La falta de financiación, la imposibilidad de continuar. Si estaban impactados, no lo mostraron. Bebieron su café y miraron al suelo.

"Entonces", bromeé, "¿cómo estuvo su fin de semana?".

Ignoraron mi pobre intento de chiste. Ingrid, quien trabajaba como asistente en SHH, levantó la mano. "Ahora que todos los estadounidenses se han ido", dijo, "¿por qué no construimos un equipo de hondureños locales?".

Pausé. Genuinamente no lo había pensado. De hecho, no había puesto mucha atención a nuestro proceso de contratación en absoluto. Los norteamericanos trabajaban duro pero se les dificultaba el idioma, los choques culturales, la nostalgia por el hogar y los factores de estrés que conlleva vivir en Honduras. Pocos duraban más de un año, lo cual quería decir que pasábamos mucho tiempo buscando reemplazos y entrenando a nuevo personal. ¿Cómo sería nuestra organización si fuera operada por hondureños locales que comprendían el idioma, cultura y comunidades mejor que cualquier extranjero? Estaríamos creando trabajos en una ciudad con una alta tasa de desempleo. No podía ver ningún aspecto negativo.

"Danos una oportunidad a los hondureños", continuó Ingrid. "¿Hay algo que perder? Podemos encargarnos de las operaciones de SHH en Honduras para que tú te concentres en la recaudación de fondos en Estados Unidos. A veces la vida nos pide reconstruir, Shin. Déjanos ayudarte a reconstruir".

Reconstruir. Era un concepto con el que los hondureños estaban muy familiarizados; mucho en sus vidas se derrumbaba rápidamente y tenía que ser hecho de nuevo. Ingrid misma tuvo que reconstruir su vida cuando dejó la casa hogar donde creció, cuando el huracán Mitch destruyó la ciudad, cuando perdió su trabajo en una maquila. Y lo hizo con la misma resiliencia que tenían todos los hondureños —ojalá tuviera un cuarto de esa resiliencia.

Gonzalo, un padre de buen corazón que se veía como un gánster por su cabeza rapada y sus ojos enrojecidos, estaba hablando ahora. Me recordó lo lejos que hemos llegado —habíamos superado inestabilidad social, terremotos y problemas de construcción para erigir una comunidad entera en lo que una vez fue una parcela de tierra. "¡La gente dijo que no podía hacerse, y demostramos que se equivocaban! ¡Si renunciamos ahora, todo ese trabajo se irá a la basura!".

Aricela estaba asintiendo vigorosamente, con sus trenzas agitándose. "¿Cómo podemos darles la espalda a las familias en Villa Soleada? Pasamos dos años estableciendo las bases para que salgan del ciclo de la pobreza —¿y ahora nos vamos?".

Nunca había considerado lo realizado en Villa Soleada como las bases. Lo había visto como una meta final, ya fuera que tuviera éxito o que fallara. Pero si lo veías de esta forma... entonces estaba bien que hubiera más por hacer. Se esperaba que hubiera más cosas que hacer.

En esa oficina, por primera vez en semanas, sentí un cálido destello en mi pecho. Mientras yo estaba desperdiciando el tiempo lamentándome por mi fracaso, Ingrid, Aricela y Gonzalo habían estado intentando sacar agua del barco. Podíamos hacerlo. Con los hondureños locales, había una oportunidad de reconstruir la organización desde la raíz, de corregir los errores y seguir avanzando correctamente.

Le di un trago a mi café —al parecer estaría tomando mucho más después de todo. Era momento de intentar una remontada.

CAPÍTULO DIEZ

SÉ INTENCIONAL SOBRE CON QUIÉNES TE RODEAS

CON LA AYUDA DE INGRID, ARICELA Y GONZALO, COMENCÉ a reconstruir la organización. Las palabras de Aricela seguían dando vueltas en mi cabeza. *Pasamos dos años estableciendo las bases...* si lo que habíamos creado hasta ahora en Villa Soleada era la base, ¿entonces qué seguiría? ¿Cómo construiríamos sobre esto para realmente atajar la pobreza generacional?

Fue difícil encontrar la respuesta —todo el asunto era un nudo gordiano. Pero tuve un vistazo de la posible visión para SHH en un lugar poco común: un cine. Estaba de regreso en Estados Unidos visitando a mis padres en Virginia. Mi mamá y yo fuimos al cine juntos a ver *Esperando a Superman*, un documental sobre el mal estado de la educación en los Estados Unidos. Mi mamá rara vez iba al cine, pero era maestra, y pensé que podría disfrutar de esta película.

A ambos nos encantó, pero se puede decir que yo fui quien salió más transformado. La película me presentó a Geoffrey Canada, el fundador de Harlem Children's Zone (HCZ). Él creció en un barrio de bajos recursos en Harlem que estaba destrozado por el crimen, las drogas y décadas de pobreza —el tipo de barrio en el que crecen incontables niños en Honduras. Después de convertirse en educador, Canada quería averiguar si los retos a los que se enfrentaba tenían solución. Comenzó a experimentar, y pasó su vida desarrollando un programa que él llamaba la vía de la cuna a la universidad.

La idea de Canada era simple: afrontar no sólo uno sino *cada uno de los retos* de la comunidad simultáneamente —educación, prácticas parentales e incluso el contenido nutricional de lo que los niños comían en casa. Se trataba de proveer intervenciones comprensivas en cada etapa de la vida de un niño, comenzando a los cero años y luego conectando esas intervenciones en una "cadena ininterrumpida de apoyo". El programa funcionaba. HCZ estaba enviando a jóvenes a la universidad, ayudándolos —y a sus comunidades completas— a romper el ciclo generacional de pobreza. Era conmovedor escuchar a Canada hablar. HCZ no se parecía a nada que hubiera visto antes.

Mi mamá y yo charlamos sobre el documental todo el viaje en auto de regreso a casa. Una pregunta había estado rebotando en mi mente desde que Canada apareció en la pantalla, así que simplemente la expresé.

"¿Piensas que nosotros podemos hacerlo? ¿Crear una vía de la cuna a la universidad en Villa Soleada?".

No teníamos el apoyo que HCZ tenía, ni SHH era dirigida por alguien tan inteligente y capaz como Geoffrey Canada. Pero si pudiéramos...

"Me gusta", dijo lentamente mi mamá. Ella vio mi rostro y dijo, "Lo digo en serio, de veras. Todas las organizaciones empiezan pequeñas, incluyendo a HCZ. Ve tras ello. Da un paso a la vez".

Hablamos de todos los mentores que habían influido en mí durante mi crecimiento —el entrenador Peas, por ejemplo. No tendría ninguna fe en mí mismo de no haber sido por el entrenador Peas. Y Our Little

Roses… mira todo lo que esa organización estaba haciendo por niños como Ani simplemente por medio de la mentoría y el cuidado. Esa primera visita a Honduras tuvo un impacto tan grande en mí porque vi la gran diferencia que hacían. Our Little Roses había comenzado desde abajo también: Diane Frade había visitado Honduras con su esposo, conoció a unos niños que habían sido abandonados, abusados o que estaban en la orfandad y decidió ayudar. Comenzó rentando un pequeño apartamento para proveer de vivienda y educación a diez niñas que no tenían a dónde ir. Con los años, construyó un hogar para setenta y cinco niñas, contrató a hondureños locales para operar la organización, abrió una escuela y realizó programas de fortalecimiento familiar en el área.

¿Qué tal si pudiéramos darles a los niños en Villa Soleada ese tipo de apoyo —asesoramiento, orientación, una trayectoria establecida y una vía para salir de la pobreza? Hablar con mi mamá sobre esto me llenaba de esperanza y emoción. Tal vez sí era posible replicar la metodología de HCZ en Honduras. Tal vez Villa Soleada, la cual tenía una tasa del 0 por ciento de graduados de colegio, podría alcanzar un promedio de graduación del 100 por ciento algún día.

Sólo había una manera de averiguarlo.

* * *

De vuelta en Honduras, salí a correr. Mientras pisaba el pavimento, iba alternando entre todos los podcasts de liderazgo que tenía en mi iPod. Encontré uno con John Maxwell, el mayor experto del mundo en liderazgo, y le di al botón de reproducir. "El cambio es inevitable", dijo la voz de Maxwell en mis oídos. "El crecimiento es opcional". Escondí el iPod en mis bóxers sudados y corrí a toda velocidad por el parque central en El Progreso. Los vendedores ambulantes me quedaban viendo sorprendidos —en ese entonces, no veías a muchas personas saliendo a correr en Honduras.

Mientras corría por la ciudad, pensé en algo que mi papá y yo solíamos hacer cuando iba al colegio. Después de cada uno de mis partidos de fútbol, mi papá me sentaba y me hacía realizar un *hanseikai*, un ritual japonés en el que inmediatamente después de un partido o proyecto, reconoces tus errores públicamente y juras mejorar. Los hanseikais fueron un duro golpe a mi ego. Recuerdo anotar un gol contra el colegio Robert E. Lee durante mi último año de bachillerato y esperar que mi papá quisiera hablar durante la cena de lo increíble que había sido mi gol. Debí haberlo previsto. Ningún error que yo hiciera se le escapaba a mi padre. Esa noche, él quería hablar de los tiros que había fallado en la segunda mitad del partido y que nos hubieran dado la victoria. Me recordó que me había congelado cuando más importaba. Sabía que mi papá tenía razón, pero de niño, lo resentía por no elogiarme o darme un gesto de aprobación. Ya que tenía un gran ego en ese entonces, no me gustaba examinarme, confrontarme ni tomar responsabilidad de mis deficiencias. No me gustaba hablar sobre las cosas que me daba miedo hacer o que odiaba de mí mismo. Las palabras de mi papá fueron tan duras para mi autoestima que esa noche y muchas otras durante un hanseikai, lloraba. Me tomó años darme cuenta de lo valiosos que eran los hanseikais. Cuando salí a correr por El Progreso, estaba listo para atravesar el mayor hanseikai de mi vida.

Cuando llegué a casa, tomé una ducha y comencé a releer los pasajes que había subrayado en el libro de Paul Tough, *Whatever It Takes: Geoffrey Canada's Quest to Change Harlem and America* ("Cueste lo que cueste: la misión de Geoffrey Canada de cambiar Harlem y Estados Unidos") . Había comprado el libro poco después de haber visto *Esperando por Superman*; era una biografía de Geoffrey Canada y un libro de historia sobre la pobreza urbana. También era un plan de acción antipobreza de trescientas páginas. Según Canada, la pobreza era una enfermedad que infectaba comunidades enteras por medio del desempleo, violencia, escuelas de bajo rendimiento, mala salud y hogares rotos. Para curar esta enfermedad, su organización no podía simplemente tratar aisladamente los síntomas. Tenían que curar a toda la comunidad. Canada creía que contar con escuelas efectivas era muy importante, pero no suficiente; estos barrios también necesitaban de servicios comunitarios, como centros comunitarios, servicios legales gratuitos, consejería financiera y programas de fortalecimiento familiar. La secuencia de programas de HCZ era integral. Les daban a los padres en la comunidad programas intensivos de paternidad antes de que siquiera nacieran sus hijos. Hacían que los infantes entraran a preescolar a una edad temprana. Tenían a niños asistiendo a una serie de escuelas con horarios extendidos, altos estándares y capas de apoyo. La organización realizaba grandes esfuerzos por sus niños y sus familias —y les pedían reciprocidad. Barack Obama estaba tan impresionado con el modelo de HCZ que hizo campaña para replicarlo a lo ancho de los Estados Unidos. Para mí, el libro era un cofre del tesoro de sabiduría.

Después de haber cerrado el libro, preparé una jarra gigantesca de café y comencé a llamar a amigos en El Progreso para hacerles saber que SHH estaba contratando. Estábamos buscando un director financiero, un coordinador de logística y varios directores de programas. Miré mi lista de pendientes con todas las tareas administrativas que había puesto en un segundo plano durante meses. Necesitaba crear sistemas, protocolos, listas de control y estructura en la organización. Todas estas cosas eran tan secas que me hacían querer vomitar, pero como ya no tenía más un gran equipo que gestionar, tenía el tiempo de encargarme de ellas.

El proceso de contratación salió bien. Como sugirieron Ingrid, Aricela y Gonzalo, contratamos a varios jóvenes de la ciudad que comenzaron como voluntarios locales. Una joven, Faustina, eventualmente se convirtió en nuestra directora financiera. Otro, Héctor, nos ayudó a dirigir nuestro programa de voluntarios. También contratamos a Marco, un maestro de obra local que supervisaba todos nuestros proyectos de construcción. Juntos, comenzamos a reconstruir SHH.

Mientras tanto, ponderaba el sistema de la cuna a la universidad de Canada y cómo podríamos implementarlo en Villa Soleada. El primer paso parecía ser mejorar la escuela de modo que pudiéramos meter a la mayor cantidad posible de niños en un camino que los llevara a convertirse en la primera generación en graduarse de colegio y en pasar el examen de admisión de universidad. Durante una conferencia sobre desarrollo sustentable, conocí a representantes de Educación Bilingüe para Centroamérica, (BECA por sus siglas en inglés), una reconocida organización que dirige escuelas bilingües locales a lo largo de Honduras. Intercambié una serie de correos electrónicos con su director ejecutivo y visité su escuela en Cofradía. El plan de estudios, el programa de capacitación de maestros y la metodología que habían creado eran impresionantes. A medida que investigué más, comencé a comprender el valor de la educación bilingüe en Honduras. De acuerdo con un artículo de 2008 publicado en la *Revista de Asuntos Públicos e Internacionales de la Universidad de Princeton*, los estudiantes en Honduras asistían mayoritariamente a escuelas públicas.[10] Un pequeño porcentaje de estudiantes (4.1 por ciento), que podía costearse una colegiatura mensual, asistía a escuelas privadas. Estas instituciones estaban generalmente mejor equipadas, mejor dotadas de personal y ofrecían una educación de mayor calidad que las escuelas públicas. Las familias en Honduras aún más adineradas enviaban a sus hijos a escuelas incluso más caras y prestigiosas: las escuelas bilingües privadas. Estas instituciones enseñaban inglés intensivo además de las materias obligatorias del plan educativo. En Honduras, era de conocimiento popular que aquellos que hablaban inglés con fluidez tenían acceso a empleos significativamente mejor pagados. No obstante, en un país con una pobreza generalizada, las escuelas bilingües privadas estaban fuera del alcance de la mayoría. La colegiatura mensual de tales establecimientos era tan alta (por lo general entre los cientos de dólares al mes) que sólo el 2.1 por ciento de los estudiantes del país asistían a ellas.

Hice las cuentas: una familia típica en Honduras puede sobrevivir con un salario mínimo (alrededor de $380 dólares al mes en 2020). Puede que gasten cincuenta dólares en renta, treinta en servicios, veinte en cuentas telefónicas y doscientos en alimentos cada mes. Esto deja sólo ochenta dólares para materiales escolares, transporte, visitas al doctor, ropa, celebraciones de cumpleaños y otros artículos de carácter improvisado. Para la gente pobre, enviar a sus hijos a una escuela bilingüe privada era prácticamente imposible.

Pero nosotros podíamos cambiar eso.

Después de una serie de largas llamadas telefónicas y visitas al sitio, conformamos una asociación con BECA. A cambio de una cuota anual, accedieron a dirigir la escuela por nosotros cuando estuviéramos listos. Juntos, comenzamos a avizorar una escuela bilingüe de la cuna a la universidad que pudiera eventualmente ir desde preescolar hasta el bachillerato. Yo quería crear una escuela que pudiera ofrecer actividades extracurriculares, tutorías, clases de computación, servicios médicos, mentorías y desayunos gratuitos a los estudiantes que lo necesitaran. El plan era apoyar a los niños de Villa Soleada hasta la universidad. Requeriría de una cantidad masiva de financiamiento para hacer que suceda, pero estamos determinados a aceptar el reto. Después de que firmamos un memorando de entendimiento, BECA trajo a algunos de sus estudiantes de visita a Villa Solada. Sus estudiantes cantaron algunas canciones y mostraron sus habilidades en inglés frente a nuestras familias. Los padres estaban impresionados y emocionados por la idea de que sus hijos se volvieran bilingües. Queríamos avanzar rápido, pero la cantidad de papeleo legal que necesitábamos entregar para abrir una escuela bilingüe en Honduras era desalentadora. Fueron necesarios incontables documentos y cientos de firmas de diferentes funcionarios.

Llenamos el papeleo, creamos el diseño del edificio y obtuvimos una estimación del costo. El proceso era dolorosamente lento.

No obstante, SHH estaba prosperando. Por primera vez, teníamos listas de control de las operaciones, claras descripciones laborales, políticas de recursos humanos, un calendario de equipo y un sentido de dirección. Nuestro crecimiento en los Estados Unidos fue incluso mejor. Para entonces, SHH tenía sedes en aproximadamente cincuenta escuelas y universidades por toda la nación. A medida que informábamos a nuestros colaboradores acerca de nuestros planes para transformar nuestra escuela en una institución bilingüe, comenzaron a organizar eventos de recaudación de fondos. Los recursos llegaron, las familias en Villa Soleada empezaron a construir nuevos salones de clases y BECA inició la contratación de maestros para nuestra escuela bilingüe que pronto existiría.

A unos meses del proceso, tuve que tomar una decisión crucial: ¿con qué grados queríamos abrir la escuela? Quería que la mayor cantidad posible de niños se beneficiara de la escuela, pero BECA me advirtió de los peligros de abrir la escuela con más grados de los que nuestro joven equipo pudiera manejar. Hacer crecer la escuela lentamente, me dijeron, nos permitiría desarrollar nuestra experiencia y a largo plazo asegurar un programa de mayor calidad.

No sabía qué hacer. Había visto a tantos niños en la comunidad crecer. Había ido a sus fiestas de cumpleaños, jugado fútbol con ellos, jugado mables con ellos. Muchos solían caminar con resorteras en sus bolsillos. Ahora, algunos andaban por ahí con revólveres de calibre .32. Estábamos observándolos irse por el camino equivocado. Una escuela bilingüe de alta calidad podría ayudarles a cambiar sus vidas. Pero de presionar a la escuela para ir demasiado lejos demasiado rápido, se desmoronaría. Había cometido ese error con el equipo de SHH, y no quería cometerlo de nuevo.

Así que decidí restringir la cantidad de grados. El primer año, nuestra escuela bilingüe tendría sólo jardín de niños, primero y segundo grados. Los niños que ya habían pasado al tercer grado o más arriba no asistirían a nuestra escuela. Fue una de las decisiones más difíciles e inciertas de mi vida. Muchos de los niños que habían observado el proceso de cimentación de la nueva escuela con alegría y entusiasmo ahora estaban excluidos; merodeaban alrededor de la entrada, heridos y resentidos. Tantos necesitaban de nuestra ayuda, y sin importar lo que hiciera, siempre había algo más que pudiera hacer.

* * *

Celebramos la gran inauguración de la Escuela Bilingüe Villa Soleada en una mañana despejada y luminosa. Casi cincuenta estudiantes en uniformes azules con tigres rugiendo bordados en los bolsillos del pecho voltearon hacia mí, el sol brillando en sus rostros.

"Nuestro objetivo", dije a la multitud, "es transformar la tasa del 0 por ciento de graduados de colegio en la comunidad a una del 100 por ciento en una generación. Cada estudiante que se gradúe estará listo para la universidad y será completamente bilingüe. Espero que, un día, Villa Soleada pueda convertirse en la aldea con el mayor nivel educativo per cápita de la ciudad".

La multitud aplaudió. Daba miedo realizar tales declaraciones en frente de las familias, pero había leído en algún lugar que hacer una promesa pública sobre un objetivo te daba más resolución para conseguirlo. No tenía idea de si estaba disparándome a mí mismo en el pie, pero lo hice de todos modos. Les conté que la colegiatura sería gratuita para aquellos que ayudaron a construir Villa Soleada. A cambio, le pedí a los padres que se comprometieran con la educación de sus hijos y ayudaran a mantener las instalaciones.

"¡Seré el primero en cortar el pasto con mi machete!", gritó alguien.

Todos se rieron. Más voces se unieron al coro, a medida que los padres prometían proteger la escuela de intrusos y dedicar a sus hijos a su educación. Miré a Wilfredo, quien estaba de pie con su esposa y su pequeña hija. Él asintió con estoicismo, y mostró una inusual sonrisa.

Estos eran tiempos de júbilo.

CAPÍTULO ONCE

DEBES ENCARAR LA VIOLENCIA PARA ENCARAR LA POBREZA

EL CRIMEN EN LA ZONA ESTABA AUMENTANDO CONSTANTEmente. Mientras hacía ejercicio en un gimnasio en El Progreso, miembros armados de una pandilla entraron por la fuerza. Nos dijeron a todos que pusiéramos nuestras manos en alto y nos arrodilláramos. Uno de ellos mantuvo su arma apuntando directamente a mi cabeza mientras que otro tomaba las pertenencias de todos. La violencia en Villa Soleada mutaba de distintas formas. Gecko, un adolescente de la LMDVS, asaltó a un cobrador con una pistola casera hecha de tuberías fundidas. Más tarde, el jefe del cobrador mandó a sus hombres a que se encargaran de Gecko —llegaron a Villa Soleada en autos con ventanas polarizadas. Pero Gecko se había ido hace mucho, escapando a la jungla de palmeras con una mochila llena de ropa, un cepillo de dientes y cerillos. Estaba acostumbrado a sobrevivir en la huida.

No solamente los forasteros eran amenazados. Los residentes de

Villa Soleada también eran asaltados en el Callejón, ese sombrío camino de tierra entre Villa Soleada y Barrio Amistad. Cuando los ladrones asaltaron a una madre de la comunidad, el sentido común diría que debía simplemente entregar el dinero, pero algo en ella estalló ese día —había estado ahorrando para un refrigerador, y reconoció a sus asaltantes: los conocía desde que eran niños que jugaban mables. Corrió. Escapó, pero estuvo cerca. Pudieron haberle disparado, y entonces su hijo de cinco años se habría quedado sin madre.

Es complicado describir lo omnipresente que era la violencia, la manera en que era al mismo tiempo impactante y ordinaria. Sumida en la pobreza y la corrupción, Honduras no pudo soportar los desestabilizantes efectos del golpe de 2009. Durante los años siguientes, las pandillas callejeras comenzaron a apoderarse de barrios enteros. Se inmiscuían en guerras por el territorio. En 2012, el año en que abrimos la escuela bilingüe, más de siete mil personas fueron asesinadas en la pequeña nación. A un promedio de 85.5 homicidios por cada cien mil habitantes —lo cual era dieciocho veces más que en Estados Unidos— Honduras ese año (y los años siguientes) registró el promedio más alto de homicidios en el mundo.[11] Debido a la superada fuerza policíaca y al débil sistema judicial, menos del 5 por ciento de los homicidios en Honduras terminaba en sentencia.[12] Los carteles extranjeros tomaron ventaja del debilitado gobierno y se instalaron. Sobornaron a funcionarios corruptos, asesinaron a aquellos que se interpusieron y formaron alianzas con gente local desesperada y miembros de pandillas que necesitaban dinero fácil. Aparentemente de la noche a la mañana, Honduras se había convertido en el centro de recolección mundial de cocaína.[13] Gradualmente, las organizaciones de ayuda comenzaron a irse. Incluso los Cuerpos de Paz, después de servir en el país por casi cincuenta años, sacaron a todos sus 158 voluntarios.

Pero viviendo ahí, los números podían sentirse como estadísticas. Llegaba a sentirse normal escuchar que Gecko había asaltado a alguien cerca de la cancha de fútbol, en especial cuando al buscar torpemente sus balas sus pantalones se le cayeron accidentalmente. Para mí, era Héctor quien ilustraba la realidad de la situación.

Nuestro director en la escuela bilingüe, Sidonio, se marchaba. Se mudaba a Guatemala con su familia. Su anuncio fue repentino, y yo tuve que apresurarme a buscarle un reemplazo. ¿Quién haría un buen trabajo? Entonces una tarde, mientras corría por la ciudad, pensé en Héctor.

Héctor era un estudiante universitario de la localidad a quien contratamos durante nuestra reestructuración de SHH para dirigir el programa de voluntarios. Él trabajaba con nosotros medio tiempo, durante sus vacaciones de verano, pero estaba buscando unirse de tiempo completo después de graduarse. Lo llamé de inmediato. Todavía estaba estudiando —se levantaba a las 4:30 a.m. todos los días para trabajar como maestro de segundo grado en una escuela de una ciudad vecina, después de lo cual pasaba dos horas en un bus hasta llegar a la universidad pública de San Pedro Sula. Pero estaba tan sólo a unos cuantos meses de graduarse.

Mientras nos poníamos al día sobre la vida, Héctor me dijo cómo lo habían asaltado a punta de pistola afuera de su casa. Había reunido el coraje para denunciar el delito a la policía, incluso a pesar de que los miembros de las pandillas mataban a las personas por delatarlos. Él quería detener a los maleantes que aterrorizaban su barrio, y la única manera de hacerlo era tomando acción.

Él hablaba sobre esto casualmente, con calma. No presté mucha atención.

Dirigimos la conversación hacia otros temas. Le pregunté cómo planeaba celebrar su graduación. Dijo que jugaría FIFA unas cuantas horas. Ambos nos reímos. Quería que Héctor se convirtiera en nuestro director. ¿Estaría disponible para pasar el rato en una cafetería local el fin de semana? Quería que nos viéramos para ofrecerle el empleo. Él dijo que sí, y que esperaba con ansias verme. Colgamos.

Nunca me imaginé que esa sería la última vez que hablaría con él. Dos días antes de nuestra reunión agendada, pandilleros aparecieron en la escuela donde Héctor enseñaba y lo mataron a tiros. Supe que había intentado arrastrarse detrás de una pared, dejando un rastro de sangre. Los pandilleros no tuvieron piedad. Le dispararon varias veces más en frente de sus alumnos. La muerte no parecía perdonar a la gente buena en Honduras. Parecía que iba tras ellos.

La noche siguiente, me puse una camiseta color negro y fui al funeral de Héctor. Nunca había llorado por el hecho de que cuarenta mil personas habían sido asesinadas en Honduras desde mi primer viaje. A menudo se me hacía difícil contextualizar las cifras. Pero mirando fijamente al cadáver de Héctor, mis pulmones se constreñían de pesar. Lo que estaba mirando no era una estadística. Héctor era alguien que había compartido sus esperanzas y sueños conmigo. Al mirar su rostro azul una última vez, me deshice en lágrimas. Solía pensar que la gente recurría al crimen por necesidad o desesperación. Me fui del funeral sabiendo que ese no era siempre el caso.

* * *

Seis meses después de nuestra inauguración, el director ejecutivo de BECA me llamó. Me dijo que el nivel de criminalidad alrededor de Villa Soleada había crecido demasiado para su organización. BECA iba a cesar sus operaciones en El Progreso. Su decisión era comprensible. Los pandilleros estaban asaltando a residentes a punta de pistola; irrumpiendo en sus hogares durante la noche; atando a familias y robándolas; saqueando escuelas en el área; y llevando a cabo secuestros y asesinatos. Sólo unas semanas antes, el cuerpo de un hombre decapitado fue encontrado afuera de Villa Soleada. Habíamos escuchado rumores de que pandilleros en el área estaban planeando secuestrar a nuestro personal y saquear la escuela bilingüe. Los pandilleros negaron las acusaciones. Dada la falta de información, no sabía en quién creer.

En cuestión de una semana, BECA se fue, llevándose consigo a sus maestros, plan de estudios y materiales educativos. Mientras caminaba por el campus vacío, mi cabeza comenzó a dar vueltas. Estaba convencido de que no había manera de que pudiéramos dirigir la escuela sin BECA. "Voy a ayudarte a solucionar esto", me dijo Bob por teléfono. "Tiene que haber una solución". Quizás la había, y siempre estaba agradecido por la motivación de Bob. Pero sin importar cuánto caminara, no podía pensar en una solución.

Si nuestra escuela bilingüe cerraba permanentemente, nuestros niños perderían un año escolar. Peor aún, terminarían en una sobrepoblada escuela pública de la zona. Ya habíamos visto cómo sería eso para ellos. Antes de que tuviéramos una escuela en Villa Soleada, ayudamos a inscribir a los niños de la comunidad en una escuela pública cercana. Muchos tuvieron problemas ahí, quejándose de que eran discriminados porque eran "los niños del bordo". Eso me preocupaba. El *Estudio Longitudinal Nacional de Salud Adolescente* trajo a la luz los efectos dañinos de tal trato.[14] De 1995 a 1997, el estudio examinó noventa mil estudiantes que asistían a 145 escuelas distintas de Estados Unidos. Querían averiguar cuáles factores protegían más a los niños de los resultados negativos. Los investigadores, por medio de cuestionarios y entrevistas, revisaron más de cien variables en las vidas de los estudiantes. Encontraron que el segundo factor que ofrecía más protección era un sentido de conexión en la escuela, donde los estudiantes sentían que los maestros los trataban justamente, eran cercanos con sus compañeros y se llevaban bien con todos. Sin un sentido de conexión, los estudiantes eran más propensos a enfrentar resultados negativos como comportamientos violentos, angustia emocional, intentos de suicidio, abuso de drogas y embarazos adolescentes.

Mientras caminaba por los pasillos vacíos, noté los pequeños indicadores de violencia que me había perdido. El cableado de nuestro sistema de seguridad estaba destruido. Las paredes tenían símbolos de pandillas pintados. Atrás de la propiedad de la escuela, la alambrada metálica que rodeaba el perímetro tenía extraños y grandes agujeros —era claro que alguien estaba planeando entrar a robar. Tan sólo unos días antes, el campus estaba repleto de risas y cantos. Ahora, se sentía tan inquietante que aquella cálida y húmeda brisa me daba escalofríos. Lo que Gary A. Haugen escribió en *The Locust Effect: Why the End of Poverty Requires the End of Violence* ("El efecto de la plaga langosta: por qué el fin de la pobreza requiere del fin de la violencia") se mantenía en lo cierto:

> La información está emergiendo ahora para confirmar la comprensión del sentido común de que la violencia tiene un devastador impacto en la lucha de una persona pobre por salir de la pobreza, seriamente socava el desarrollo económico en países pobres y directamente reduce la efectividad de los esfuerzos por aliviar la pobreza. Resulta que uno puede proveer de todo tipo de bienes y servicios a los pobres, como buenas personas han estado haciendo durante décadas, pero si no estás conteniendo a los abusadores en la comunidad de cometer actos de violencia y robo —como hemos estado fallando en hacer durante décadas— entonces descubriremos que los resultados de nuestros esfuerzos son bastante decepcionantes.[15]

Me quedé de pie en la puerta de entrada, pensando en lo que había dicho el día de la inauguración. "*¡Nuestra promesa es que cada uno de los niños que se gradúen de nuestra escuela estará preparado para la universidad y hablará inglés fluidamente!*". Negué con la cabeza. Tantas personas habían trabajado duro para que esta escuela existiera. Nuestros voluntarios en Estados Unidos habían trabajado día y noche para recaudar dinero para la escuela. Los padres en la comunidad habían trabajado largas jornadas para construir los salones. Los había llenado con tanta esperanza por el futuro. ¿Cómo podría darles la cara?

Tan pronto como puse la cerradura de acero en la puerta y la cerré, un sentido de desesperanza se apoderó de mí. Me senté en la banca afuera de la puerta, con mi sombrero inclinado hacia abajo. Yamilet, cuya casa se encontraba justo al lado de la escuela, me vio y caminó hasta mí. Tomó un asiento a mi lado y se quedó sentada en silencio por un momento. Ella había formado parte de este proyecto desde el comienzo, desde aquel día en que me entregó una papaya en Siete de Abril.

"¿No vas a dejar ganar a los abusivos del barrio, verdad?", dijo suavemente. "Son sólo unos cuantos los que están tratando de sabotear la escuela".

"Ellos tienen pistolas", repliqué. "Nosotros todo lo que tenemos son palas y picos".

"No siempre se trata de fuerza bruta. Necesitamos ser más listos que ellos".

Yamilet no dijo nada más, pero tampoco se marchó. Otros padres llegaron. Wilfredo tomó asiento en la banca, estoico como siempre. Wilfredo era siempre inquebrantable, temerario, confiado. Lo admiraba. Me puso una mano en el hombro, firme y reafirmante.

"Nosotros tenemos fuerza en los números", dijo él, como continuando la conversación.

Miré los rostros de los otros padres. Se veían determinados. Querían reabrir la escuela y encarar a los pandilleros de frente.

El acoso que yo había experimentado en la escuela de niño no era nada comparado con lo que la gente experimentaba en Honduras, el país más letal del mundo fuera de zonas en guerra. Estaba trabajando con familias que habían soportado el acoso en su peor forma —la violencia era sistemática, despiadada y, al parecer, interminable. Dado el debilitado estado en Honduras de la policía y el sistema judicial, la gente aquí prácticamente tenía que defenderse por sí misma. Mi sangre comenzó a hervir. Mientras Wilfredo, Yamilet y el resto de los padres me decían cómo ellos pensaban que podíamos enfrentarnos a las pandillas locales y reabrir la escuela, decidí unirme a ellos.

Durante los días siguientes, los padres en la comunidad enmendaron los agujeros en la cerca. Las madres lavaron las paredes con jabón para borrar los símbolos de las pandillas. Marco, nuestro maestro de obra, averiguó una manera de esconder mejor los cables del sistema de seguridad. BECA, habiendo dejado las bases para el funcionamiento de una escuela bilingüe, nos apoyaba por teléfono explicándonos lo que necesitábamos hacer para que las cosas continuaran. Reabrimos la escuela y los maestros hondureños intervinieron para enseñar múltiples grados en vez de uno. Yo enseñé inglés a dos grados e hice llamadas por las noches para reclutar ayuda. Con el paso de las semanas, más personal se unió a enseñar en la escuela.

Sobrevivimos el semestre de otoño, lo cual nos dio tiempo para reagruparnos durante el verano. En junio, Maxie Gluckman, una dinámica consultora en educación que había trabajado con Teach for America, voló a Honduras. Durante las semanas siguientes, ella nos ayudó a crear un nuevo plan de estudios, un programa de capacitación para maestros y sistemas de seguimiento de información. Ella insufló aire en nuestra escuela. Gracias a los sistemas que Maxie instaló, no necesitábamos más pagarle a otra organización para operar nuestra escuela; podíamos hacerlo nosotros mismos y ahorrar dinero.

Mientras que Maxie continuaba su trabajo, y al tiempo que los miembros de la comunidad hacían planes para enfrentarse a la violencia, yo concentré mi atención en otra necesidad urgente: necesitábamos encontrar una manera de financiar el próximo año escolar. El financiamiento inicial de la escuela ya se había terminado.

* * *

Sostuve un paquete de volantes sobre mi cabeza mientras atravesaba un río poco profundo. "¡Cuidado con los cocodrilos!", bromeó Yapa, mirándome y sonriendo. Yo me apuré, chapoteando por el agua en pánico.

Yapa —la misma Yapa que conocía de HFC y que trabajaba en su tarea de inglés con Cosmo— había comenzado a trabajar con nosotros como asistente de oficina después de haberse graduado de la Universidad UNITEC por medio de una beca que le habíamos ofrecido. Para ese verano, ella era nuestra directora a nivel nacional y estaba a cargo de todas nuestras operaciones en Honduras. Era surreal estar trabajando juntos —cuando ella era una estudiante de colegio allá en HFC, habíamos bromeado sobre dirigir una organización sin fines de lucro juntos algún día.

Yapa y yo estábamos cruzando el río para averiguar si las familias afuera de Villa Soleada estarían interesadas en inscribir a sus hijos en nuestra escuela bilingüe con una colegiatura mensual. Al comienzo, me resistí a la idea de cobrar una colegiatura. Creía que no muchas personas estarían dispuestas a pagar. Mi opinión cambió cuando leí *The Beautiful Tree: A Personal Journey into How the World's Poorest People Are Educating Themselves* ("El bello árbol: Un viaje personal a cómo las personas más pobres del mundo se están educando a sí mismas"). El libro, escrito por James Tooley, explicaba que escuelas privadas de costo ultra bajo en países de bajos ingresos estaban usando el libre mercado para florecer. Tooley, por medio de una investigación rigurosa, mostraba que las familias, incluso en los barrios y asentamientos informales, a menudo encuentran el dinero para que sus hijos puedan recibir una mejor educación.[16] El libro cambió mi perspectiva. Los cupos pagados en nuestra escuela bilingüe no sólo nos permitirían beneficiar a más niños, sino que cobrar colegiaturas a familias que pudieran costearlo nos daría el financiamiento que necesitábamos para operar la escuela y construir nuestra vía de la cuna a la universidad.

Hacer campaña en El Progreso era distinto a hacer campaña en Virginia; en vez de caminar por banquetas, teníamos que atravesar junglas, escalar montañas y esquivar animales salvajes. Nuestra primera parada fue una casa de ladrillos de adobe en la cima de una empinada colina, oscurecida por la niebla. Un hombre sin camiseta estaba cortando madera frente a la casa. Cerca de él, una mujer lavaba ropa a mano.

"¡Hola!", dijo la mujer, secándose las manos con una toalla. Antes de que pudiera abrir la boca, Yapa le dio la mano a la mujer y comenzó con su discurso. Habló de la escuela bilingüe, mencionó la colegiatura mensual (cuatrocientos lempiras o alrededor de veinte dólares) y preguntó si la familia tenía hijos. La señora dijo que tenían una pequeña hija. Volteó a mirar al hombre.

"Lo pensaremos", dijo el hombre mientras prendía un cigarro con un cerillo. "¿Dónde se encuentra la escuela?".

"Está en Villa Soleada, como a un kilómetro y medio al norte de aquí".

El hombre detuvo todo lo que estaba haciendo y me miró fijamente como si hubiera dicho algo escandaloso.

"Me encantaría que mi hija asistiera a una escuela como la suya", dijo, moviendo la cabeza, "pero esa área está llena de pandilleros del bordo. Dicen que es territorio de los Maras ahí".

La mujer intervino: "Escuché que cuando sales de ese barrio —si logras salir con vida, quiero decir— ¡te quitarán todo menos los calzones!". Volvió a tallar su ropa, como si tratara de lavar la mancha de lo que acababa de decir.

No sabía qué responder. La fama de Villa Soleada se había esparcido. A menudo trataba de explicar que los pandilleros eran una pequeña proporción de la comunidad, pero la gente sólo negaba con sus cabezas. Después de todo, alguien que iba de visita a Villa Soleada fue asesinado a machetazos en el Callejón después de intentar resistirse a un asalto. A otra persona le cortaron los dedos y los dejaron sobre la tierra para que todos los vieran. No podía culpar a la gente por estar atemorizada.

Ese verano, unas cuantas familias decidieron inscribir a sus hijos en nuestra escuela bilingüe y pagar la colegiatura. Muchos otros estaban demasiado asustados. Podíamos tener una gran escuela que proveyera de un camino de la cuna a la universidad, pero si no impedíamos que los pandilleros del barrio siguieran aterrorizando y saqueando a la comunidad, no alcanzaríamos ninguno de nuestros objetivos.

* * *

Un grupo de muchachos de la LMDVS caminaban rumbo a la cancha de fútbol. Era la hora del entrenamiento del nuevo equipo de fútbol de la comunidad. Fonzo, un defensa derecho del equipo de Villa Soleada que amaba al fútbol tanto como amaba sus narcóticos, se tambaleó hasta el pasto, muy drogado. Gritó obscenidades, tiró la botella de agua de alguien y nos miraba intensamente mientras calentábamos. Caminó hacia el único balón del equipo que teníamos, lo pateó tan fuerte como pudo y lo vio desaparecer en un huerto de plátanos cercano. Él y su primo Egnacio comenzaron a reírse histéricamente, como hienas. Dos de los jugadores más jóvenes del equipo me miraron y comenzaron a caminar para ir a recoger el balón.

"Espera", dijo Jairo, uno de los entrenadores. "Todos conocemos las reglas del equipo. Aquel que saca el balón" —miró a Fonzo— "es el que va por el balón".

"¡Vaya!", gritó Fonzo. "¿Acaso piensas que tú eres el jefe aquí?".

"Sólo soy uno de los entrenadores, nada más. Si estás drogado, probablemente deberías irte a casa".

Fonzo se rio de nuevo. "Nadie toma las decisiones en este barrio excepto nosotros. Dile al resto de los 'entrenadores' que nosotros mandamos en este lugar ahora. Todos a partir de ahora hacen lo que nosotros digamos. ¿Entendiste?".

Los padres de Villa Soleada habían comenzado el equipo de fútbol para atender el problema de crimen en Villa Soleada. Wilfredo y un muchacho nuevo recién llegado en la comunidad, Jairo, se habían ofrecido como voluntarios para dirigir la iniciativa. Yo me había unido a su esfuerzo y había conseguido tacos de fútbol, uniformes y balones de nuestros patrocinadores. Aprendí mucho sobre Jairo mientras comenzábamos el programa. Él creció en una comunidad vecina pero tuvo que abandonar la secundaria cuando ya no pudo pagar la tarifa de veinticinco centavos del bus. Aburrido y sin dinero, comenzó a hacer mandados para la pandilla local. Pronto, estaba siendo iniciado en una vida de crimen y drogas duras. Mas no era su naturaleza asaltar a ancianas. Él era sensible y reflexivo; adoraba a su abuela, quien, de hecho, lo había criado.

Quería salir de la pandilla, pero en Honduras, salirse usualmente significaba la muerte. Estuvo atorado hasta que un tiroteo mató a la mayoría de los miembros de la pandilla y el resto se desbandó. La vida de Jairo volvió a encarrilarse: se casó con su amor de la infancia, Lanita, y comenzaron una familia. Jairo empezó a vender los jugos de fruta de Lanita y pastelitos caseros en su bicicleta. No podía creer lo exitoso que se volvió su negocio. Pero una vez, mientras llevaba las ganancias del día en su bolsillo trasero, fue acusado por un vecino celoso de vender drogas en bicicleta. Los policías lo echaron a la cárcel. Fue liberado cuando tenía diecinueve años. Unos cuantos meses después, su esposa recibió una llamada de su mamá en Villa Soleada. "Ahora estamos viviendo en una casa de concreto con agua corriente, sistema de aguas grises y electricidad", dijo la mamá de Lanita, quien estaba llena de emoción. "Ven a vivir con nosotros".

Así que Jairo y su familia se mudaron a Villa Soleada a vivir con los padres de Lanita. Él se unió a la iglesia de la comunidad y redescubrió su fe. Comenzó a estudiar para convertirse en pastor. Al no ser más una víctima de su pasado, Jairo se veía entusiasmado por su futuro. Nadie se sorprendió cuando Jairo se ofreció a ayudar como entrenador de fútbol. Como Wilfredo, él era de buen corazón y amable, siempre buscando ayudar a la comunidad.

Fonzo ignoró la instrucción de Jairo de regresar el balón del huerto.

En su lugar Wilfredo cruzó la quebrada sucia para recoger el balón. Era desolador —los residentes más conscientes, responsables y con visión de futuro eran a menudo quienes pagaban el mayor precio por hacer lo correcto. Calmé a Jairo mientras acomodábamos las cosas. Seguí su guía mientras él organizaba a los jugadores para una potra. Egnacio, Fonzo y los titulares del equipo de hombres se fueron al lado más alejado del campo. Yo estaba del otro lado con Jairo, Wilfredo y los chicos más jóvenes quienes eran usualmente los aguateros. Unos cuantos padres terminaron de fumar sus cigarros y se unieron a nuestro lado.

Fonzo había pasado su niñez sin preocupaciones —nadando en quebradas y cazando animales con su resortera. Hacía todo para evitar a su mamá, la cual le pegaba con una escoba. La violencia física y emocional en su hogar explicaban, mas no justificaban, por qué Fonzo era tan conflictivo y temperamental. La gente en la comunidad le temía a su familia porque a menudo usaban la violencia para salirse con la suya.

A pesar de su complexión delgada, Fonzo podía cargar leña en sus hombros como un elefante. Esos hombros, sin embargo, tenían un gran peso encima: Fonzo no había pasado ni un sólo día dentro de una escuela y no sabía leer ni escribir. Sus padres no valoraron su educación. Por lo que él intentaba compensar esta carencia de la peor manera posible. En Honduras, había sólo una cosa que podía hacer un chico al fondo de la jerarquía del dominio social para obtener respeto rápidamente: convertirse en un criminal temido. Para algunos, el respeto y la admiración eran como heroína y cocaína. La gente estaba dispuesta a arriesgar sus vidas para conseguirlos.

La sed de Fonzo por admiración explicaba su afición al fútbol. Él quería convertirse en la estrella del barrio. Pero había un problema: era lento, perezoso y rara vez pasaba el balón. Satisfacía su ego driblando entre los jugadores más jóvenes, provocándolos. Casi lo mismo podía decirse de Egnacio, su primo más alto, quien era igual de violento. Cuando no estaba obsesionado con su hábito de recortarse las cejas,

Egnacio pasaba sus días sentado en la pulpería de la esquina con sus lentes de piloto contando chistes. Ponía la radio en su teléfono celular barato a todo volumen a donde fuera caminando. Egnacio pasaba el balón aún menos que su primo. A pesar de sus terribles habilidades como pateadores, los dos se aseguraban de cobrar cada penalti en nombre del equipo. Dentro y fuera de la cancha, los dos eran los mayores bravucones en la comunidad.

Ese día, el partido tuvo un buen comienzo. Chinchilla, de doce años y nuestra estrella del equipo juvenil, hizo pases limpios desde el medio campo. Los padres, usando shorts y Crocs, defendían bien y se pasaban el balón sin egoísmos. Para el medio tiempo, nuestro superior trabajo en equipo nos había dado una ventaja de 2-1. Enojados y confundidos, Egnacio y Fonzo comenzaron a cometer faltas a nuestros jugadores. Egnacio tiró a uno de nuestros jugadores más jóvenes al piso y fingió que fue un accidente. Eso me enfureció. Le pasé el balón a Chinchilla, quien era ágil como una chinchilla de verdad. Él dribló pasando a tres oponentes del doble de su tamaño. Los espectadores lo animaban desde las bandas.

Fonzo le hizo una entrada violenta por atrás. Chinchilla cayó, gritando. Lágrimas llenaban sus ojos, pero escondió su rostro en el pasto y se mantuvo en silencio. Sabía que se burlarían de él los otros chicos si lo veían llorando. Los fans pedían a gritos una tarjeta roja.

Jairo y yo corrimos hacia Fonzo, quien retrocedió un par de pasos e infló su pecho. "Esa es una tarjeta amarilla", le dije.

"¿Así que ahora eres el árbitro?". Fonzo apuntó su dedo a mi cara. "¿Desde cuándo jugamos con árbitros aquí en el barrio? Nadie toma las decisiones en el barrio excepto nosotros. ¿Entendiste?". Escupió en el suelo, y se fue caminando.

"Sí, ¿entendiste?", Egnacio repitió como perico detrás de Fonzo. Giré mi atención hacia Chinchilla y lo ayudé a levantarse. Él aún estaba escondiendo su cara. Wilfredo corrió y les pidió a todos que se calmaran.

Miré a la portería, a cuarenta metros de distancia, y luego a Wilfredo. Habiendo jugado juntos por varios años, los dos podíamos comunicarnos cien palabras en un pestañeo o con un pequeño gesto. Fonzo todavía estaba gritando obscenidades cuando Wilfredo me pasó el balón al tiempo que yo doblé mi pierna hacia atrás y tiré a la portería. Tomé al portero desprevenido y anoté. Íbamos ganando 3-1. Jairo llevó a Chinchilla de vuelta a nuestro lado de la cancha.

Fonzo gritaba groserías al aire. A tan sólo unos minutos de que el partido terminase, Claudio, el padre con más edad en el equipo, interceptó el balón. Esquivó a Egnacio y le pasó el balón a Jairo en una jugada de pared. ¡Zas! Egnacio llegó por detrás e impactó las corvas de Claudio. Claudio cayó al piso con fuerza. Pero no acabó ahí. Egnacio se rio y pateó a Claudio. Cuando Claudio intentó levantarse, Egnacio lo tiró de vuelta al suelo. "¡Tu lugar es el piso, anciano!", gritó.

Yo sabía lo que estaba pasando. Egnacio y Fonzo a menudo buscaban a alguien a quien golpear cuando estaban por perder un partido. El hijo de ocho años de Claudio estaba en una banda, mirando horrorizado detrás de un árbol de plátano.

Claudio intentó empujar a Egnacio para quitárselo de encima. "¡A mí nadie me toca!", gritó Egnacio, enfurecido. Le dio un puñetazo a Claudio y luego siguió golpeándolo.

"¡Ayúdalo!", gritó una de las mujeres en las bandas.

En ese momento, me olvidé de que Egnacio era un pandillero más grande que yo. Salté entre él y Claudio. "Si te metes en mi camino", gruñó Egnacio, "¡te mataré primero a ti!". Lanzó un gancho derecho. Lo esquivé. Me quedé en mi lugar con los brazos arriba mientras él liberaba una tormenta de golpes hasta que se cansó. Luego di rápidamente un paso hacia adelante. El tambaleó hacia atrás, sus golpes se volvieron más débiles. No devolví ninguno de sus puñetazos —la última vez que alguien lo había golpeado en una pelea, Egnacio sacó un machete, hizo que sus familiares se le unieran y persiguió a la víctima hasta su casa y rompieron sus puertas y ventanas. Algunas peleas no podían ser ganadas.

En algún punto, toda la gente en la cancha se abalanzó entre nosotros. "¡Los dos dense por muertos! ¡Muertos!", gritaba Egnacio mientras que su primo lo jalaba hacia atrás. Jairo corrió frente a mí y miró a Egnacio. Los dos primos se alejaron, escupiendo al piso.

"Gracias", dijo Claudio, apoyándose con la ayuda de su hijo quien había llegado corriendo. "Te debo mi vida. Pero es momento de que me vaya de la comunidad por un tiempo. De lo contrario, Egnacio y su familia van a matarme".

"Nadie va a ponerte un dedo encima, Claudio", dijo Jairo. Pero no sonaba convencido. Era como si él, también, estuviera de acuerdo en que era mejor que Claudio se fuera por algunas semanas. Claudio me dijo que yo necesitaba considerar irme también. Había desafiado a Egnacio, y eso era peligroso.

Comenzó a atardecer a medida que la gente se fue a casa. Las estufas se encendieron por toda la comunidad, y el olor de las baleadas y el humo lentamente llenaron el aire. Más tarde, supe que un grupo de madres se había reunido en secreto esa noche. Bajo la sombra de un árbol de plátano, decidieron que era momento de enfrentarse a la LMDVS. Entendían por completo lo que solía pasarle a la gente que denunciaba con la policía. Pero las mujeres habían tenido suficiente. Esa noche, una de ellas aceptó llamar a la policía de parte de la comunidad. Oraron juntas y se dispersaron.

Al día siguiente, mientras Claudio salía de la comunidad, un convoy de patrullas entró a Villa Soleada. Arrestaron a aquellos presuntos miembros de la LMDVS y los metieron en prisión. La gente de la comunidad celebró. Pero las familias de aquellos arrestados estaban enfurecidas. Comencé a escuchar rumores sobre que creían que yo era el que había llamado a la policía. Conociendo cómo funciona el sistema judicial en Honduras, sabía que todos quienes habían sido arrestados serían liberados en unos cuantos días. Tal vez era momento de que dejara la comunidad. Pero Jairo tenía un plan.

Los dos fuimos a la estación de policía. Fonzo y el resto de los muchachos, esposados, estaban de pie en una línea dentro de una oscura habitación. "¿A cuál de estos quieren en prisión?", preguntó un oficial de policía. "¡Sólo díganlo, y nosotros los encerramos a todos!".

Egnacio desvió la mirada cuando me vio. Estaba temblando y sus ojos estaban rojos. "Ha habido un malentendido", dije yo. "Soy uno de sus entrenadores de fútbol. Y quisiera que estos chicos regresen a la comunidad para que puedan seguir entrenándose".

Egnacio volteó hacia arriba con sorpresa. El plan de Jairo era simple: Si los miembros de la LMDVS iban a volver a Villa Soleada de cualquier forma, ¿por qué no ayudarlos a salir? La policía renuentemente los dejó ir. Mientras regresábamos a la comunidad, los pandilleros nos agradecieron y juraron tomarse los entrenamientos más en serio. Egnacio se disculpó y prometió nunca volver a faltarle al respeto a los entrenadores.

Este fue el primer paso en una larga lista de medidas que tomamos para intentar decrecer la violencia en Villa Soleada. El plan de Jairo funcionó —hasta cierto punto. Las denuncias de asaltos y robos comenzaron a disminuir, y esperábamos que fuera el comienzo de un cambio de rumbo para Villa Soleada. Pero la violencia sistemática es una bestia complicada, la cual no se doma tan fácilmente, y la reducción de delitos fue sólo temporal. Aun así, era "establecer las bases", como diría Aricela. Ahora teníamos que construir sobre ellas.

* * *

Es difícil determinar en qué momento cambia de rumbo una situación como esta —la memoria siempre escoge un momento y le da más importancia de la que puede tener. Recuerdo el partido de fútbol con

Fonzo como si fuera ayer, y aún puedo sentir los golpes de Egnacio en mi cuerpo. Pero el incidente de violencia más visceral que recuerdo en Villa Soleada y cómo cambió nuestra trayectoria como comunidad no me pasó a mí. Le pasó a León.

León era un residente de Colina de Uvas, una comunidad que compartía una historia similar a la de los residentes de Villa Soleada. Ellos también habían vivido en asentamiento informal en la orilla de un río y después se habían reubicado a un terreno detrás de la escuela bilingüe. También provenían de una pobreza aplastante en búsqueda de una vida mejor. León era grande, con abultados bíceps creados a partir de cargar cajas de fruta todo el día, pero era un buen hombre. Callado y respetuoso con todos. Su hija de cuatro años significaba todo para él. En una de nuestras conversaciones, me contó de lo horrorizado que estaba de que los padres despilfarraran sus ingresos en guaro y drogas cuando sus hijos tenían hambre.

León era gentil.

Entonces su hija se enfermó. Su fiebre era tan alta que sus ojos se le pusieron en blanco, y su cuerpo se agitaba con temblores. Él fue en su bicicleta hasta El Progreso para comprarle medicina. Le costó a la familia el presupuesto para las comidas de todo el mes.

En el camino a casa, lo asaltaron.

Entregó gustosamente el dinero que traía consigo; no quería ningún problema. Sabía de un tipo a quién habían descuartizado a machetazos en el mismo lugar por resistirse a un asalto. Incluso les dio su bicicleta. Pero cuando el ladrón le pidió sus pastillas, León no estaba dispuesto a entregarlas. No podía. Eran simples pastillas, inútiles para el ladrón y vitales para su hija. Así que uno de los maleantes las tomó —arrebatándoselas a León de las manos. Luego simplemente las tiró al piso y las aplastó con sus botas. Sin sentido alguno. Por ninguna otra razón que castigar a León por no haberlo obedecido inmediatamente. Un profundo y visceral odio llenó el corazón de León.

Más tarde ese día, los niños en Villa Soleada se perseguían unos a otros alrededor de matas de plátanos. Los padres regresaban de los sitios de construcción para tomar duchas frías y las mamás estaban separando frijoles para quitarles las piedritas. Jairo estaba tarareando una canción cristiana, regando las flores en el jardín a la entrada de su casa. Vio a Fonzo y a unos cuantos adolescentes en los confines de la cancha de fútbol. Varios estaban fumando marihuana, mientras que otros se tomaban turnos para cortar el pasto con un machete. Jairo saludó, y algunos de ellos asintieron de vuelta.

"¡Préstanos un balón, hombre!", gritó Fonzo.

"*Ufff*, me quedé sin balones, hermano", dijo Jairo, poniéndose la palma en la frente. "¡Tendré uno para mañana!".

Fonzo levantó su pulgar, le dio una fumada a su porro y se acostó en el pasto. Jairo continuó regando las flores. En el porche con él estaba Keimi, su hija de diez años quien disfrutaba de ir a la iglesia tanto como su padre. Nina, su hija de siete años, estaba ayudándole a regar el jardín. Las niñas eran su orgullo y su alegría.

De vuelta en Colina de Uvas, una turba se reunió frente a la casa de León. Él caminaba, recontando la historia de cómo lo habían asaltado, cómo habían tirado la medicina de su hija, quien aún seguía en su cama temblando de fiebre. A medida que la multitud crecía, la gente se tomaba turnos para relatar incontables historias de cómo ellos también habían sido atacados ese año. Ni una sola vez la policía hizo algún arresto. Su rabia crecía con cada historia.

León reconoció a los ladrones, en particular al alto. Él creía que se trataba de Cabeza Tostada de Villa Soleada. La comunidad decidió no molestarse en llamar a la policía. Sería un desperdicio de tiempo. Los hombres estaban hartos —había maneras más rápidas de encontrar justicia. Tomaron camino rumbo a Villa Soleada para matar a Cabeza Tostada.

A medida que la turba se dirigía con machetes y una sed de venganza, Jairo estaba todavía en su entrada, esta vez leyendo la Biblia. En la cancha, los muchachos de LMDVS estaban haciendo pechadas y dando vueltas corriendo alrededor de la cancha. Jairo creía que todo nuestro acercamiento quizás estaba empezando a dar frutos. A pesar de sus actitudes rebeldes, la juventud de la LMDVS había estado presentándose a todos los eventos del equipo y torneos. Muchos de ellos, habiendo abandonado la escuela años atrás, se habían unido a un programa de becas que habíamos comenzado. En el programa, adolescentes de Villa Soleada tomaban clases durante los fines de semana (una práctica común en Honduras, dado el número de gente joven que tiene que trabajar durante la semana para apoyar a sus familias). Cuando alguien de la LMDVS pedía un trabajo, nosotros rápidamente lo contratábamos en nuestro equipo de construcción. Algunas personas nos advirtieron que contratar a hombres de LMDVS era peligroso. Unos cuantos miembros del personal estaban abiertamente en contra de la idea. Pero Jairo y yo queríamos apoyar a estos adolescentes tanto como pudiéramos, y seguir de cerca sus vidas. Creíamos que excluirlos, lo cual nos fue propuesto, sería contraproducente. Y así, con mucha paciencia, nuestro maravilloso maestro de obra Marco les enseñó el arte de pegar bloques de cemento, repellar paredes, instalar varillas y poner cerámicas de piso de concreto. Aquellos que aprendían rápido se convertían en parte integral de nuestro equipo. Compartía la creencia esperanzadora de Jairo de que algún día Villa Soleada sería conocida por sus graduados en lugar de por sus pandillas.

 Jairo más tarde relataba lo que ocurrió aquella noche. Cabeza Tostada se detuvo en su casa a platicar. Cabeza Tostada se había mudado a Villa Soleada unos cuantos meses atrás para vivir con una tía suya. Nunca le había dicho a nadie por qué se mudó, pero se rumoreaba que había huido de su pueblo natal después de acuchillar a un vecino hasta la muerte.

 Ahora Cabeza Tostada se apoyaba en un poste de luz —que era casi la única cosa en la comunidad más alta que él— y le pidió a Jairo que lo dejara jugar en el torneo siguiente, incluso a pesar de que no había estado asistiendo a los entrenamientos. Para probar sus habilidades, Cabeza Tostada hizo una demostración de una chilena. Jairo se rio y dijo, está bien. Hablaban mientras el sol comenzaba a descender detrás de la cancha de fútbol.

Jairo miró detrás de Cabeza Tostada. Un grupo de hombres estaba reuniéndose en la esquina de la cancha, cerca de los limoneros. Sus cataratas hacían que las siluetas se vieran borrosas, pero pronto se dio cuenta de que los hombres eran vecinos de Colina de Uvas. Jairo saludó, pero no le devolvieron el saludo.

Era claro por sus machetes en alto que algo andaba muy mal.

"¡Ponte a rezar, Cabeza Tostada!", gritó León. "¡Estás muerto!", la turba blandiendo sus machetes gritó al unísono, y corrió hacia la casa de Jairo.

"¡Entren!", gritó Jairo a sus dos confundidas hijas. "¡Rápido!". Cabeza Tostada corrió al interior de la casa con ellos, y cerraron la puerta de metal, poniéndole doble seguro lo mismo que a las ventanas. *¡BUM!* León y sus hombres patearon la puerta, causando que toda la casa temblara. Golpeaban la puerta con sus machetes. Jairo gritaba a sus aterradas hijas que se escondieran bajo la cama. Cabeza Tostada sacó un revólver de su cinturón.

"¡Abre la puerta, Jairo! ¡Y entrega a Cabeza Tostada! ¡No tenemos nada contra ti ni tu familia! ¡Pero si no nos lo entregas, tendremos serios problemas!". *¡PUM! ¡PUM!* La casa retumbaba.

"¡Amigos! ¡Resolvamos esto hablando!", gritó Jairo. "¡Por el amor de Dios! ¿Qué es toda esta mala sangre entre los barrios?".

"Ese hijo de perra ha estado asaltándonos todo el mes. ¡Es hombre muerto!".

Espantado, Jairo miró fijamente a Cabeza Tostada.

"¡Esos hijos de perra están mintiendo, hombre!", gritó Cabeza Tostada, con los ojos bien abiertos e inyectados de sangre. "¡Tú me conoces,

Jairo!". Jairo miraba con horror mientras Cabeza Tostada amartillaba su revólver.

"¿Hay algún problema aquí?", dijo una voz detrás de la turba. Era una voz que le ponía a la gente la piel de gallina.

La multitud volteó a ver a Equis, el cabecilla de la LMDVS. Estaba de pie frente a un grupo de hombres de la LMDVS y varios de sus corpulentos padres. Equis le dio una fumada sin prisas a su puro de marijuana.

"Estamos aquí por Cabeza Tostada", dijo León. "No tenemos problemas con ninguno de ustedes. No se metan". Golpeó la puerta con su machete, pero con menos convicción que antes.

"¿Que *no* nos metamos?". Equis se rio. León detuvo su machete a la mitad del aire. "¿Nos estás diciendo qué hacer en *nuestro* barrio ahora? ¿En nuestro territorio? ¿Perdiste la cabeza, León?". León y sus hombres se quedaron callados. Jairo miraba por una esquina de la ventana.

"Compañeros, ¿están escuchando esto?", preguntó Equis, mirando hacia atrás a Egnacio, Fonzo y sus hombres. El careo continuó por unos momentos más mientras que ambos grupos se miraban fijamente. Los residentes en Villa Soleada comenzaron a salir de sus casas para saber de qué se trataba la conmoción, silbándole a los forasteros. Poco después, León y sus hombres estaban rodeados por una turba mucho más grande que la suya. Los hombres de Colina de Uvas se volteaban a ver entre sí nerviosamente.

Equis, con su mayoría numérica, rompió el silencio. "No tenemos problemas contigo, León. Pero si no se largan de aquí, las cosas se pueden salir de control".

León apuradamente explicó lo que le había pasado.

"¿Cómo sabes que fue Cabeza Tostada?", preguntó Equis, "si el tipo que te asaltó llevaba un pasamontañas puesto?". León observó a sus hombres bajar sus machetes y el miedo en sus ojos. Hizo lo mismo, titubeante. "¡Nos vamos, porque no queremos problemas con ustedes, Equis! ¡Dile a Cabeza Tostada que si nos lo topamos de nuevo, está muerto!". Pero todo el tiempo, estuvo hablándole al suelo, y no a Equis. Mientras que la LMDVS y el barrio los seguían de cerca, los forasteros salieron lo más rápido que pudieron. En Honduras, declarar la guerra contra un barrio más grande era como firmar una sentencia de muerte colectiva.

Llegué a Villa Soleada una hora después, y Jairo frenéticamente me explicó la casi catástrofe de aquella noche. "¿Por qué diantres León nos está declarando la guerra?", pregunté, negando con la cabeza en desesperación. "Él está en nuestro equipo de fútbol, por el amor de Dios".

"Después de lo que hizo hoy, supongo que no va a jugar más con nosotros", dijo Jairo.

"¿Entonces qué hacemos ahora?", pregunté. "Tenemos que sofocar este fuego antes de que alguien muera".

"Ellos piensan que fue Cabeza Tostada. Él tendrá que abandonar el barrio si no quiere que lo maten".

Cerré mis ojos. La gente ya estaba reacia a mandar a sus hijos a nuestra escuela bilingüe debido a la mala fama de Villa Soleada. La guerra y el derramamiento de sangre en el barrio sólo empeorarían las cosas. Jairo y yo nos sentamos en silencio, inseguros de nuestros siguientes pasos. Por medio segundo, me pregunté si valía la pena contactar a las autoridades. Pero sabía que no ayudaría. Decidí hablar con Equis.

Mientras caminaba por la comunidad, pasé a Wilfredo y a un grupo de padres quienes discutían el enfrentamiento de ese día. Escuchaba el enojo en sus voces.

"¿Por qué la gente siempre piensa que fue alguien de Villa Soleada cada vez que hay un robo?".

"¡Tal vez sí fue Cabeza Tostada, o tal vez no fue! ¡Todo lo que sabemos es que siempre somos el chivo expiatorio!".

En la entrada de la casa de Equis, fui saludado chocando los puños por unos cuantos chicos de la LMDVS mientras fumaban marihuana.

"Necesitamos resolver este problema", le dije a Equis. "¿En qué estás pensando?".

Se miraron unos a otros y levantaron las cejas. "¡Nosotros íbamos a preguntarte eso a ti!", dijo Egnacio, produciendo una risa nerviosa en el resto del grupo. "Primero que nada, Cabeza Tostada tiene que irse", dijo Equis. "No estamos seguros de si él le robó a León o no, pero está causándonos demasiados dolores de cabeza. Y no tenemos nada contra León y sus hombres, pero no pueden estar entrando a la fuerza en nuestro territorio de esta forma, armados y actuando como si fueran los dueños del lugar".

"Nos deshonran de ese modo frente a todo el barrio, ¿y nosotros vamos a dejarlo pasar?", dijo Fonzo.

"Si no nos defendemos y confrontamos la situación, ¿qué van a pensar los otros vecinos sobre nosotros?", añadió Egnacio.

"¡Maldición! ¡Pensarán que somos carne fresca!", dijo alguien más.

"Entonces tal vez es momento de poner el ejemplo", dijo Equis.

Podía ver la molestia en el rostro de Equis. Su reputación —y la de todos los hombres en la comunidad— estaba de por medio. Apreté la quijada, sabiendo que en la guerra entre barrios, la represalia significaba que una bala sería contestada con diez balas.

Caminé de regreso a la casa de Jairo, sintiendo una ruina inminente. ¿De qué servían una escuela, becas y un programa de fútbol si la gente terminaba muerta? "¡Yo tengo una idea!", dijo Jairo. "¿Qué tal si le compramos a León una bicicleta nueva? Podríamos evitar un caos potencial con cien dólares".

Su idea era brillante. Choqué los puños con él, subí a la camioneta de carga y manejé de prisa a la ciudad.

Al día siguiente, los hombres en Villa Soleada bebían café extra oscuro y les recordaban a sus esposas cerrar con llave las puertas. Equis les dijo a los integrantes de la LMDVS que se mantuvieran alerta. Si veían a cualquier intruso, llamarían por refuerzos. Los adolescentes en las comunidades vecinas chismeaban sobre nuestro pleito. Tiempo después esa misma tarde, entré a Villa Soleada con una nueva bicicleta amarilla de montaña. Jairo me ayudó a ponerla sobre el suelo. Los chicos de la LMDVS y varios padres se ofrecieron a ir con nosotros a Colina de Uvas. Cabeza Tostada también insistió en ir con nosotros para demostrar su inocencia, pero los padres le dijeron que se quedara. Él aceptó, y yo suspiré con alivio.

Los chicos de la LMDVS estaban preocupados de que los hombres de Colina de Uvas interpretaran este gesto como una señal de debilidad. Estaban renuentes al plan, pero Jairo les recordó todo el progreso que habían hecho con el equipo de fútbol, el entrenamiento laboral y la escuela los fines de semana. Los padres apoyaron a Jairo: necesitábamos darle una oportunidad a la diplomacia antes de recurrir a otras medidas. Nadie objetó. Resultó ser que los muchachos de la LMDVS respetaban a sus padres en momentos así.

"¿Es una buena idea llevar esos machetes que tienen ahí?", le pregunté a los padres.

"Es sólo por si acaso", dijo un padre alto y delgado. "Prometemos no usarlos a menos que sea necesario".

"Tú mantente en la retaguardia", me dijo Jairo, mientras acomodaba a los muchachos de la LMDVS y a sus padres en una formación. "Este es un problema entre su barrio y el nuestro", dijo Equis mientras me miraba. "Si las cosas empeoran hoy, tú mantente al margen. ¿Entendiste?".

Le asentí a Equis, tratando de no verme demasiado asustado. Fuimos rumbo al camino de tierra que separa a las dos comunidades. Uno por uno, nos arrastramos entre alambres de púas y nos deslizamos por una pequeña colina. Estábamos a la sombra de la jungla de palmeras, justo donde León había sido asaltado. Los muchachos de la LMDVS comenzaron a encender unos cuantos puros de marijuana.

"Oye", Equis dijo súbitamente, con su estridente risa. "Miren quién viene".

Era León, caminando de regreso del trabajo. Los hombres apretaron sus machetes un poco más fuerte.

"¡Qué pasa, León!", gritó Fonzo, sonriendo.

"Ese fue todo un espectáculo ayer, ¿no crees?", dijo Egnacio. Los dos primos sonrieron con satisfacción. León se detuvo en seco. Lentamente miró detrás de él hacia el camino vacío y oscuro. Sólo podía imaginarme lo que estaba pensando. Estaba aterrado, y su rostro lo demostraba.

"¡Amigos!", dijo León, temblando como alguien con hipotermia, "pensé en lo que hice toda la noche... ¡y me di cuenta de que todo fue un gran error! ¡No debí entrar a su barrio de ese modo! ¡Iba a ir a disculparme más tarde esta noche!".

Retrocedió un paso. Yo pensé que iba a salir corriendo. "Escucha, León", dije. "Nos sentimos mal, así que te compramos una bicicleta. Aquí está, tómala".

"Esperen, ¿ustedes hicieron qué?". Parpadeó unas cuantas veces.

"Te conseguimos una bicicleta, hermano", dijo Jairo, "para que puedas ir a trabajar".

"¿Qué? No puedo aceptar esto, hombre. Mi bicicleta era vieja y en mal estado. Esta es nueva".

"¡Vamos, tómala!", gritó Equis. Estaba tratando de ser amable, pero lo dijo de forma innecesariamente fuerte.

Jairo le entregó a León la bicicleta. "Vamos a hablar con tus compañeros para arreglar las cosas". Caminamos juntos a Colina de Uvas. Los residentes de ahí nos vieron y se reunieron a la entrada. Mi corazón se aceleró.

"¿Qué está pasando aquí?", gritó un hombre que usaba una camiseta color rojo oscuro.

"¡Estamos aquí para arreglar nuestras diferencias!", dijo Jairo. "¡Venimos en paz, hermanos!".

"¿Qué están haciendo estos ladrones en nuestro barrio?", gritó una mujer. Unos cuantos niños que estaban corriendo por ahí en pañales nos arrojaron piedras.

"Si el ladrón era en efecto de nuestro barrio, nos disculpamos sinceramente", le dijo Jairo a la multitud. "Queríamos demostrar que apoyamos a León y le trajimos una bicicleta nueva". Apuntó a la bicicleta amarilla.

"Eso es diplomático de su parte, muchachos", dijo uno de los amigos de León, dando un paso al frente de la multitud, "¡pero ahora deben prometernos que harán algo con respecto a todos los ladrones en su barrio!".

"Estamos trabajando en eso. Tenemos planes de—".

"¡Están comportándose como locos sin ninguna evidencia!", gritó uno de los muchachos de la LMDVS. "¡No están seguros de que haya sido alguien de nuestro barrio!".

La gente comenzó a sisear y a gritar de los dos lados. Los hombres apretaron sus machetes aún más.

"¡Cálmense, cálmense!", gritó Jairo, ondeando su Biblia. "¿Pueden prometerse las dos comunidades que intentarán resolver sus problemas en el futuro por medio de la diplomacia, y no como ayer?". La gente de Colina de Uvas intercambió miradas. Lentamente, todos se calmaron.

"¡Verán de lo que somos capaces si se meten de nuevo a nuestro barrio de ese modo!", gritó Fonzo, quien siempre tenía que quedarse con la última palabra y agregar leña al fuego innecesariamente.

"¿Ah sí?". Los sonidos de disturbio aumentaron de nuevo. Teníamos que salir de ahí.

"Oye", dije, dirigiéndome a León, "realmente lamento lo que te hicieron a ti y a la medicina que tu hija necesitaba. ¿Estamos bien ahora?"

"Sí, estamos bien, hombre. Gracias por la bicicleta... realmente lo aprecio". Me miró a los ojos y asintió, pero se les quedó viendo a los muchachos de la LMDVS con una renovada fuerza que no tenía en el camino de tierra cuando estaba solo.

Nos fuimos, sin un rasguño. "*¡Así* es como se resuelven los problemas!", dijo Jairo mientras chocábamos los cinco.

"¡Tuvieron suerte de que no intentaron ponérsenos listos!", dijo Equis, triunfalmente.

"¡Deberían haber visto la cara de León cuando nos encontró en el camino de tierra!", gritó Fonzo. Los demás rompieron en risa.

Al darle una bicicleta a León, habíamos demostrado que la diplomacia funcionaba. Era un paso más hacia el tipo de Villa Soleada que queríamos. Durante los siguientes meses, seguimos fortaleciendo esta base. Creamos más empleos en la comunidad y crecimos nuestro programa de becas para adolescentes. A medida que Villa Soleada se volvía más segura, la escuela bilingüe mejoró y se expandió. Así como nuestra lista de espera. Eventualmente, había tantas familias de toda la ciudad que querían inscribir a sus hijos, que tuvimos que hacer un sorteo para otorgar los espacios. Continuamos avanzando, aferrándonos a la esperanza de que la paz estuviera destinada a llegar.

LIBRO 4

CAPÍTULO DOCE

LO CORRECTO NO ESTÁ SIEMPRE EN BLANCO Y NEGRO

"Baja tus ventanas", dijo Inés.

Ella era la directora de programación de la agencia para niños y familias del gobierno hondureño. Seguí sus instrucciones mientras manejábamos lentamente por las calles rurales a las afueras de San Pedro Sula junto al río Chamelecón. Un asentamiento informal se encontraba a un lado del camino. En la otra orilla, mansiones de dos pisos con rejas de seguridad de alto voltaje observaban desde las alturas las casas de cartón. Tomamos una vuelta abrupta a la derecha y manejamos por un angosto camino lleno de baches. "Ya llegamos", dijo Inés.

Habíamos arribado a uno de los orfanatos públicos de San Pedro Sula. Las bardas del perímetro eran tan altas que su sombra nos engullía. Mientras esperábamos en la puerta, Inés me contó sobre la agencia y sus problemas. Entre doscientos y trescientos niños huérfanos y vulnerables vivían en estas instalaciones.

"¿Cómo terminaron aquí?", pregunté.

Algunos niños habían perdido a sus padres debido a que estos fallecieron por homicidios o por violencia de pandillas. Pero la mayoría tenía por lo menos un padre biológico que seguía con vida. Habían sido separados de sus familias por abuso, negligencia, explotación o abandono. Inés sabía de los horripilantes casos en los cuales los niños habían sido torturados, atados, golpeados casi hasta la muerte, violados, prostituidos o dejados morir de hambre por sus padres. Algunos padres estaban tan enganchados a las drogas o al alcohol como para ser padres. Otros dejaron atrás a sus hijos, intentaron cruzar la frontera y desaparecieron. La agencia hizo su mejor esfuerzo por mantener a las familias juntas, pero muchos padres eran incapaces de remediar sus aflicciones o tenían problemas de salud mental.

Esta situación era el resultado de retos sistemáticos en Honduras, como la pobreza, inestabilidad social, inseguridad laboral, abuso de sustancias, la ruptura generalizada de las familias y la falta de servicios de salud mental y programas de rehabilitación de las drogas. Inés deseaba que la agencia pudiera hacer más. Pero tenían poco presupuesto, e incluso lo que tenían debía pasar por varias capas de burocracia antes de que el poco dinero restante llegara hasta los niños. Era evidente que la magnitud y complejidad de los problemas —tanto río arriba como río abajo— eran demasiado abrumadoras como para que una pequeña agencia sin el financiamiento suficiente se encargara de la situación.

Le pregunté si los parientes adoptaban a los niños, una disposición llamada cuidado familiar. Ella asintió, pero me explicó que las redes de apoyo tradicionales en Honduras, como la estructura de cuidado familiar, estaban sobrepasadas por la dimensión del problema. Además, el proceso de rastrear a los familiares era complicado. Muchos hondureños no tienen direcciones ni teléfonos celulares, y la agencia tenía que trabajar con información limitada. Cuando la agencia localizaba familiares, las cosas a veces resultaban bien. Pero los parientes no siempre tenían la voluntad de ayudar o eran incapaces de hacerlo. Y los niños que crecieron con un familiar podían a veces convertirse en una prioridad secundaria frente a los hijos biológicos, terminando en situaciones abusivas o de trabajos forzados. La complejidad de la situación era ruinosa.

"¿Y hogares de acogida temporal?".

La agencia estaba operando un pequeño programa de hogares acogida, pero no ha sido fácil. Los niños abusados necesitan estabilidad y predictibilidad para sanar. Pero en los hogares de acogida, eran a menudo cambiados de una familia a otra. Además, la agencia tenía dificultades para encontrar padres calificados; tampoco tenía los recursos como para adecuadamente asesorar, capacitar y retener a los padres. "Es prácticamente imposible monitorear y proveer de apoyo continuo a los niños cuando la agencia no tiene ni siquiera suficiente dinero para gasolina", dijo Inés.

"¿Qué hay de la adopción, entonces?".

La adopción era extremadamente difícil, gracias a las políticas del gobierno. "Probablemente puedo contar la cantidad de niños que han sido adoptados recientemente sólo con los dedos de mis dos manos", dijo ella.

"¿Entonces qué opciones tienen estos niños?".

Muy pocas. La agencia generalmente esperaba a que llamara una casa hogar para niños privada. Pero estas casas tenían cupo limitado y un estricto criterio sobre a quiénes estaban dispuestos a acoger. Además, la calidad de los cuidados variaba de lugar en lugar, justo como en cualquier otra de las opciones.

Inés saludó al guardia de seguridad que había llegado con una vieja escopeta colgándole del hombro. Nos asintió con la cabeza y lentamente empujó la puerta de entrada para abrirla. Anduvimos por el camino de concreto al lado de una franja de hierbas sin podar, luego entramos a un gran edificio de dos plantas para emerger a un patio central con una fuente rota.

"¡Visita!", gritó una voz ronca. Miré hacia arriba al segundo piso. Habitaciones con barrotes de hierro rodeaban el patio.

"¡Visita!". Un par de puños golpeaban en los barrotes metálicos. No podía determinar de cuál habitación provenía la voz, la cual hacía eco y rebotaba en las cuatro paredes que nos rodeaban. Otro niño comenzó a gritar. Luego otro. "¡Visita! ¡¡Visita!! ¡¡¡Visita!!!". La voz solitaria se había convertido en un canto coral. Los niños golpeaban los barrotes. Mi cuerpo vibraba. Las paredes retumbaban. Miré a Inés. Ella estaba en su celular, escribiendo casualmente un mensaje de texto. Puso su celular en su bolsillo y caminó hasta una mujer de mediana edad que llevaba alrededor del cuello lo que parecían cien llaves plateadas. Hablaron brevemente, y la señora con las llaves subió las escaleras. Abrió una puerta de madera cubierta con rasguños y marcas. Como un río desbordándose de una represa rota, niños con ropas raídas, raspaduras y cabezas rapadas de forma dispareja salieron a envolvernos.

A medida que una turba de niños con cucharas de plástico en sus bolsillos corría hacia nosotros, me asomé entre los barrotes de una habitación vacía. Tenía interminables filas de camarotes de metal. Había grandes agujeros en el techo de tablas yeso. Alambres y enredados cables eléctricos colgaban de los huecos. En cualquier momento podía ocurrir un incendio o electrocución.

"Los niños crearon esos agujeros", explicó Inés, "como una vía para trepar hasta el techo y bajar a la cocina para encontrar comida. Otros hallan por ahí la manera de salir del edificio, escalar los muros del perímetro y huir". Un escalofrío corrió por mi espalda al imaginarme a los niños arriesgando sus vidas saltando desde muros de seis metros de altura con alambre de púas.

Caminamos contra la corriente de niños y miramos dentro de otra habitación. "Aquí acogemos a niños con discapacidades", dijo Inés. Había escuchado que, en muchos países de bajos ingresos, los niños con discapacidades eran sentenciados al abandono y a una vida en las calles o dentro de una institución gubernamental. Averigüé que era cierto. Un grupo de niños con cicatrices por todo el cuerpo estaban encerrados dentro de esta habitación oscura. Algunos estaban atados a sus camas. Inés vio mi rostro de perplejidad y me explicó que atarlos era la única manera de prevenir que se lastimaran a sí mismos. Quería correr al baño y hacerme bolita en una esquina.

Salimos. Cientos de niños estaban ahí, empujándose, tirándose y golpeándose entre sí. Un niño levantó un tubo de metal y comenzó a golpear a los demás. Otro empezó a lanzar piedras a un grupo de niñas. Aquellos que eran golpeados comenzaron a sangrar y se alejaban renqueando. Una multitud agarró mi mochila y me arrebataron mis cuadernos. La gorra en mi cabeza desapareció. Un niño escuálido se fue corriendo con una caja de crayones que sacó de mi mochila y comenzó a comerse los crayones. Quería cerrar mis ojos y pretender que nada de lo que estaba atestiguando era real.

Había muy pocos adultos a la vista. "Como puedes ver, rebasamos por mucho nuestra capacidad", dijo Inés en voz baja. "Los niños llegan más rápido de lo que podemos encontrar lugares para ellos". Un grupo de niñas que llevaban vestidos hechos jirones la rodearon y se tomaron turnos para abrazarla. Los miembros del personal, ni un poco preocupados por el pandemónium, dirigieron a los niños hacia un área con pasto en la parte de atrás. Los niños gritaron y se taclearon unos a otros en el suelo. Comenzaron a beber agua sucia del grifo como si acabaran de llegar del desierto. Un cúmulo de vidrios rotos yacía muy cerca. Una niña tomó un pedazo y lo guardó dentro del bolsillo de su pantalón de mezclilla. Nuestras miradas se cruzaron y mi corazón se hundió en mi pecho. La expresión en sus ojos decía mil palabras. Era una mirada de tristeza y total rendición. Me miró por unos momentos y se fue caminando.

Por alguna razón, una patrulla de policía entró al orfanato. Unos cuantos oficiales salieron de ella y saludaron a los pequeños. Una multitud de niños chocaron palmas con los oficiales. Luego comenzaron a intentar tomar las pistolas de mano de los policías. Algunos treparon a la caja de la camioneta. Otro niño robó las llaves y se coló dentro del vehículo. Los policías en pánico intentaron sacarlo, pero otros más se escabulleron dentro y tocaron el claxon y todos los botones. Los niños en la camioneta comenzaron a gritar y a saltar de arriba abajo. Se habían apoderado de la patrulla.

Detrás de mí, miembros del personal estaban tratando en vano de separar peleas a puños ocurriendo por todas partes. No podía evitar pensar en *El señor de las moscas*, el libro sobre un grupo de niños que quedan varados en una isla deshabitada y su espeluznante intento por gobernarse a sí mismos. De una forma crítica, los niños en la isla terminan mejor que los niños en el orfanato público. En *El señor de las moscas*, hay un rescate masivo al final. Me senté en un borde de concreto y me tapé el rostro con las manos.

Me giré hacia Inés y le pregunté qué pasaba con los niños cuando crecían. Respiró profundamente y negó con la cabeza lentamente. Intentaban encontrar un lugar para los niños mientras eran pequeños porque muy poca gente quería adoptar adolescentes. "Una vez que un niño cumple trece", dijo ella, "tiene que irse a las calles".

Las niñas que crecían hasta salir del orfanato eran enviadas a otro edificio de gobierno aún más sobrepoblado donde los miembros de las pandillas a veces entraban a secuestrarlas. Solía haber un orfanato para niños más grandes, pero fue cerrado cuando encontraron a un niño apaleado hasta la muerte. Estaba demasiado asustado como para preguntar qué fue lo que ocurrió.

"Algunos de los chicos adolescentes regresan", continuó Inés mientras apuntaba con su dedo a la pared, "pero terminan del otro lado de este muro en *El Carmen*". Había escuchado hablar sobre El Carmen —el centro de detención juvenil más grande de la región. Alojaba a jóvenes pandilleros MS-13 y Mara 18, algunos de los cuales habían cometido homicidio. Mientras intentaban aceptar el hecho de que el orfanato público compartía un muro con una prisión, la realidad me golpeó como un ladrillo. Me di cuenta de que ellos, también, tenían una vía aquí. Pero no era de la cuna a la universidad como la que estábamos intentando crear en Villa Soleada —era una del orfanato público a la prisión estatal.

Mientras caminaba por el orfanato esa tarde, me aferré a la esperanza. Uno de los niños que había estado molestando a los otros sacó una pequeña bolsa de galletas de su bolsillo. Compartió las galletas con unos cuantos niños. Vi a una niña, quien había estado gritando rabiosamente antes, ayudar a caminar a una chica con discapacidad física. Otro niño que había estado golpeando a sus compañeros momentos antes me enseñó un árbol frutal que regaba todos los días. Mientras estaba sentado en el borde de concreto, una niña con cabello corto y café que se veía como de doce años caminó hasta mí. Sonrió y me entregó un pedazo de papel tan gastado que se veía como un pañuelo usado. "Mira", dijo ella nerviosamente. No podía reconocer las letras al principio. El pedazo de papel estaba lleno de manchas y había sido doblado demasiadas veces. Me di cuenta de que era una lista de docenas de palabras de vocabulario. La niña me contó que alguien le había dado la lista hace mucho tiempo. Durante semanas, ella había estado estudiando las palabras, borrándolas y escribiéndolas otra vez en el mismo pedazo de papel. Me percaté de que lo que estaba sosteniendo en mis manos era mucho más que un pedazo de papel. Era la única herramienta de aprendizaje de esta pequeña niña que era totalmente suya —y su manera de aferrarse a la esperanza. Le regresé el papel y vi cómo lo doblaba cuidadosamente y lo ponía de regreso en su bolsillo como si fuera el boleto ganador de la lotería. Me dijo que quería estudiar en una universidad algún día para convertirse en enfermera o en trabajadora social. De alguna forma, a pesar de sus circunstancias, estaba rebosante de optimismo.

Mientras la escuchaba contarme sobre sus sueños, comencé a cuestionarme por haberme sentido tan cínico antes. Me habló por un buen tiempo, y cuando terminó, me tomó de la mano. Me dijo adiós, esquivó unas cuantas piedras lanzadas en su dirección y se fue. Respiré profundamente y me senté ahí en silencio. Estaba planeando arrastrarme a la cama una vez que regresara a casa y tratar de olvidar este día. Pero esa niña probablemente estaría estudiando su vocabulario más tarde aquella noche, y me preguntaba si había para mí una manera más adecuada de seguir adelante.

* * *

Caminé por el jardín del orfanato público y saqué una pelota de fútbol que había traído conmigo. "¡Una pelota!", gritó un niño. Los otros miraron y gritaron de emoción. Juntos, caminamos a la cancha de tierra al fondo del recinto. Nos dividimos en dos equipos y comenzamos a jugar. El partido pronto se convirtió en una batalla campal. Los niños se rehusaban a pasar el balón, y los jugadores en el mismo equipo comenzaron a taclearse unos a otros. Pensé en terminar el partido antes de que alguien saliera lastimado. Pero uno de los niños en mi equipo me pasó el balón. Corrió a toda velocidad unos cuantos metros hacia espacio abierto, usando sus piernas larguiruchas, y le regresé el balón. Me moví hacia espacio abierto, dándole un ángulo lo suficientemente amplio. Para mi sorpresa, él vio lo que hice y me pasó el balón de vuelta.

Repetimos esta jugada de pared durante todo el partido. Antes de que nuestros oponentes pudieran darse cuenta de lo que estábamos haciendo, ya habíamos ganado. "Juegas como Andrés Iniesta", le dije al niño, refiriéndome al capitán del equipo del Fútbol Club Barcelona, quien hace los mejores pases del mundo.

El pequeño Iniesta me chocó los cinco, eufórico por la victoria. Me senté en el pasto, anhelando un breve descanso, pero los niños estaban aburridos. Así que traje papeles y lápices de colores de la camioneta.

Los niños gritaron, brincaron y se abrazaron unos a otros como si no hubieran dibujado en años. El pequeño Iniesta me dijo su nombre: José.

"Yo quiero dibujar personajes de *Dragon Ball*", me dijo. "Tal vez puedas ayudarme si has oído hablar de ese animé".

Me reí y asentí. Mientras crecía, Dragon Ball había sido mi animé favorito. Dibujé algunos de los personajes, y los niños intentaban copiarlos. Los personajes que ellos dibujaban parecían tomates con extremidades, y ninguno tenía la cantidad correcta de dedos. Eventualmente, los niños se rindieron y se fueron. José se quedó. Sus primeros intentos fueron terribles, pero cada dibujo subsecuente comenzó a verse mejor que el anterior. "No sabía que dibujar era tan divertido", dijo. "Este será mi nuevo pasatiempo". Sonreí. Se sentía bien ver a alguien descubrir un talento oculto.

Mientras dibujábamos juntos en el porche de concreto, José me preguntó sobre mi familia. Le conté sobre mi vida, y él me contó sobre la suya. "Comencé viviendo en las calles porque en casa pasaban cosas malas", dijo. No le pregunté a qué se refería con cosas malas. "Luego me mudé de una casa de acogida a otra. No me gustó como me trataban en la última, así que escapé. Pero resultó ser una mala decisión. Me atraparon y me arrojaron aquí. Ahora paso mis días mirando un ventilador roto en el techo". Se rio para aligerar el ambiente. Su intento me afligió el corazón. Cuando terminamos el último dibujo, le regalé a José una caja con lápices de colores. Su rostro se iluminó. Prometió seguir practicando.

"Tal vez algún día tendré suerte", dijo, "y terminaré en algún lugar donde pueda dibujar así todos los días". No supe cómo responder a algo como eso —y me asustaba que una petición tan modesta se sintiera tan inalcanzable para él. José amaba el fútbol, y ahora dibujar, pero rara vez podía hacer tales cosas. Tenía que quedarse en su habitación sin hacer nada la mayor parte del tiempo. ¿Qué es una infancia en la cual no puedes descubrir tus intereses ni desarrollar tus talentos únicos? ¿Qué es una infancia en la cual era sólo un número encerrado en una habitación de concreto? ¿Qué es una infancia sin un hogar o una familia? Mientras veía a José ordenar los lápices de colores en la caja, me di cuenta de que su infancia estaba siéndole arrebatada. Un revoltijo de emociones me impactó como un tsunami. José me chocó los cinco, me agradeció una última vez, y se fue.

Me preguntaba qué sería necesario para que niños como José crecieran en una familia amorosa. ¿Qué podía hacer nuestra organización para ayudarlos a recuperar su infancia? Me preguntaba cuánto dinero necesitaríamos para comenzar un programa así. No lo sabía. Pero me dije a mí mismo que investigaríamos y encontraríamos una manera.

* * *

Comencé mi investigación visitando más de veinte casas hogar para niños a lo largo de Honduras. Entrevisté a fundadores, personal, niños. Aprendí que había muchos programas de alta calidad como Nuestras Pequeñas Rosas que ayudaban a los menores huérfanos y a las personas vulnerables a sanar y romper el ciclo de pobreza. Las visitas me inspiraban a considerar abrir una casa hogar en Villa Soleada.

Un fin de semana, llevé a varios padres de Villa Soleada al orfanato público. Quería que fueran parte del proyecto. En el bus de regreso a casa, la gente expresó su convicción de ayudar a los niños que habían conocido ese día. Wilfredo dijo que estaba agradecido de que su familia tuviera un hogar —quería regresar el favor por medio de ayudar con cualquier proyecto de construcción. Nita, una amigable abuela, expresó su emoción de ayudar como cuidadora. Cuando regresamos a Villa Soleada, otros miembros de la comunidad se unieron a la idea. Estábamos emocionados por actuar rápido y sacar a los niños del orfanato lo antes posible.

No obstante, nuestro equipo se encontró en una encrucijada. Los miembros de la junta directiva y el personal se preguntaron si una casa hogar para niños era realmente la intervención más efectiva. No tenía una respuesta, y estuve de acuerdo con que necesitábamos considerar alternativas, como hogares de acogida temporal, cuidado por parte de familiares y reunificación familiar. Algunos me advirtieron en contra de abrir una casa hogar, pues se decía que eran de costos excesivos y estaban cayendo en desgracia.

Más tarde averiguaría por qué las casas hogar estaban cayendo en desgracia. En países como Camboya y Nepal, estafadores estaban traficando niños por medio de mantenerlos en orfanatos falsos. Estas instalaciones fueron dejadas en condiciones raquíticas para despertar lástima, y la falsa organización se embolsaba cualquier donación extranjera. Compañías de medios y celebridades comenzaron un movimiento para terminar esta práctica horrible. El increíble libro de Conor Grennan, *Little Princes: One Man's Promise to Bring Home the Lost Children of Nepal* ("Pequeños príncipes: La promesa de un hombre de traer a casa a los niños perdidos de Nepal"), trajo más atención al asunto.

Pero a medida que el movimiento tomaba fuerza, todas las casas hogar para niños estaban siendo descritas como los brutales orfanatos de la Rumania comunista u *Oliver Twist*. Algunos afirmaban que *todos* los hogares para niños —incluso los bien dirigidos— eran dañinos para ellos. Las generalizaciones radicales me confundían. Los "qué tal si" me paralizaban. Sentía que había buenas casas hogar para niños y otras malas en todo el mundo, y lo mismo podía decirse de padres biológicos o adoptivos. Quería averiguar si las reclamaciones de mis críticos eran ciertas. Después de todo, no quería hacer algo que pudiera dañar a los niños a los que intentaba ayudar.

La información de mis visitas era meramente anecdótica, así que comencé a indagar entre estudios para examinar lo que decía la evidencia empírica.

La investigación más comúnmente referenciada por los críticos de las casas hogar para niños se llamaba Proyecto de Intervención Temprana de Bucarest, el cual estudiaba orfanatos infantiles en la Rumania comunista.[17] Estos niños enfrentaban condiciones horrendas e inhumanas. Los niños que experimentaron carencias y adversidad prolongadas en estos orfanatos sufrían de profundos déficits en sus habilidades cognitivas, comportamientos socioemocionales, estructura cerebral, alteraciones en la sensibilidad a las recompensas y al procesamiento, y una muy elevada incidencia en desórdenes psiquiátricos y trastornos. Estaba impactado de aprender que la negligencia podía alterar la forma física del cerebro. Los investigadores comparaban los desenlaces de los niños que permanecieron en orfanatos de baja calidad con los que fueron enviados a programas de acogida temporal de alta calidad, y encontraron que a los niños en hogares de acogida temporal de alta calidad les fue mejor. Los resultados del estudio eran atemorizantes, pero no decían nada sobre los hogares comunes y corrientes o de alta calidad de los niños. Comparar los resultados de los orfanatos de baja calidad con los de hogares acogida temporal de alta calidad era como comparar el nivel de atletismo de un jugador de tenis amateur fuera de forma con un jugador profesional de fútbol. Por supuesto que podrías concluir que los jugadores de fútbol eran más atléticos que los de tenis.

Los otros estudios que arrojaban una luz negativa en las casas hogar para niños tenían severas limitaciones y fallas. Por ejemplo, algunos tenían muestras de tamaños minúsculos o realizaban únicamente valoraciones a corto plazo. Además, varios investigadores dejaban claro que sus estudios tenían un sesgo de selección: las casas hogar a menudo aceptaban niños a quienes las familias de acogida temporal no eran capaces o no estaban dispuestas a recibir —en otras palabras, los niños con los más severos retos cognitivos y socioemocionales.

Incapaz de encontrar algo convincente, me preguntaba si los datos concluyentes existían en lo absoluto.

Resultó que, simplemente, no había buscado con el suficiente empeño. Un estudio plurianual sobre los efectos a largo plazo de los niños que han crecido en diferentes casas hogar en Estados Unidos ya había sido publicado en dos revistas revisadas por pares.[18] El Dr. Richard McKenzie, un profesor de economía de la Universidad de California, Irvine, quien había crecido en una casa hogar para niños en Carolina del Norte, había llevado a cabo una extensa encuesta a más de 2,500 integrantes de quince casas hogar para niños en Estados Unidos. La investigación encontró que los niños en las casas hogar sobrepasaban a sus contrapartes en la población general por amplios márgenes en casi todas las mediciones sociales y económicas, incluyendo los logros académicos, tasa de empleo, salud mental y actitud positiva ante la vida. Los egresados tenían un ingreso promedio de 10 a 60 por ciento más alto que el de la población general en su grupo de edad, un 39 por ciento de mayor educación universitaria que la población general; y una tasa de encarcelamiento de un tercio del de la población general blanca.[19] Los resultados eran tan impactantes que tuve que leerlos varias veces para asegurarme de que no los estaba leyendo mal.

Cuando se les preguntaba si preferirían crecer donde estaban o en hogares de acogida temporal, poco más del 92 por ciento de los encuestados prefirieron sus casas hogar, menos del 2 por ciento optó por un hogar adoptivo y el 6 por ciento reportó no saber suficiente para elegir una opción sobre la otra.[20] Menos del 3 por ciento tenía memorias desagradables de sus experiencias en casas hogar.[21] David Beito, historiador la Universidad de Alabama, reprodujo el estudio con varios cientos de egresados de otra casa hogar, alcanzado esencialmente las mismas conclusiones.[22]

McKenzie estableció que aquellos con evaluaciones positivas atribuían su éxito en la vida a la educación y asesoría que recibieron en sus casas hogar, junto con la ética de trabajo, valores morales y camaradería que desarrollaron en ese lugar. McKenzie no detuvo su investigación ahí. No sólo quería saber si existían buenas casas hogar para niños, lo cual su estudio indicaba fuertemente, sino que también quería saber si podían ser operadas a bajo costo. Sí podían. En una de las casas en el estudio, el costo del cuidado (cubriendo vivienda, recreación, supervisión, servicios básicos, educación y administración) por niño en 1950 era de menos de $5,000 dólares al año (en dólares de 1995). Noté que a los críticos de las casas hogar para niños no les gustaba mencionar los estudios de McKenzie.

No obstante, como McKenzie declararía, sus estudios tenían claras limitaciones. Los encuestados no eran elegidos al azar dentro de la totalidad de la población nacional que ha sido huérfana. Admitió que los niños que tenían buenas experiencias serían más propensos a estar entre las listas de correos de egresados y más propensos a responder. Rastrear a cualquier antiguo residente de cualquier casa hogar específica y luego encuestar a todos o sólo a una muestra aleatoria de ellos era imposible. Para mí, el estudio tenía una limitación incluso más significativa —estaba hecho en Estados Unidos, donde las condiciones eran bastante distintas a las de los países con bajos ingresos como Honduras. Los datos disponibles no me daban suficientes respuestas. Aún estaba confundido.

Pero no por mucho tiempo. Sin yo saberlo, un estudio que no tenía tales limitaciones ya estaba elaborándose. En ese momento, estaba llevándose a cabo el proyecto de investigación más grande y exhaustivo del mundo sobre niños huérfanos y separados de sus padres viviendo en distintos países de bajos ingresos. En el 2009, investigadores de la Universidad Duke compartieron sus hallazgos de la primera etapa del estudio de observación longitudinal y multinacional sobre las casas hogar para niños. Se utilizó una metodología de muestreo aleatorio en dos etapas para seguir a una gran cohorte de niños huérfanos y separados.[23] Involucró a tres mil niños, y fue llevado a cabo en Camboya, India, Etiopía, Kenia y Tanzania. Cerca de la mitad del grupo de muestra creció en casas hogar de varios tamaños y niveles de calidad, y la otra mitad recibió cuidados "comunitarios" (hogares de acogida temporal o cuidados familiares). Los investigadores esperaban que los niños en las casas hogar tuvieran resultados pobres en comparación con sus contrapartes que recibían cuidados comunitarios. Pero las suposiciones estuvieron equivocadas.[24] Los dos grupos mostraron los mismos resultados en salud física, salud mental, funcionamiento emocional y cognitivo y crecimiento físico. En algunas variantes, los niños que crecieron en casas hogar aventajaban en sus resultados ligeramente a sus contrapartes. El estudio encontró la misma cantidad de abuso y negligencia en ambientes familiares como en los institucionales.[25] Sumado a lo anterior, aquellos en casas hogar experimentaban menos exposición al abuso sexual o físico mientras vivían ahí (experimentaron más antes de entrar). El estudio concluía que a los niños les va igual de bien en casas hogar que en hogares privados debido a la mejores condiciones de continuidad, estabilidad, actividades y educación enfocadas a los niños en las casas hogar. El estudio de la Universidad Duke era más extenso, convincente y relevante para nuestro trabajo en Honduras que cualquier otra cosa que haya visto. Despejó la confusión de mi mente.

El estudio subsecuente de los investigadores en 2014, con el mismo muestreo, encontró que los niños en casas hogar tenían mejor salud física y gestión de sus emociones que aquellos en familias de acogida temporal.[26] De acuerdo con la investigadora a cargo del estudio, Kathryn Whetten, los hallazgos habían sido confirmados por un estudio separado realizado a tres mil niños en Kenia, el cual fue financiado por el Instituto Nacional para la Salud y el Desarrollo Infantil (NICHD por sus siglas en inglés), y que encontró que los derechos humanos de los niños eran menos propensos a ser violados en casas hogar que en entornos familiares particulares. Un tercer estudio financiado por NICHD encontró resultados similares en China. Otro estudio en Uganda mostraba que los porcentajes de depresión y ansiedad eran más bajos en niños de casas hogar.[27]

Estudio tras estudio mostraba que eso de "todas las casas hogar para niños son dañinas" era simplemente falso.

Decidir qué es lo mejor para los niños sin cuidados parentales no debería estar basado en el tipo de edificio en que viven, sino más bien en el cuidado que les es dado dentro del edificio. Eso es lo que la Dra. Kathryn Whetten, la investigadora a cargo del estudio Duke, cree. Yo estoy de acuerdo. Lo que los niños necesitan, de acuerdo con Whetten, es un ambiente estable parecido a un hogar con cuidadores consistentes a largo plazo y conexiones similares a la hermandad con los otros niños.[28] No les va bien si son cambiados de un lugar a otro. Mi investigación me enseñó sobre el bienestar infantil, pero también me enseñó cómo la gente selecciona cuidadosamente los datos para crear propaganda y atacar cualquier cosa.

* * *

Las casas hogar para niños, como las familias, vienen en distintos tamaños y formas. Una vez que había decidido poner una casa hogar, necesitaba un modelo a seguir. Lo encontré en Aldeas Infantiles SOS, una organización no gubernamental que había sido nominada al premio Nobel de la paz.

Aldeas Infantiles SOS fue fundado por Hermann Gmeiner, quien decidió dedicarse a ayudar a los huérfanos que provocó la Segunda Guerra Mundial. En 1949, creó un concepto de cuidado infantil centrado en la familia que en su momento fue revolucionario. Construyó múltiples hogares cercanos unos a otros en lo que él llamó una villa para niños. En cada hogar, un grupo de diez a doce niños vivían con una madre sustituta la cual se convertía en su principal cuidadora. No era nada parecido a los orfanatos sobrepoblados e impersonales de la Rumania comunista ni a *Oliver Twist*. En Aldeas Infantiles SOS, los niños crecían con una madre, hermanos y hermanas en un ambiente amoroso y familiar. Décadas después, el *Estudio Longitudinal de Salud Adolescente* revelaría lo importante que es el concepto de Gmeiner.[29] El estudio identificó empíricamente —de entre más de cien variables— el factor individual más determinante para proteger a los niños de desenlaces negativos: *una sensación de conexión en el hogar*. En el estudio, la conexión era definida como cercanía con la madre y/o padre, cuidados percibidos por parte de la madre y/o padre, satisfacción con la relación con la madre y/o padre y sentirse comprendido, amado, querido y atendido por parte de los miembros de la familia. Cuando leí por primera vez sobre el estudio en el libro del Dr. Ed Hallowell, *The Childhood Roots of Adult Happiness: Five Steps to Help Kids Create and Sustain Lifelong Joy* ("Las raíces de la niñez en la felicidad adulta: cinco pasos para ayudar a los niños a crear y sostener la alegría de por vida"),[30] me hizo darme cuenta de cuánto daba a mis padres por sentado. Les debía tanto por los sacrificios que hicieron y la gratificante infancia que me dieron.

Gmeiner comenzó con seiscientos chelines austríacos (cuarenta dólares) en su bolsillo pero, por medio de trabajar incansablemente, avanzó hasta construir 233 villas de Aldeas Infantiles SOS en ochenta y cinco países por más de cuatro décadas. Sus logros eran de proporciones míticas. Después de la muerte de Gmeiner en 1986, SOS continuó creciendo, ayudando a cientos de miles de niños alrededor del mundo, incluyendo siete ciudades en Honduras. Incontables egresados de SOS terminaron la universidad y acabaron con el ciclo generacional de la pobreza y disfunción familiar. SOS se convirtió en la organización más grande del mundo enfocada en apoyar a niños sin cuidados parentales y a familias en riesgo. Cuando las personas me preguntan con qué persona del mundo me encantaría tener una comida, mi respuesta es a menudo Hermann Gmeiner.

Visité tres villas distintas de Aldeas Infantiles SOS en Honduras. Luego hice planos con Inés y con las familias de Villa Soleada para construir un conjunto de casas hogar para niños en la comunidad. Decidimos que la propiedad tendría una pequeña granja, un campo de juegos, una cancha de fútbol, salones de estudio, un salón para arte y otro para ejercicio. Las casas se verían lo más parecidas que se pudiera al resto de los hogares en Villa Soleada. Cada casa tendría un grupo de cerca de diez niños. Habría una madre sustituta hondureña (y un padre sustituto en la residencia de los niños) quienes se comprometerían a convertirse en cuidadores a largo plazo y a vivir con los niños para proveerles de una relación estable y de apoyo. Los niños no estarían en adopción (lo cual en Honduras era casi imposible de llevar a cabo legalmente) para que pudieran encontrar un sentido de hogar en Villa Soleada y crecer en su propia cultura. Los chicos y el personal interactuarían como una gran familia extendida. Para integrar a los menores a la comunidad, irían a las mismas escuelas, torneos de fútbol y bailes como el resto de los niños del barrio. Ayudaríamos a cada menor a encontrar y desarrollar sus talentos. A diferencia de la mayoría de los programas de cuidado infantil, incluyendo al sistema de acogida de Estados Unidos, no habría "edad máxima" para los beneficiarios. Quería que el Hogar de Niños Villa Soleada fuera un lugar donde a los menores se les diera una oportunidad para sanar, prosperar y reconstruir su futuro.

Rastrearíamos los antecedentes de cada caso, conseguiríamos la documentación y nos aseguraríamos de que fueran colocados con nosotros por medio de órdenes judiciales. Únicamente aceptaríamos a niños que fueran realmente huérfanos o incapaces de crecer con sus familias. En sus ensayos, el Dr. Richard McKenzie escribe que los niños sin cuidado parental necesitan un menú de opciones de cuidado, porque cada menor tiene necesidades diferentes. Decidimos hacer precisamente eso. Buscaríamos activamente familiares biológicos y les daríamos a los niños la opción de ser colocados con ellos si las condiciones eran lo suficientemente seguras.

A medida que la planeación e investigación seguían su marcha, Mission Honduras, dirigida por Christof Wittwer, nos dio una donación de veinte mil dólares para comenzar con la construcción de la primera casa. Marco, ahora el director de construcción de la organización, trabajaba día y noche con Wilfredo y los padres para construir el hogar. Terminaron con la sala, luego las cuatro habitaciones, luego la cocina. Pero quedamos destrozados cuando irrumpieron en el sitio de construcción y nuestros materiales y herramientas fueron robados. Los padres contra viento y marea continuaron avanzando, y yo volé de vuelta a Estados Unidos para hablar en eventos de recaudación de fondos —necesitábamos recaudar recursos adicionales. Una vez que terminamos la primera casa, comenzamos con la segunda. Los niños vivirían en una de las casas, y las niñas en la otra.

Dirigir nuestra casa hogar usando la metodología de SOS era complicado, porque no sabíamos lo suficiente sobre sus operaciones del día a día como para llevarlo a cabo. La fortuna me trajo a Elma, una joven mujer que había crecido en una villa de Aldeas Infantiles SOS y ahora estaba trabajando ahí como maestra. Le pedí que dirigiera nuestro proyecto. Ella aceptó, y comenzó a entrenar a nuestro equipo basándose en lo que había aprendido en SOS.

A medida que avanzábamos, necesitaba averiguar cómo financiar los crecientes costos de operar el proyecto. Gmeiner había comenzado una campaña de recaudación mensual cuando recién abrió la primera villa Aldeas Infantiles SOS en Imst en 1940. En ese entonces, sin la ayuda del internet, Gmeiner y su personal iban de puerta en puerta cada mes para recolectar las donaciones de sus patrocinadores. El esfuerzo valía la pena. Luego de varios años, miles de personas estaban apoyando a su organización.

Nosotros hicimos algo similar. Sabiendo que nuestros patrocinadores eran principalmente jóvenes y sin mucho dinero, les pedimos $4 dólares mensuales —el costo de un late en la cafetería local. Nombramos la campaña "Una taza de café". Tan pronto como fue lanzada, mi mamá se anotó, y también cientos de otros.

Elma y yo pasamos horas trabajando en el papeleo legal. Preparamos incontables documentos para Inés, muchos de los cuales requerían de firmas de funcionarios que vivían en Tegucigalpa, a cuatro horas de distancia. Las reuniones eran a menudo canceladas sin avisar. Más de un abogado nos cobró por trabajo legal y luego desapareció. En cada caso, la gente que contactábamos tenía algo que nosotros necesitábamos, así que teníamos que recordarnos ser amables y agradables, construir una relación y aprender las reglas de sus juegos. Era insoportable.

Eventualmente, después de meses de trabajo, nuestro equipo entregó todo el papeleo. Elma y yo celebramos yendo por un batido. Pero la emoción duró poco. "Lo siento mucho, Shin", dijo Inés, "pero la lista de requisitos que te entregué estaba desactualizada por varios años". Necesitábamos comenzar con el proceso desde el principio. Quería entrar a la jungla y gritar más fuerte que los monos saraguatos que viven ahí. Abrir la casa hogar para niños me enseñó sobre construcción y recaudación, pero aprendí aún más sobre paciencia y cómo navegar la burocracia.

Nada, sin embargo, me preparó para la llamada que pronto recibiría.

———— CAPÍTULO TRECE ————

LA FAMILIA ESTÁ DONDE LA VIDA COMIENZA Y EL AMOR NUNCA TERMINA

LA LLAMADA ERA DE INÉS. SONABA FRENÉTICA, SU VOZ TEMblaba.

"Shin, estamos en estado de emergencia. Necesitamos que abras tu casa hogar para niños inmediatamente".

Estaba confundido. Inés había dicho que quería enviarnos a diez niñas en unas cuantas semanas y niños varios meses después. Aún nos hacía falta amueblar las casas y comprar suministros. No estábamos listos para abrir.

"¿Qué está pasando?", pregunté.

"Un incendio se esparció por el segundo piso del orfanato estatal hace unas horas".

Los cables expuestos en el techo. Imágenes de los incendios en prisiones hondureñas de los que había oído hablar invadieron mi mente. En 2003, sesenta y un prisioneros se quemaron vivos durante un incendio en una prisión en La Ceiba. En 2004, otro incendio en una prisión en San Pedro Sula mató a 107 presos. Y Honduras luego atestiguaría el incendio más mortífero en una prisión en la ciudad de Comayagua, donde 360 prisioneros perecerían. Pensé en José y sentí que el teléfono se me resbalaba de la mano.

"¿Shin? ¿Sigues ahí? Nadie salió herido. Todos estaban comiendo en el primer piso cuando sucedió". Cerré los ojos y respiré profundamente con alivio. "Evacuamos a los niños, pero un montón de ellos escaparon en el proceso. El resto están quedándose en refugios temporales. No tenemos suficiente espacio ni colchones aquí".

"Vamos a alistar las cosas lo más rápido que podamos", dije.

"Shin, necesito que hagas algo por mí. Unas cuantas organizaciones se han acercado a recibir a algunos niños. Pero principalmente quieren niñas y niños más pequeños. Encuentran complicado aceptar a aquellos que sufren de severas dificultades de comportamiento. ¿Tu organización estaría dispuesta a recibir a los niños que más trabajo me ha costado colocar? Tengo doce, casi todos adolescentes. Son los que han sobrado".

Sobrado. En el momento exacto en que escuché esa palabra, algo se agitó dentro de mi cuerpo. Era un sentimiento visceral que no puedo explicar hasta hoy. Le dije que podíamos recibir a todos los niños en su lista. Y no deliberé ni medité la decisión infinitamente como a veces hacía. Tan pronto como colgué el teléfono, nuestro equipo empezó a moverse. Fuimos de compras, adquirimos balones de fútbol e instalamos cortinas. Terminamos todo lo que se supone que debe hacerse en semanas en cuestión de horas. Cuando finalizamos las preparaciones, nuestro personal entero se subió al autobús y manejamos a San Pedro Sula. Era la mañana previa al día de Acción de Gracias.

En un edificio desgastado con pintura verde descascarada, esperamos por los niños. "¡Ellos son los chicos!", dijo un oficial, mientras que doce chicos entraron en la habitación arrastrando los pies. Algunos me reconocieron y me saludaron. Los chicos más grandes mantenían una mirada dura. "Supongo que me eligieron para ir contigo", dijo una voz que reconocí. José. Él estaba sonriendo, pero se veía más delgado y tenía ojeras.

"Te ves como si no hubieras dormido en diez años", bromeé.

Él se rio y chocamos los cinco y el puño. "¿Cómo íbamos a poder dormir en una bodega?", se burló. "Debiste habernos visto durante el incendio. Fue como en las películas. Tuvimos que subir corriendo entre las llamas y el humo para rescatar a los bebés. Yo cargué a dos para bajarlos. ¡Uno en cada brazo!".

La oficial me indicó con un gesto. "Los gemelos son Gerson y Pablo", dijo, apuntando a la esquina de la sombría habitación donde dos pequeños niños, idénticos y con cabezas rasuradas, estaban acurrucándose juntos. "Ya averiguarás porque algunos los llaman Terremoto y Huracán". Cada hermano sostenía una bolsa de plástico con un par de viejas sandalias y camisetas. "Ponles mucha atención y cuidado. Son los más chicos del grupo". Los gemelos tenían miradas desafiantes en sus rostros, pero luego sonrieron y me levantaron sus pulgares.

"Y el que está ahí es Felipe", dijo ella, señalando hacia un chico delgado en una camiseta azul. "Habíamos planeado mandarlo a otra organización no gubernamental, pero él se escondió en la parte trasera cuando vinieron a recogerlo. No pudimos encontrarlo, así que la organización se fue con los otros niños".

"¿Por qué estaba escondiéndose?", pregunté.

"Aparentemente, realmente quería ir a Villa Soleada".

"¡Lo encontramos escondiéndose detrás de una pared!", dijo José, mientras todos se reían. Felipe sonrió y se encogió de hombros. Él nació en San Pedro Sula como uno entre muchos hermanos. Cuando su padre fue asesinado a balazos por unos pandilleros, Felipe fue a parar a las calles. Eventualmente, terminó en el orfanato público.

"Él es Andrés", dijo, señalando a un chico de más edad con una complexión robusta. "Su madre desapareció tratando de cruzar la frontera en el norte". Andrés se escapó de su casa cuando ya no pudo soportar más las golpizas de su padre. Lo atropelló un auto cruzando una calle, lo cual explicaba por qué sus dientes estaban disparejos. Después de las golpizas y del accidente, Andrés nunca fue el mismo. Hablaba tartamudeando y sufría de constantes dolores de cabeza. "Si encuentras a la madre desaparecida de Andrés", dijo la oficial, "quizás podrías reunirlos". Pensé en la mamá de Andrés buscándolo en el desierto, ansiosa y enferma de preocupación.

"El mayor de todos es Kanelo", dijo, apuntando al chico más alto en la habitación. Tenía una pañoleta amarrada alrededor de su liso cabello. Sabía que Kanelo, de trece años, quien nunca había perdido una pelea a puños en el orfanato público, era considerado el líder de la manada por todos los muchachos. Si un chico quería protección de otro bravucón —y había bastantes— sobornaba a Kanelo con golosinas. La mamá de Kanelo había muerto, y su papá desapareció años antes.

La oficial presentó al resto del grupo. "No todos tienen certificados de nacimiento", dijo, encogiéndose de hombros. "Tendrás que investigar de dónde son y cuántos años tienen". Me entregó carpetas con algunos de sus certificados de nacimiento. "Toma, firma esto".

Firmé la hoja, y esperé más pasos en el proceso. "Eso es todo", dijo ella, estrechándome la mano. "Buena suerte".

* * *

Todos los chicos estaban dormidos cuando llegamos a Villa Soleada. Sus nuevos padres de casa, Nita y Raffaelo, un viejo matrimonio de Villa Soleada, los saludaron con grandes abrazos. Los niños caminaron al interior de su nuevo hogar y revisaron sus habitaciones. "¡Esta cama es mía!", gritó Kanelo mientras saltaba sobre ella. "¡La pido!". José no parecía estar muy interesado en cuál sería su cama. Él simplemente estaba agradecido de tener un colchón nuevo.

Poco después, invité a los chicos del equipo de fútbol de la comunidad para que nos acompañaran a almorzar. Chinchilla, el capitán del equipo de doce años y menos, se presentó. Él estaba tan obsesionado con el fútbol que a veces me preguntaba si su cerebro no era un gigantesco balón de fútbol.

"Quiero que todos se unan al equipo", dijo él, sonriendo de oreja a oreja.

Kanelo estaba midiendo a los otros chicos del equipo, incluyendo a Linaza, el chico más alto del barrio. Kanelo infló su pecho, pero sus ojos se abrieron cuando le preguntaron si quería jugar mables después del almuerzo. Aceptó con entusiasmo. Después de comer, Andrés tomó su plato con comida sin terminar y lo escondió debajo de su cama. Otro chico escondió tortillas en su bolsillo. Nita les dijo que no tenían que hacer esas cosas porque siempre tendrían comida a partir de entonces.

Gerson le preguntó a Chinchilla si había árboles frutales en la comunidad que pudieran trepar. "Más de los que puedas contar", respondió Chinchilla. Gerson y Pablo se abrazaron y celebraron.

"¿Qué hay de las chicas aquí?", preguntó Felipe. "¿Son lindas?". Levantó su ceja en señal de curiosidad.

"¡Sí, y Linaza tiene una hermana que puede presentarte!", dijo Chinchilla. Todos se rieron y le dieron empujones a Linaza. Después de almorzar, los chicos caminaron por la comunidad abrazados de los hombros. Me reí de mí mismo por preocuparme que los niños no se llevarían bien. Los gemelos caminaban saludando a todos, como si fueran los nuevos alcaldes de la ciudad.

Me senté debajo de un árbol de limón que miembros de la comunidad habían plantado años atrás y miré a los niños jugar fútbol. Había imaginado este momento muchas veces a lo largo de los años. "¿Qué podemos perder?", había dicho Ingrid en aquel momento en que la organización estuvo a un paso de cerrar. En ese instante, supe que haberle dado al personal hondureño puestos de liderazgo en la organización fue lo mejor que pudimos haber hecho. Juntos, creamos empleos en la comunidad, sacamos a chicos del orfanato público y tuvimos una remontada. Mientras miraba hacia arriba a la luz brillando entre las hojas, me pregunté si el universo nos recompensaría con un camino menos tumultuoso por delante.

* * *

Una de las primeras cosas que hicimos fue averiguar más acerca de cada chico. El gobierno nos había dado muy poca información de contexto, así que necesitábamos hacer nuestra propia investigación. ¿Cómo habían terminado estos niños en los servicios sociales? ¿Tenían familiares biológicos que estuvieran dispuestos a adoptarlos?

Resultó que Andrés sí tenía. Después de meses de investigar, localizamos a la madre de Andrés quien había desaparecido tratando de cruzar la frontera estadounidense. En Honduras, la separación de familias debido a la migración es un gran problema. (El libro ganador del Pulitzer de Sonia Nazario, *La travesía de Enrique: La arriesgada odisea de un niño en busca de su madre*, trae con fuerza este problema a la vida).

En años recientes, la emigración ha estado en los titulares. De acuerdo con un reporte sobre migración de treinta y dos páginas de 2017 hecho por Médicos Sin Fronteras, un estimado de quinientas mil personas se ven forzadas a cruzar hacia México cada año.[31] La mayoría provienen de Honduras, El Salvador y Guatemala; conocido como el Triángulo Norte de Centroamérica, es una de las regiones más violentas del mundo. Pobreza, desempleo y bajos salarios hacen que las personas sean incapaces de proveer para sus familias, lo cual las obliga a dejar sus hogares en búsqueda de mejores oportunidades. De acuerdo con el Banco Mundial, hasta el 55.4 por ciento de la población de Honduras —e incluso más en áreas rurales— vive en la pobreza.[32]

La violencia también obliga a los hondureños a emigrar. Entre 2006 y 2016, en el Triángulo Norte ocurrieron aproximadamente 150,000 asesinatos, lo cual es considerablemente más muertes de civiles que en cualquier otra región del mundo, incluyendo aquellas en medio de enfrentamientos armados o en guerra (exceptuando Siria). De acuerdo con los resultados de la encuesta presentes en el reporte realizado por Médicos Sin Fronteras, 57 por ciento de los migrantes hondureños manifestaron que nunca se sintieron seguros en casa; 45.4 por ciento había perdido a un familiar debido a la violencia en los dos años previos; y 75 por ciento había presenciado un asesinato o había visto un cadáver en los dos años previos.[33]

La historia nos muestra que los Estados Unidos han alimentado parte del desastre en Honduras. Durante gran parte del siglo veinte, las compañías bananeras estadounidenses expoliaron Honduras. Apoyadas por el gobierno estadounidense, estas compañías ayudaron a llevar al poder a dictadores que servían a los intereses económicos estadounidenses. Esto creó una sociedad marcada por una profunda desigualdad. Como resultado, varias guerras civiles estallaron en Centroamérica en los setenta, y los Estados Unidos enviaron armas, entrenaron soldados y canalizaron millones de dólares hacia esos conflictos. Cientos de miles de civiles fueron desplazados, y muchos de ellos buscaron refugio en Estados Unidos. Los refugiados, amenazados por las pandillas estadounidenses, formaron sus propias pandillas. En los noventa, los Estados Unidos deportaron decenas de miles de pandilleros de vuelta a Centroamérica. Hoy en día, las pandillas y los carteles de la droga en Honduras están en un estado de guerra a medida que pelean por traficar drogas hasta las manos de los consumidores estadounidenses. A la gente de Honduras, atrapada en el fuego cruzado, le quedan muy pocas opciones.

Organizaciones como Asociación para una Sociedad Más Justa creen que atender la pobreza, violencia y corrupción en Honduras provocaría que la gente no tuviera que emigrar. En un artículo de opinión en *Los Angeles Times*, Sonia Nazario habló sobre cómo detener la crisis migratoria desde la raíz. En 2014, los Estados Unidos ayudaron con investigaciones criminales e implementaron centros de asistencia piloto en los barrios más conflictivos de Honduras. Los niveles de crimen bajaron, y dos años después, el número de niños en la frontera estadounidense se había reducido a la mitad. De acuerdo con Nazario, el costo de implementar estos programas son cambio suelto de bolsillo comparado con los billones que gastan los Estados Unidos en ocuparse de los migrantes y refugiados. "Debemos lidiar directamente con fuerzas poderosas que empujan a las personas fuera de sus países de origen y hacia los Estados Unidos", dijo. "Si lo hacemos correctamente, podemos usar la ayuda para reducir la violencia, pobreza, corrupción e impunidad y potenciar la buena gobernanza. El dinero debería ir a organizaciones de ayuda internacional y grupos de la sociedad civil hondureña de probada trayectoria en vez de directamente al gobierno".[34]

La madre de Andrés había atravesado México y estaba viviendo en Houston, Texas. Por teléfono, nos dijo que él tenía una abuela en El Progreso, no muy lejos de Villa Soleada. Ella enviaría dinero cada mes para los gastos de Andrés si él vivía con su abuela. Cuando le contamos a Andrés las noticias, parecía emocionado. Le dijimos que era uno de los afortunados niños que tenían familia biológica.

Todos los niños nos acompañaron a dejar a Andrés en la casa de bloques de cemento de su abuela. Uno por uno, los niños abrazaron a Andrés. Él estaba sollozando para cuando era mi turno de decir adiós. Sólo podía imaginarme la mezcla de emociones que debió haber sentido. Iba a extrañar a Andrés. Era un niño de buen corazón que se llevaba bien con todos. Era sencillo trabajar con él, en nuestra escuela era un estudiante esforzado y entrenaba duro durante nuestras prácticas diarias de fútbol. Había florecido en el estilo de vida estructurado y disciplinado que le ofrecimos. Con los meses, se había vuelto más alto, y su tartamudez era menos notoria. Cuando me abrazó, le dije que estaría mejor y más feliz con su familia biológica.

Estaba equivocado. Andrés no se llevó bien con su abuela. Constantemente discutían o pasaban días sin hablarse. Perdió el sentido de estructura en su vida y comenzó a pasar menos tiempo en casa. Terminó con malas compañías en su barrio y abandonó la escuela. Incluso comenzó a experimentar con drogas y se volvió adicto.

A sabiendas de que su vida había empeorado, Andrés regresó a Villa Soleada y nos rogó que lo aceptáramos de regreso. Salí a tomar un breve paseo para pensar. Sin saber con qué criminales se había asociado o lo que su madre y abuela querrían hacer, no sabía cómo avanzar. Antes de poder decidir, Andrés escapó de la casa de su abuela y desapareció. Averigüé que había hecho un intento desesperado por cruzar la frontera y encontrar a su madre en Houston.

La situación de Andrés y muchos casos similares en el futuro me enseñarían que el debate sobre si los niños vulnerables estaban mejor con sus familias biológicas, familias de acogida o casas hogar era mucho más complicado de lo que pudiera pretender cualquier solución general. Las disfunciones familiares eran complicadas, hasta para mí.

* * *

Iba de camino a recoger a Cosmo al aeropuerto cuando el cielo se ennegreció. Era la semana de Año Nuevo. En Villa Soleada, las familias rostizaban cerdos, bailaban bachata y comían doce uvas para la buena suerte. Cosmo me llamó de la nada para preguntarme si podía visitarme. Le dije que sí, pensando que tal vez el resentimiento que tuve había muerto. Quizás era el momento de arreglar las cosas.

"¡No puedo creer que esta camioneta siga andando!", dijo Cosmo, mientras yo arrojaba sus maletas en la parte trasera de la Nissan Frontier. Tenía unas cuantas arrugas alrededor de sus ojos ahora. Me preguntaba si ella notaba algún cambio similar en mí. Intercambiamos una conversación superficial en el auto, aunque se sentía más forzada de lo que yo hubiera querido. Pero no podía esperar que fuera como en los viejos tiempos. Después de todo, no habíamos hablado en meses. Me actualizó con respecto a su vida en la universidad de Nueva York. Comenzó a llover. Intenté subir la ventana, pero estaba permanentemente averiada y sostenida con cinta adhesiva. Nos empapamos, y maldije por no haberlo arreglado antes.

Esa semana con Cosmo fue escueta e incómoda. En su última noche, caminamos al Hogar de Niños Villa Soleada para una cena familiar. Gerson estaba tan emocionado que no dejaba de rellenar los vasos y de derramar agua por todas partes. Pablo arrojó arroz y frijoles en los platos, haciendo tanto ruido como fuera posible para conseguir que Cosmo notara que él era quien más ayudaba de todos. Felipe repartía vegetales al vapor y carne. Miraba sobre su hombro para asegurarse de que nadie lo estuviera viendo y en silencio echó sus vegetales al plato de José. "¡Oye!", gritó Nita, la madre sustituta. "¡Por haber hecho eso ahora vas a comer el doble de brócoli!". Felipe se veía tan descubierto que todos nos reímos.

Era una noche hermosa. Nos sostuvimos de las manos, inclinamos nuestras cabezas y José dio las gracias. "Gracias por esta comida, y gracias por darnos una familia. Hay miles de personas afuera de estas puertas sin comida, sin familia. Prometemos siempre estar ahí el uno para el otro incondicionalmente. Con la bendición de Dios".

Luego comimos y nos deleitamos con la alegría de estar juntos.

"¡Cosmo, hubieras visto cuando tu hermano intentó comprarle un helado a una muchacha que le gustaba en el parque! ¡Ella se fue corriendo!".

... *¡Prr, prrr, puum!* Gerson saltó en su silla y felizmente se echó un pedo en la cara de Pablo. Cosmo abanicó el aire frente a su nariz, riendo. "¡Shin solía hacerme eso todo el tiempo!".

"Cosmo, ¿nos lees los libros que trajiste? ¿Por favor?".

Salió la luna. Los niños se durmieron en sus sillas. Ayudamos a Nita y Raffaelo a arropar a los pequeños, y luego caminamos de vuelta a la casa de huéspedes. El aire estaba húmedo, el pasto brillaba como plata con la luz de luna. Familias de ranas, patos y conejos aparecieron, luego salieron corriendo bajo el resplandor de las estrellas y la luna. No había ni una nube en el cielo. Caminamos lentamente, cansados de tanto reír.

Cosmo se detuvo. "Oye, escucha. La verdadera razón por la que vine a Honduras esta semana fue para hacer las paces contigo". Hablaba calmada pero claramente, tomando completa responsabilidad por los errores que había cometido antes y después de su partida. Se disculpó, y supe que era sincera.

Debí haber hecho lo mismo. No lo hice.

"Si estás listo, quiero que dejemos el pasado atrás y avancemos juntos. ¿Qué dices?".

Estaba sorprendido por Cosmo. No esperaba esto. Pero lo que me impactó más fue mi propia respuesta. Le dije que sí, pero fue tan poco entusiasta que cualquiera podría haberse dado cuenta de que no lo había superado. Fue hasta entonces que me di cuenta de cuánto resentimiento todavía albergaba. Me quedé ahí en silencio. No podía creer lo que hacía. Desearía haberle dado un sí firme para arreglar nuestra relación justo ahí y en ese momento. Aferrarme al enojo era como sostener un carbón ardiente con la intención de lastimar a alguien más —era inmaduro y destructivo. Pero aún estaba atrapado en el pasado y era incapaz de soltar.

——— CAPÍTULO CATORCE ———

LOS MOMENTOS SON MÁS IMPORTANTES QUE LAS METAS Y LOS LOGROS

PASABA LA MEDIA NOCHE. HOMBRES ENMASCARADOS SALtaron la cerca y se introdujeron hasta la parte trasera del Hogar de Niños Villa Soleada.

Raffaelo, el padre sustituto, escuchó la conmoción en la porqueriza. Él y el guardia de seguridad se acercaron poco a poco hacia el ruido —y fueron recibidos a balazos. Se resguardaron detrás de un árbol de mango. El guardia disparó de regreso hasta que estuvo cerca de quedarse sin cartuchos. Las compañías de seguridad en Honduras hacían que sus empleados pagaran por sus propias balas, así que nuestro guardia no tenía muchas. Por suerte, los intrusos saltaron la cerca y huyeron.

Cuando salió el sol, nos dimos cuenta de que nuestra granja de cerdos había sido mutilada. La cerda madre estaba muerta. "Le cortaron la garganta con un machete", dijo Raffaelo. "La sangre todavía está tibia".

Movió su linterna hacia los árboles frutales al fondo para asegurarse que nadie seguía escondido entre las sombras.

Intenté procesar lo que había sucedido. No tenía idea de por qué alguien haría algo como esto. Todo lo que sabíamos era que los allanamientos violentos en el área pasaban con tanta frecuencia y tan indiscriminadamente que las familias en Villa Soleada tenían que mantener sus ventanas cerradas durante los meses más calientes del verano. Yo contraté a un guardia adicional por una semana. Éramos afortunados: podíamos costearnos seguridad privada. La mayoría de los hondureños no podían. Las palabras de George Orwell resonaban en mi cabeza: "Aquellos que 'abjuran' a la violencia pueden hacerlo únicamente porque otros están cometiendo violencia en su nombre". De niño, tenía una alta estima por el pacifismo. Pasar tiempo en Honduras me hizo darme cuenta de que a veces era necesario usar la fuerza para prevenir futuros actos de violencia.

A pesar de lo cansado que me sentía, tenía que estar fresco. Estábamos por recibir al primer grupo de niñas del orfanato público ese día. Su casa se erguía recién terminada detrás de mí; Yamilet estaba trapeando los pisos por tercera vez. Ella era la madre sustituta de la casa de las niñas. Fue una decisión sencilla para ella, una mujer que había sido la primera en tomar un machete para construir Villa Soleada, y cuya bebé Dina estaba ahora estudiando en la Escuela Bilingüe Villa Soleada —Yamilet siempre dedicaría su vida a crear un futuro mejor para los niños.

"Las habitaciones están listas", dijo Yalena mientras revisaba los cuartos una última vez. Para entonces, Elma había renunciado, argumentando que los niños eran muy difíciles de manejar. Contraté a Yalena, con quien había trabajado en DHC, como la nueva directora de nuestra casa hogar. Dada su experiencia y antecedentes en psicología, era exactamente la persona que necesitábamos. "Mejor nos vamos yendo. Las niñas están esperándonos".

* * *

Una por una, las chicas se bajaron del autobús. Primero, Gloria. Luego Nataly y Mirta. Y por último, Abigail.

Los chicos se habían puesto sus mejores prendas y gel para el cabello. Yamilet abrazó a cada una y les mostró su nueva casa. Gerson sostenía la puerta abierta para las chicas y me miraba para asegurarse de que yo notara sus modales de caballero. Pablo corrió para ayudar con sus pequeñas maletas. Mientras instalábamos una mesa en el jardín delantero para almorzar, Yamilet caminó hacia nosotros con un plato de algo que nunca había visto antes. "Tomen, pruébenlo", dijo entregándome lo que parecía un cubo café con cabello. Lo mordí mientras que grasa caliente salía de mi boca. "Es chicharrón fresco —piel de cerdo frita", me dijo. El pelo de cerdo me hacía cosquillas en la lengua. Era delicioso.

"Gracias por todo su arduo trabajo", le dije a la multitud en el discurso que preparé. "Esperamos con ansias este día durante años, y ahora estamos aquí para celebrarlo juntos".

Mientras todos festejaban, yo aguardé a que un sentimiento de euforia se apoderara de mí. Pero por cualquier motivo, la dicha y alegría que había imaginado nunca llegaron. En su lugar, me sentía como un bote perdido en el mar. Una travesía que me había ayudado a levantarme por las mañanas se había terminado. Rara vez disfrutaba de las celebraciones —sin importar cuántos amigos y familiares estuvieran ahí— porque sentía como que me quitaban tiempo que podría usar para alcanzar el próximo objetivo. Mantuve esto en secreto, porque me preocupaba lo que la gente pudiera pensar de mí. Pero sabía que necesitaba encontrar nuestro siguiente objetivo para recuperar un sentido de dirección.

Salí de golpe de mi bajón cuando alguien me dio un manotazo en el hombro. Era Ingrid. "Las niñas de la comunidad quieren jugar un partido de fútbol", me dijo. Abrimos la mini cancha de fútbol y trajimos un balón. El centro de atención durante el partido fue Abigail, una chica de doce años que soñaba con convertirse en enfermera. Creció pidiendo limosna en las calles mientras combatía el osteosarcoma, un tipo de cáncer en los huesos. Alrededor de un año antes, los doctores le habían amputado su pierna derecha para detener el esparcimiento del cáncer. Pero eso no detuvo a Abigail de jugar fútbol. Se movía por la cancha en sus muletas y anotaba goles, sin temor.

* * *

Estaba mirando a Abigail cuando Yamilet se acercó. "La gente está llamándote", dijo, "para una reunión de toda la comunidad".

"¿Justo ahora? ¿Pueden esperar un poco?".

"Dicen que es urgente".

Observé el partido de las chicas por unos instantes más, luego me dirigí hacia la cancha de fútbol de la comunidad, donde una gran multitud estaba reunida. El sol caía sobre mí, y me sentía más débil de lo que ya estaba. El allanamiento todavía daba vueltas por mi mente —¿quiénes eran los culpables? La violencia estaba comenzando a salirse de control. De acuerdo con un rumor, varias familias estaban planeando abandonar la comunidad para siempre porque temían por sus vidas.

Vi a Wilfredo y a su mamá entre la multitud y los saludé. Ellos asintieron en respuesta, pero se voltearon rápido. Mientras intentaba entender qué estaba sucediendo, noté un pequeño grupo de hombres al frente. Uno de ellos era Tenaza. El problema de drogas de Tenaza no había mejorado. Con los años, había seguido destruyendo varios proyectos de la comunidad estando drogado. Semanas antes estaba tan drogado que saltó a la camioneta que yo manejaba y le arrancó los espejos laterales y los limpiaparabrisas. Cuando calmadamente le pedí que pagara por los daños, cometí el error de pedírselo en frente de su esposa —él dijo que yo lo pagaría.

Él no era el único en el grupo que estaba al frente a quien le temían los residentes. La LMDVS y sus familias también estaban ahí. Ese mes se habían molestado conmigo. Mientras era el árbitro de una potra durante una práctica de fútbol, había tomado varias decisiones que ellos pensaron que les costaron el partido. Y de pie junto a ellos estaba alguien que me asustaba más que Tenaza y todos los bravucones del barrio combinados: Royce, un exempleado descontento que vivía en la comunidad. Él no era una persona mala ni violenta, pero nuestra organización recientemente había dado por terminado su contrato de trabajo, lo cual lo agraviaba. Tan pronto como lo vi con los brazos cruzados, me di cuenta de lo que estaba a punto de suceder. A lo que estaba entrando no era una reunión. Era una persecución pública.

"Este proyecto es un elaborado engaño", gritó Royce. "¡Shin usó nuestro trabajo para construir casas y ahora planea venderlas para obtener ganancias!". Los hombres al frente vitoreaban. Miré a los miembros de la comunidad para ver si estaban negando con sus cabezas como yo. Extrañamente, no estaban haciéndolo. Estaban todos mirando a Royce.

"Piénsenlo", continuó. "¡Luego de meses de promesas, él no nos ha entregado los títulos de propiedad de nuestras casas! ¡Está retrasando el proceso a propósito!". La verdad estaba lejos de eso. Ya habíamos entregado el papeleo al gobierno meses antes. Pero la burocracia en Honduras se mueve con lentitud. Llamábamos frecuentemente para seguir al tanto, pero mes tras mes, se nos pedía esperar. Me limpié el sudor de la frente. "Puedo entender la frustración con el retraso", dije. "Pero por favor permítanme expl—".

"Miren el muro que construyó alrededor de la escuela", interrumpió Royce, pausando teatralmente y haciendo un gesto dramático con sus brazos. "¡¿No ven que tiene planes de quitarnos la escuela?!".

Yo quería decir que construimos el muro de seguridad porque los ladrones repetidamente entraban a la fuerza, tomando materiales que pertenecían a los niños. La mayoría de las escuelas en Honduras tenían muros con alambre de púas. Pero Royce siguió hablando. No me dejaba responder. Entre más escuchaba, más me confundía. Después de todo, ¿por qué a alguien le molestaría hacerle más complicado a los ladrones entrar? La LMDVS estaba sonriendo. En ese preciso momento, me percaté de que quien había irrumpido la noche anterior no estaba tratando de robar nada. Estaba tratando de mostrarnos lo vulnerables que éramos.

"Shin dijo que iba a comenzar una compañía aquí en la comunidad para crear trabajos. ¡Años después, seguimos esperando!". Royce tenía el don de sacar las palabras de contexto. Años atrás, yo le había dicho a la gente que quería crear trabajos para ayudarles. Puede que no haya comenzado una compañía física como en un inicio se imaginaron, pero habíamos creado una empresa sin fines de lucro que tenía como prioridad crear trabajos localmente. Para entonces, éramos el mayor empleador en la zona, dando trabajo a por lo menos una persona en casi la mitad de los hogares en Villa Soleada. Irónicamente, Royce había sido uno de esos trabajadores, hasta que fue despedido por lo que nosotros creíamos que eran razones justificadas (él no estaba de acuerdo). "Shin ha cambiado. Solía jugar con los niños. ¡Ahora los golpea!". Las absurdas patrañas continuaron por casi una hora.

"Y", dijo Royce, y este era su as bajo la manga. "No nos permite vender nuestras casas incluso si queremos abandonar la comunidad. ¡Nos tiene atrapados aquí!". Royce estaba refiriéndose a una cláusula en el acuerdo de vivienda de la comunidad. Cuando comenzamos el proyecto, el gobierno municipal nos pidió incluir una cláusula en los títulos de propiedad que prevendría a las familias de vender sus recién adquiridas casas. Habían visto cómo terminaban los proyectos de vivienda en el área que no tenían tales cláusulas. La gente con adicciones vendía sus casas para pagar sus deudas, dejando a los niños en la calle. Los miembros de las pandillas se apoderaban de proyectos enteros de vivienda y forzaban a los residentes a vender sus hogares. La cláusula protegía a las familias y aseguraba que los niños tuvieran un techo sobre sus cabezas a largo plazo. Los hondureños la llamaban la cláusula del patrimonio familiar. La comunidad había estado de acuerdo con ella unánimemente.

Cuando Royce pidió que la cláusula fuera removida, la LMDVS celebró. No tenía idea de cuál era su plan. Pero el sol abrasador magnificó mi fatiga y la inquietud de la multitud. Yo consentí. Decidimos deshacernos del patrimonio familiar. Al final del día, Villa Soleada era su comunidad.

Royce terminó su discurso pidiéndole a todos que dejaran de apoyar a la escuela y a SHH. Miré a Wilfredo, a su madre y a varios otros. Estaba esperando que alguien saliera en mi defensa. Todos en la comunidad me conocían. Habíamos trabajado juntos por años. Habíamos celebrado muchos cumpleaños. Habíamos compartido profundas conversaciones. Seguramente no iban a creer en las acusaciones de Royce.

Pero nadie me defendió aquel día. Ni una persona. Royce había ganado. Él también lo sabía —me miraba por encima del hombro triunfante, con los ojos enrojecidos. Algo dentro de mí se marchitó.

Me alejé. El ego humano es una cosa frágil y aterradora, y no había aprendido a darle la vuelta. Las familias iban a sacar a sus hijos de la escuela y a abandonar la comunidad, y los pandilleros iban a apoderarse del barrio, como lo habían hecho con otros proyectos de vivienda.

* * *

Estaba equivocado. La mañana del lunes, cada uno de los estudiantes se presentaron a clases. Las madres estaban ahí también, haciendo voluntariado. Estaban limpiando mesas, recolectando basura y trapeando el suelo. Tenía miedo de mirarlas a los ojos, pero todas me saludaban y me sonreían. Cuando caminé a la oficina, vi una fila de padres a quienes nunca había visto antes. Estaban aguardando para meter a sus hijos en la lista de espera de las inscripciones. Un grupo de miembros del personal se acercó a mí y me entregaron cartas de aliento. "Creemos en ti", escribió alguien. "La verdad siempre gana", alguien más redactó.

Wilfredo se aproximó más tarde ese día. Se disculpó, y yo luché por contener mis sentimientos. Él estaba arrepentido por lo que sucedió en la cancha y por no haber dicho nada. La mayoría de la gente en la comunidad evitaba las confrontaciones. "Preferimos hablar con nuestras acciones".

Luego estrechó mi mano, y yo tuve que cubrirme los ojos con mi sombrero. Recordé todos los momentos y logros que había compartido con esta comunidad por cerca de diez años. Juntos, habíamos construido casas, escuelas y bibliotecas. Pero más importante, habíamos construido las bases de una confianza tan sólida que nuestra relación podía soportar las acusaciones más incendiarias. Me salvó.

* * *

Inscribimos a las chicas en la Escuela Bilingüe Villa Soleada. Después de su primer día de clases, Abigail llegó a casa y saltó con gran emoción. "Si estudio mucho, puedo ser más que una enfermera normal", dijo. "Puedo ser una enfermera *bilingüe*". Choqué los cinco con ella al estilo hondureño. Habló acerca de cómo quería ayudar a otros niños con cáncer. Luego hizo una pausa y dijo en voz baja, "Casi tengo trece". Tenía miedo de cumplir trece, que era cuando los niños eran corridos del orfanato debido a su edad. ¿Le pedirían irse de la casa hogar? Le dije gentilmente que la apoyaríamos en su escuela de enfermería y más allá. Ella se veía radiante.

Desearía haberle sonreído de vuelta. En vez de eso, esquivé la mirada. Había algo que necesitaba decirle a Abigail: su más reciente tomografía indicaba que su cáncer había vuelto y se había esparcido a sus dos pulmones. Su oncólogo nos había dicho que Abigail tenía cerca del cero por ciento de posibilidades de sobrevivir ese año. Necesitábamos prepararnos para lo peor.

Yalena y yo hicimos lo que cualquier padre haría —decidimos buscar segundas y terceras opiniones. Pero rápidamente nos enfrentamos con un callejón sin salida. Mientras buscábamos opciones, los directivos del sistema del programa de seguro de salud pública se robaron trescientos millones de dólares del sistema de salud hondureño. Como resultado de tales actos de descarada corrupción, los hospitales no tenían recursos básicos como agua corriente o gasas.

Después de haber intentado en todos los hospitales públicos, visitamos un hospital privado, llamado St. Jude Children´s Hospital, y envié correos electrónicos a amigos en el área médica. Los días pasaban, y la salud de Abigail se deterioraba. Eventualmente, tuvo que abandonar la escuela porque se volvió muy difícil para ella respirar.

Una mañana, la Dra. Tania, una oncóloga pediatra de un hospital privado en San Pedro Sula, nos contactó. Acababa de tener una llamada con oncólogos de la escuela de medicina de Harvard con respecto al caso de Abigail. Había un nuevo tipo de tratamiento que podía aumentar las probabilidades de supervivencia de Abigail de cero a cuarenta por ciento. Yalena y yo nos quedamos estáticos. Cuarenta por ciento no era el número más prometedor, pero era definitivamente mejor que cero. La Dra. Tania nos advirtió que el tratamiento no era barato —costaba $25,000 dólares. Cuando vio nuestras caras, nos entregó un montón de revistas académicas sobre osteosarcoma. Nos dijo que nos tomáramos nuestro tiempo para tomar una decisión informada.

Yo pasé horas leyendo los estudios. Estos verificaban que el tratamiento era punta de lanza y muy prometedor. No obstante, no sabía cómo conseguiríamos el dinero. Deseaba ser un millonario. Me decidí a ir con todo para mi cumpleaños número treinta, el cual se aproximaba. Les pediría a mis amigos que donaran para los gastos médicos de Abigail en lugar de comprarme regalos. No tenía idea de cómo respondería la gente, dado que Abigail era una niña de quien ellos no sabían nada. Vivíamos en un mundo donde los niños que piden dinero en las calles, como Abigail, eran rechazados y apartados. Creé una página de recaudación en línea que explicaba la situación. Pasé horas reescribiendo cada enunciado y posteé una foto de los dos chocando los puños en el aire. Tan pronto como hice pública la página, mi mamá donó. Luego Bob donó. En cuestión de horas, amigos de todo el mundo saltaron a ayudar. No podía creerlo —en cuatro días, nuestra red había recaudado $39,000 dólares para el tratamiento de Abigail.

El día que llevamos a Abigail al hospital, todos los niños de la casa hogar la acompañaron. A medida que ella entraba en el consultorio del doctor, nuestro grupo entero formó un círculo gigante en el estacionamiento y oramos. La quimioterapia fue agresiva. Le causó a Abigail un gran dolor. Durante las siguientes semanas, miembros del personal y yo nos tomábamos turnos para quedarnos en el hospital para apoyarla y darle ánimos. Le dijimos que el dolor sería temporal y que pronto estaría de vuelta en la escuela, estudiando para convertirse en una enfermera bilingüe. Le dijimos que se mantuviera fuerte y que siguiera luchando. Día tras día, ella soportó el tortuoso proceso. No le importó perder peso. Pero cuando se le cayó el cabello, Abigail estaba angustiada. Bromeé con ella que era momento de pagar por todas las veces en que ella se había burlado de mi cabeza rapada. Ambos nos reímos. Le compramos una peluca. Cuando me la puse yo y le guiñé un ojo, nos reímos más. Hacía mi mejor esfuerzo por aligerar el ambiente.

La primera ronda del tratamiento funcionó. Los tumores en sus pulmones comenzaron a encogerse. Le dije que ella iba a continuar mejorando. Le dije que yo estaba volviéndome viejo y que no quería a ninguna otra enfermera bilingüe más que a ella para ayudarme con mis pañales. Ella se rio. Cuando la recibimos de vuelta en casa, me relajé un poco y volví a la oficina. Había mucho trabajo por hacer. Para entonces, SHH tenía más de veinte empleados hondureños, casi treinta niños en la casa hogar y más de cien estudiantes en la escuela bilingüe. El crecimiento quería decir que nuestros gastos se incrementaban, y también las horas que tomaba cada mes completar el presupuesto.

Semanas después, cuando miramos las nuevas tomografías, tuve que cerrar los ojos. Los tumores de Abigail, en vez de encogerse, habían crecido. Se veían más grandes que sus pulmones. Abigail ya no podía respirar por su propia cuenta. Encontramos un concentrador de oxígeno y contratamos a una enfermera para que se quedara con ella en la casa hogar. El tumor empujaba contra su caja toráxica. Era tan doloroso que era incapaz de dormir o comer mucho. No podía creerlo. Ella estaba mejorando hace tan sólo unas semanas. El dolor continuó empeorando. Era agonizante verla sufrir tanto. Los doctores nos dieron distintos tipos de analgésicos. Funcionaron por un tiempo, pero la mente de Abigail comenzó a deteriorarse. Comenzó a balbucear pensamientos aleatorios.

"Tengo miedo de morir", me dijo un día. No sabía cómo responder. Yo también le tenía miedo a la muerte. Pero como una persona sana, puedo pretender que la muerte está en un futuro distante. Yamilet le habló a Abigail sobre Dios y el cielo, y eso pareció calmarla. Eventualmente, incluso los analgésicos más potentes dejaron de hacer efecto. Todo lo que Abigail podía hacer era retorcerse en su cama y jadear por aire.

Requería de bastante esfuerzo sólo meterla en el auto para llevarla a sus citas. Pero me aferré a la esperanza. *La gente vence al cáncer todo el tiempo*, me decía a mí mismo una y otra vez. Me engañaba haciendo planes para todas las cosas divertidas que Abigail y yo haríamos una vez que mejorara. Me dije que sobreviviría. El universo no permitiría que una niña que tuvo que crecer mendigando en las calles y que nunca había ido al cine o a un zoológico muriera de esta forma. Después de todo, me convencí a mí mismo, SHH existe para que niños en condición de calle y orfanatos públicos puedan tener vidas largas y gratificantes.

Cuando me estreso por un problema que no puedo resolver, evito precisamente las cosas que debería estar haciendo. Aunque sin duda no es la mejor táctica, me permite pretender que el problema se resolverá solo o que no existe en primer lugar. Eso es exactamente lo que hice con Abigail. Debí haber pasado más tiempo con ella, pero en vez de eso, pasé largas horas en el trabajo, encerrándome en reuniones interminables y en la bandeja de entrada de mis mensajes.

De alguna manera, la salud de Abigail mejoró lo suficiente una semana como para permitirle hablar e incluso caminar un poco. Dijo que siempre quiso montar a caballo, así que Yalena aprovechó la oportunidad. Encontró una granja que permitía que los visitantes montaran caballos.

"¿Puedes acompañarnos?", Yalena me preguntó.

"No puedo", dije. "Tengo que trabajar". Me prometí que iría la próxima vez.

La primera vez que Abigail montó a caballo fue también la última. Falleció unos cuantos días después. La decisión de no ir a la granja es una de la que me arrepentiré por el resto de mi vida. Yalena hizo las llamadas telefónicas necesarias para organizar el servicio funerario. Estaba tan exhausta y devastada como todos los demás, pero mantenía la compostura con el fin de ser fuerte para los niños. Desearía tener su fortaleza, pero yo fui inútil durante todo el proceso. Me sentía paralizado por el impacto y el dolor. Mientras el ataúd de Abigail era bajado a la fosa, Wilfredo me pasó una pala para ayudarlo a arrojar tierra en su interior. Miré a Pablo y a Gerson palear mientras contenían las lágrimas. José tomó una pala y comenzó a ayudar. Los demás se sentaron, sollozando.

Mis lágrimas se mezclaban con sudor y tierra. Muchas emociones se arremolinaban en mí, pero una superó al resto: el remordimiento. *¿Por qué no fui a montar a caballo con Abigail? ¿Por qué me había encerrado en mi trabajo? ¿Cuál llamada o correo electrónico era más importante? ¿Qué reunión no podía esperar unos cuantos días?* En el funeral, me percaté de cuán torcidas estaban mis prioridades. Por diez años, había sacrificado mi familia, relaciones, amistades y fines de semana para que la organización pudiera cumplir un objetivo tras otro. Había estado perpetuamente obsesionado con la búsqueda de "lo siguiente". Pero en el proceso, me había convertido en una máquina que pasaba más tiempo en la oficina que con su familia, amigos o niños en la casa hogar combinados. No quería admitirlo, pero la mayoría de mis relaciones personales estaban en ruinas o cerca de estarlo. Si había alguien con quien quería pasar más tiempo, confesarle algo, disculparme o arreglar las cosas, tenía que hacerlo ahora. No mucho después del funeral de Abigail, tomé el teléfono y llamé a Cosmo.

* * *

Un día temprano por la mañana, recibí una llamada de Guillermo. Él era nuestro contratista de techos; tan sólo un día antes, él y su equipo habían terminado de instalar el techo de nuestra nueva casa para huéspedes. Ahora me llamaba para decirme que lo habían asaltado en el callejón. Cinco hombres armados lo sorprendieron con sus pistolas y sus machetes.

"Cortaron a mi hermano", dijo Guillermo, con voz temblorosa. "Marcus dijo algo y lo cortaron...".

Guillermo había llevado a toda prisa a Marcus al hospital, con sus ropas empapadas en sangre, orando por la vida de su hermano menor. Por la gracia de Dios, Marcus sobrevivió, pero Guillermo —Guillermo ya estaba harto.

"Sé quiénes estuvieron involucrados", me dijo. "Y me encargaré de ellos".

"*¿Encargarte de ellos?*". Su voz me asustaba.

"Así es. Es momento de limpiar y purgar Villa Soleada. ¡Ya fue suficiente!".

En Honduras, era demasiado sencillo para cualquiera contratar a un sicario para matar a alguien. Sólo se necesitaban unos cuantos cientos de dólares o, a veces, incluso menos. Cuando colgué el teléfono, me di cuenta de lo que estaba pasando frente a nuestros ojos: una guerra se estaba desatando.

Esa tarde, los niños corrían por la cancha con sus cometas de papel. Al lado de ellos, los muchachos de la LMDVS y yo estábamos jugando un partido de fútbol en media cancha. Un pequeño camión blanco venía manejando hacia nosotros, dejando una estela de humo y polvo detrás de sí. Guillermo iba en el camión.

Me congelé.

La puerta del camión estaba abierta, y una docena de hombres salieron corriendo de ella portando maletas negras. El tiempo se ralentizó. Mi corazón se aceleró. Cerré los ojos, esperando ser rociado por una ráfaga de balas de fusiles. Creciendo en los pacíficos suburbios del norte de Virginia, nunca me imaginé que moriría por una bala perdida. Extrañamente, todo lo que pude escuchar fueron sonidos de instrumentos de música celestial. *Ya debo haber subido al cielo*, pensé. Tenía suerte —debí haber muerto tan rápido que ni siquiera sentí dolor.

Pero el "cielo" también parecía tener muchachos de la LMDVS —podía escucharlos hablar— así que abrí un poco los ojos. Los hombres no llevaban armas. Llevaban guitarras, tambores y cajas con Biblias. Un sonriente Guillermo en una camisa de vestir amarilla estaba saludándome con entusiasmo.

"Shin, después de una profunda reflexión", dijo, "me he dado cuenta de que lo que Villa Soleada necesita no es más violencia. ¡Lo que necesita es el evangelio de Dios!". Me reí nerviosamente y le di a Guillermo un gran abrazo. A partir de ese día, Guillermo visitaba la comunidad semanalmente para realizar reuniones de la iglesia y asados a la parrilla. Guillermo, los padres en Villa Soleada y nuestro personal frecuentemente se encontraban para discutir cómo atender la violencia en la comunidad. Estuvimos de acuerdo en hacerlo por medios pacíficos y planeamos expandir nuestro programa de fútbol, empleo y el alcance de la iglesia de Guillermo.

El universo tenía otros planes. Una noche, Bravilio, un padre de Villa Soleada quien ya estaba harto de los asaltos, vio al líder de la LMB, una conocida banda criminal de un barrio vecino, dentro de un salón de billar. Bravilio caminó calmadamente al interior, tomó su machete y le cortó la cabeza al jefe de la banda. Bravilio se alejó caminando y nunca regresó al área. Poco después, el resto de la LMB —quienes se habían mantenido ocupados ese año asaltando buses urbanos— murieron en un tiroteo masivo con los policías. Aquellos que sobrevivieron fueron enviados a la cárcel. Muchos de los miembros de la LMDVS compartieron un destino similar. Sus problemas comenzaron cuando empezaron a pelear con pandillas rivales que eran incluso más despiadadas que ellos. Un miembro de la LMDVS fue encontrado asesinado a machetazos en su casa. El cuerpo de otro fue encontrado en un campo de palmeras con señales de tortura. Al primo de uno de los cabecillas de LMDVS le dispararon y lo mataron mientras andaba en su bicicleta. Las pandillas rivales no se detuvieron ahí. Comenzaron a entrar con sus autos a Villa Soleada a horas aleatorias para cazar a los últimos miembros de la LMDVS. Presionados, los integrantes de la LMDVS y sus familias comenzaron a vender sus casas.

Con los años, una mara que controlaba el sur de El Progreso expandió sus operaciones en la ciudad. Establecieron una célula en nuestra parte de la ciudad y mataron a tiros a uno de los narcomenudistas principales en el área para demostrar que ellos habían tomado el control del territorio. No estaban interesados en delitos menores y anunciaron que matarían a cualquiera que robara o que generara problemas en el barrio; dada su devoción por el tráfico de drogas, lo último que querían era que la policía se apareciera.

Un día, mientras llevaba a los niños de la casa hogar a un circo del barrio, miembros de la mara se me aproximaron. Portaban armas consigo. "Chino", dijo el jefe, "tengo una pregunta que hacerte". Pensando que iba a pedirme un impuesto de guerra, sostuve la respiración. Pero en vez de eso, quería saber si teníamos un espacio en la escuela bilingüe para su hijo de ocho años. Me dijo que ya no tenía que preocuparme más por criminales irrumpiendo en la escuela bilingüe.

Poco después de la llegada de la mara, el último de los pandilleros de la LMDVS huyó de la comunidad. Eventualmente, Royce se fue también. Tenaza fue secuestrado, golpeado casi hasta la muerte por un grupo de hombres y decidió tranquilizarse por un tiempo. Así como así, la violencia que había plagado Villa Soleada durante años llegó a su fin.

LIBRO 5

—————— CAPÍTULO QUINCE ——————

LOS MOMENTOS DIFÍCILES SON OPORTUNIDADES DE TRANSFORMACIÓN

ERA 2017. DINA, JUNTO CON OTRAS CINCO ESTUDIANTES DE la Escuela Bilingüe Villa Soleada, bajaron del bus. Estaban en la Escuela Bilingüe Destiny, una de las más prestigiosas —y caras— escuelas privadas en la ciudad. Estudiantes de las otras doce escuelas bilingües en la región deambulaban por el estacionamiento. Sus autos eran elegantes; presumían sus iPhones recién comprados. Dina, quien solía ser un bebé del tamaño de una papaya en Siete de Abril, ahora iba en sexto grado en Villa Soleada —y era la mejor deletreando en su salón. Hoy, estaba representando a Villa Soleada en su primera competencia de deletreo a nivel ciudad.

Dina había sido diagnosticada con malaria unas cuantas semanas antes, así que estaba débil. Pero hoy, su madre Yamilet le preparó a Dina su desayuno favorito —tortillas con quesillo— y había comido un poco. Había practicado para este día durante meses. Además de aprender sobre fracciones y leer libros como *Tuck para siempre*, Dina había estudiado una lista de 1,200 nuevas palabras en inglés.

"*Bacon*", dijo el árbitro.

Dina respiró profundamente. "B-A-C-O-N".

"*Vacant*", dijo el árbitro en la siguiente ronda. Luego, en la ronda posterior, "*Compliment*". Dina acertó en ambas. Se estaba acercando a la victoria. Si ganaba, sería la campeona de sexto grado en El Progreso, la cuarta ciudad más grande del país con más de doscientos mil habitantes. En muchos barrios de Honduras, parecía que los miembros de las pandillas superaban en número a los graduados de los colegios. Casi 62 por ciento de los adolescentes del quintil más pobre no asisten a la escuela.[35]

La victoria de Dina le daría esperanza a toda la comunidad de Villa Soleada y sería un vistazo de lo que era posible mediante el esfuerzo constante.

"*Formless*", dijo el árbitro.

"F-O-R-M-L-E-S-S".

"¡Correcto!".

Había ganado. Dina se cubrió la cara con las manos. Quería saltar de felicidad pero decidió no hacerlo cuando vio a su oponente agachando la cabeza. Se dieron la mano. "Buena competencia".

Una hora más tarde, mientras Yamilet lloraba entre la multitud, Dina fue premiada con la medalla del primer lugar para llevársela a Villa Soleada.

* * *

Unas cuantas semanas después del concurso de deletreo, nuestra organización recibió un mensaje de extorsión exigiendo $4,000 dólares. Caminé por la habitación, me senté y releí el amenazador mensaje. Nunca habíamos sido un blanco hasta ahora. "Les mandaremos un mensaje de texto con más instrucciones sobre dónde traer el dinero", decía. Las direcciones de nuestros empleados, incluyendo la mía, estaban escritas en el mensaje. En Honduras, incontables civiles, desde vendedores de fruta hasta dueños de negocios, pagan lo que se conoce como impuesto de guerra a las bandas locales.

La investigación de Sonia Nazario sobre la extorsión en Honduras mostró que nada más en la capital Tegucigalpa, dueños de negocios pagan un estimado de veintitrés millones de dólares cada año en impuestos de guerra.[36] Algunos pierden entre el 30 y el 40 por ciento de lo que ganan en extorsiones. Otros tienen que pagar a seis diferentes pandillas sólo para mantenerse vivos. De seiscientos negocios en un barrio en la capital que fueron investigados, 150 cerraron debido al costo de la extorsión. No pagar implica morir. Nada más en la industria del transporte, más de 1,500 trabajadores hondureños han sido asesinados desde 2010. A la mayoría les dispararon. Otros fueron esposados a los volantes de sus autos y quemados vivos. Para generar miedo, las ejecuciones a menudo ocurrían en público y a plena luz del día. De acuerdo con Nazario, una mujer de treinta y cuatro años, madre de dos niños, decidió dejar de hacer los pagos a la banda Mara 18. Ella tenía una pequeña pulpería en su barrio. Un día, un asesino apareció y le disparó en la cara. Ella se lanzó hacia su hija de cuatro años que estaba dormida, pero murió antes de alcanzarla.

Llamé a un amigo que era dueño de una compañía de camiones de transporte en la ciudad. "Paga", me dijo. "Paga, para que no termines en un ataúd. He perdido a demasiados amigos debido a esto. Y no importa lo que pase, no acudas a las autoridades —*esa es una sentencia de muerte segura*". Mi ritmo cardíaco se incrementó a medida que mi amigo continuaba. "Sólo negocia el precio. Quieren dinero pero no quieren que sus objetivos se vayan a la quiebra. Quieren desangrar —no matar".

"¿Tú has pagado antes?".

"¡He estado pagando por años!". No tenía idea que detrás de su comportamiento jovial, mi amigo había estado lidiando con algo tan aterrador. "Estas pandillas conocen nuestras direcciones, itinerarios e incluso los nombres de nuestros hijos. Mi familia y empleados todavía están vivos porque nunca he faltado al pago bimestral. Por eso les llaman vacunas a esos pagos".

Le agradecí y le marqué a un amigo que es dueño de un hotel.

"No pagues", me dijo. "Son como tiburones. Pueden oler la debilidad a kilómetros de distancia. Una vez que muerden por primera vez, no te soltarán. Cuando me llegó mi primer mensaje de extorsión el último año, compré una escopeta y fui directo con las autoridades".

"¿No te dio miedo que supieran que fuiste con la policía?".

"¿Y tú qué piensas, amigo? Con mi esposa cerca, tenía que fingir total valentía. Pero por dentro, estaba tan aterrado que no pude dormir por meses, y mi cabello se me volvió totalmente gris".

"¿Y luego qué pasó?".

"Dormía con la escopeta debajo de mi cama cada noche. De hecho, todavía lo hago. Afortunadamente, dejaron de llamarme. Han de haberse ido a buscar una presa más fácil".

"¿Qué tal si todo fue sólo una broma enfermiza?".

Mi amigo dijo que era posible. No era inaudito escuchar de víctimas de extorsión que descubren que el perpetrador era un vecino, colega o miembro familiar tratando de arruinarles la vida. "Pero algo como eso no se ignora por aquí", dijo él. Me advirtió que lo más atemorizante de la amenaza era la paranoia masiva que generaba. Sus empleados, al no saber si la amenaza vendría de lejos o de justo al lado, habían comenzado a dudar y a desconfiar unos de otros. Llamé a más amigos y descubrí que muchos de ellos habían tenido experiencias similares. Cada persona me dio una opinión distinta sobre cómo responder. Esa noche, tuve que apagar mi celular; cada vez que vibraba, el miedo y la ansiedad inundaban mi cerebro.

Por la mañana, me puse en contacto con el Departamento de Estado de los Estados Unidos y con la rama del Ejército estadounidense laborando en Honduras. Un oficial de la base militar me aconsejó no hacer el pago, y yo estuve de acuerdo. Me informó que una investigación sólo podría llevarse a cabo si yo presentaba una denuncia oficial en la nueva unidad antiextorsión de la fuerza policíaca hondureña. La idea de ir con las autoridades locales me recordó a Héctor, quien fue asesinado poco después de reportar un crimen.

Le pregunté al oficial de la base del ejército si era cierto que la policía local a veces se coludía con los criminales. Me confirmó que ciertamente pasaba. Pero me recordó que la unidad antiextorsión era completamente nueva y no tenía un mal historial. ¿Pero cuánto historial podría tener una unidad de reciente formación?

Decidí no denunciar el crimen, y en su lugar esconderme por el mayor tiempo que pudiera. Durante días, me mantuve mirando a todas partes con recelo, preguntándome si alguien estaba espiándome. Si todo esto era algún retorcido plan de alguien molesto para aplastar nuestros espíritus —lo cual sospechaban las autoridades— estaba funcionando. Varios empleados en puestos directivos decidieron dejar la organización por temor a perder sus vidas.

Cerré la escuela temporalmente —era demasiado arriesgado. Mientras caminaba por los patios vacíos, noté cosas que usualmente no notaba, como las aves revoloteando sobre mí y el olor del pasto recién cortado. Incluso pude sentir el sudor evaporándose de mis brazos. Mis ojos se concentraron en cada sombra con inusual intensidad. Daba miedo lo alerta que estaban mis sentidos. Las preocupaciones triviales que usualmente llenaban mi mente desaparecieron. Las extrañaba porque ahora mi mente estaba llena con la perdición de la inminente violencia y muerte azarosa. Me sentía como una gacela siendo acechada.

Esa noche, organicé una reunión con las familias. Expliqué la amenaza y les dije que mantendríamos la escuela cerrada hasta que la situación se resolviera. Algunos cerraron sus ojos y comenzaron a orar. Otros movieron la cabeza enojados y disgustados. Todos estaban intentando mantener la compostura, pero estaban desolados. Vi a algunos de nuestros alumnos asomándose por la ventana desde afuera. Estaban agrupados sobre el pasto, petrificados y preocupados.

"¡Yo digo que vayamos por ellos antes de que ellos vengan por nosotros!", gritó un padre que portaba un sombrero de ala ancha. "¿Quién de aquí dice que contratemos sicarios?". Varios padres gritaron y asintieron en aprobación. "¡Sólo díganme cuánto para cooperar!", dijo alguien del otro lado de la habitación. Intenté detener a un grupo de padres de hacer planes reales para contratar a un sicario. La gente comenzó a discutir y a gritar y perdí el control de la audiencia. Entonces Jairo habló. "Depende de la organización decidir qué hacer a partir de ahora. Tengo fe en que la escuela abrirá de nuevo. ¡Pero no importa qué decisión tomen, nosotros —las familias de Villa Soleada— protegeremos la escuela con nuestras vidas!".

"¡También nosotros de Barrio Amistad!", gritó alguien. "¡Y nosotros de Dos de Febrero!", exclamó alguien más. Unos cuantos más gritaron el nombre del barrio que representaban. Los padres decidieron formar una patrulla comunitaria para proteger la escuela y a su personal. "¡Simplemente haremos que sea imposible para cualquiera de esos criminales entrar!", dijo Jairo. La multitud aplaudió. Yo quería llorar, pero contuve las lágrimas.

Los niños más pequeños en la casa hogar estaban preparándose para ir a dormir cuando terminé mi reunión. Era tarde, pero Yalena y yo convocamos otra reunión con los adolescentes. Todos nos metimos en el salón de estudio. "¿Lo que están diciendo allá afuera es verdad?", preguntó José. Ahora estaba en colegio, y su voz era más grave. Pinturas que había elaborado en un estudio privado de arte en la ciudad cubrían las paredes del salón.

"Sí", respondí.

"¿Qué están diciendo allá afuera?", preguntó Pasífica. Ella se había unido a nosotros siendo una pequeña niña sólo semanas después de que inauguramos la casa para niñas; ahora ella, también, como José, estaba ya en colegio.

"Van a cerrar la casa hogar, ¿verdad?", agregó Gerson.

Sus hombros estaban hundidos, y sus ojos muy rojos y llenos de lágrimas. Esta era la primera vez que a los gemelos se les había invitado a unirse a la reunión con los chicos "grandes". Ya no eran pequeños niños. Estaban alistándose para asistir a la secundaria, donde aprenderían álgebra y leerían los mismos libros que sus pares en Estados Unidos.

"No", respondió Yalena, "para nada. Pero nuestra familia está bajo amenaza. Hemos recibido un mensaje de extorsión". Los adolescentes se quedaron boquiabiertos. "Necesitamos su ayuda para vigilar cualquier cosa sospechosa. Ahora son adolescentes, y los más pequeños acuden a ustedes para sentirse seguros. Tenemos que permanecer unidos y proteger a la familia".

José nos aseguró que la amenaza era sin dudas una broma enfermiza. Dejó salir una risa nerviosa, pero nadie más se estaba riendo.

"¿En qué te basas?", replicó Pasífica. "¡Estoy segura de que eso es exactamente lo que esos buseros dijeron! ¡Bajaron la guardia, y ahora están en el cementerio!". Se cubrió la cara con sus manos. Se refería a los cientos de trabajadores de la industria del transporte que habían sido ejecutados públicamente por extorsionadores en años recientes.

Después de la reunión, José corrió al pequeño salón de pesas que teníamos. Podía escucharlo haciendo sus pechadas y gruñendo más fuerte de lo usual. Pasífica fue al interior de la casa a revisar que los niños más pequeños estuvieran bien. Pablo, Gerson y algunos de los niños más jóvenes se reunieron afuera, debajo de una lámpara. Se dividieron en pares y caminaron alrededor del perímetro de la propiedad. Otros estaban portando armaduras hechas de cartón.

"Hemos formado la patrulla comunitaria del Hogar de Niños Villa Soleada", me dijo Pablo, cuando le pedí, "proteger la casa y a los más pequeños". Él gritó un sonido extraño y blandió una rama en el aire, casi golpeándome en la cabeza.

"Nosotros dos", añadió Gerson, "nos hemos elegido líderes de la patrulla".

Vi a los hermanos pelear a espadazos entre ellos con ramas. Eventualmente, comenzaron a darles órdenes a los niños más pequeños, quienes salían corriendo en sus pijamas. Todos se lanzaban por doquier en el jardín, gritando y golpeando lo que tuvieran al alcance. Parecía que no había una solución. Pero, mientras los observaba, supe que yo era, sin duda, la persona más cobarde del planeta. Estaba tan asustado de avanzar con la investigación que había planeado esperar a que los extorsionadores dieran el primer paso. Bien pude haberlo llamado *la estrategia del blanco fácil*. Mientras tanto, las familias de Villa Soleada, quienes ya habían arriesgado sus vidas en múltiples ocasiones para proteger a la comunidad, e incluso los niños de la casa hogar, hacían lo que estaba en su poder para proteger a la organización. Me daba vergüenza haber sido tan pasivo. Ser proactivo y presionar era la única manera de no sentirme perseguido. Decidí tomar acción.

* * *

Poco después del incidente de extorsión, Juan Orlando Hernández ganó su segundo término como presidente de Honduras en una elección que fue criticada como fraudulenta. En protesta, decenas de miles de hondureños salieron a las calles. La inestabilidad social se desató por todo Honduras a medida que los protestantes quemaron llantas, bloquearon las principales carreteras y se enfrentaron con la policía. Más de treinta civiles fueron asesinados. La desesperación siguió cuando los supermercados y los almacenes de alimentos en la ciudad comenzaron a quedarse sin productos. Las pandillas y los criminales tomaron ventaja de la inestabilidad. Esperaban en los retenes y les cobraban a aquellos que querían cruzar caminando. Recientemente habíamos reabierto la escuela bilingüe después del incidente de extorsión; ahora teníamos que cerrarla por tercera ocasión en siete años.

En ese entonces, nuestra organización estaba intentando construir ocho escuelas públicas por todo el norte de Honduras. Los disturbios a nivel nacional hicieron que el proceso fuera complicado y peligroso. Cuando los caminos estaban bloqueados, teníamos que regresar o no podíamos comprar suministros. La carretera que conduce a nuestro proyecto en la escuela del barrio Yolanda Meléndez, donde las familias dependían de los plantíos de piña, estaba cerrada la mayoría de las veces. Pero el equipo de construcción estaba comprometido a cumplir el plazo de entrega. Por demasiados años, los niños en Yolanda Meléndez habían recibido clases en una escuela de una sola habitación que tenía dañado el techo. Durante las protestas, Wilfredo, Adriano y varios otros de nuestros albañiles de Villa Soleada decidieron quedarse y dormir en la comunidad para terminar el proyecto.

El día final de la construcción, decidí unirme a los albañiles mezclando y vertiendo el concreto para construir el piso. No sería de mucha ayuda, pero construir el piso, lo cual requirió de más de cuarenta personas para lograrse, reforzó nuestro sentido de camaradería como ninguna otra cosa. Yo lo disfrutaba —y también los albañiles, quienes se burlaron de mi torpeza durante todo el día. Me subí al bus con un grupo de estudiantes voluntarios de Estados Unidos quienes estaban emocionados por conocer a la comunidad. A medida que el busero encendía la radio, miré por la ventana y me pregunté si habría bloqueos en el camino. Sería un gran inconveniente, pero al mismo tiempo, comprendí por qué la gente lo hacía. Para 2018, Honduras era uno de los países más desiguales en Latinoamérica.[37]

Mientras nos íbamos de Villa Soleada, reflexionaba sobre todas las escuelas que nuestra organización había construido a lo largo de los años...

―――― CAPÍTULO DIECISÉIS ――――

NUNCA CONOCERÁS TUS LÍMITES SI NO LOS PONES A PRUEBA

NUESTRA LABOR POR CONSTRUIR ESCUELAS A TRAVÉS DE Honduras comenzó en 2008, con un encuentro casual.

Estaba esperando en la fila de la municipalidad para que me firmaran unos documentos. Un hombre salió de la oficina del alcalde y se sentó en frente de mí. Se veía perturbado. A veces me pregunto si la gente piensa que soy entrometido, pero ese día, me ganó la curiosidad. Le dije, "perdóneme", y le pregunté por qué se veía tan molesto.

Se alegró, parpadeó unas cuantas veces y me contó la historia de su vida y la historia de su comunidad. Resultó que él realmente quería hablar con alguien. Él era el padre elegido por la asociación de padres de Por Venir, una comunidad no muy lejos de Villa Soleada. Durante años, había estado rogándole al alcalde por ayuda para construir una escuela en su comunidad. En cada ocasión, esperaba en la fila por más de dos horas en su oficina, sólo para que le dijeran que regresara al año siguiente. Este año no fue la excepción.

Me confesó que detestaba tener que entregarle las mismas malas noticias a su comunidad. Así que estaba sentado ahí, retrasando el momento. Mientras escuchaba, compartía un par de relatos míos y me reía con él, comencé a preguntarme si había algo que yo pudiera hacer para ayudar. Cuando le conté que trabajaba en una organización no gubernamental, se emocionó. Me invitó a visitar el proyecto educativo de su comunidad. Esperó a que firmaran mis documentos, y luego manejamos hacia Por Venir.

"Ya llegamos", dijo él, mientras nos estacionábamos en la escuela improvisada de la comunidad. Parecía una casa rodante deteriorada hecha de madera podrida, malla de gallinero y láminas de hojalata oxidada. La estructura crujía y me cayó polvo en la cabeza cuando toqué una de las columnas de madera. Las clases tenían que cancelarse cuando llovía —lo cual sucedía a menudo— porque el agua se filtraba por agujeros en el techo de hojalata. Doscientos estudiantes estaban atiborrados en el edificio, compartiendo sólo cincuenta pupitres. Los maestros habían intentado disminuir el ruido entre los diferentes grados utilizando pedazos de madera podrida para dividir el edificio en tres secciones. Ahora comprendía por qué el hombre esperaba en la misma fila, año tras año.

Ese mes, nuestra organización ganó una competencia de votación en línea y nos premiaron con suficiente dinero como para construir una escuela de tres salones en Por Venir. Esta fue la primera vez que conocí a Marco, el hombre que más tarde contrataría para convertirse en el maestro de obra en jefe de SHH durante nuestra reestructuración, y quien se convertiría en una piedra angular de nuestra comunidad. En 2008, era un padre con ojos cafés oscuro que se ofreció a ayudar en la construcción gratuitamente ya que su hijo asistía a la escuela. Durante el proceso de planeación, releí mi gastada copia de *Leaving Microsoft to Change the World* ("Dejando Microsoft para cambiar al mundo") con gran emoción. El libro, escrito por John Wood, un exejecutivo de Microsoft, es su biografía respecto a cómo renunció a su trabajo corporativo para comenzar Room to Read, una organización que ha construido escuelas y provisto de oportunidades educativas a niños por todo el mundo. Cosmo y yo habíamos utilizado el libro de Wood como una guía para llevar a cabo proyectos de construcción en Villa Soleada. Lo usamos de nuevo para construir la escuela en Por Venir. John creía en la importancia de crear soporte comunitario por medio de involucrar a la comunidad en cada paso del proceso. El proceso era conocido como "desarrollo participativo". John también les pidió a las comunidades asociadas proveer equidad de sudor —o contribuir con trabajo manual. Hacer que la comunidad tuviera un sentido de orgullo y de responsabilidad por un proyecto maximizaba su éxito a largo plazo. Wood también animó a organizaciones a crear alianzas con gobiernos y negocios locales. Lo intentamos y funcionó. Convencimos al alcalde de El Progreso de donar toda la arena que necesitábamos para mezclar el concreto para todos nuestros proyectos escolares en la ciudad.

Cuando Marco comenzó con la construcción, se enfrentó con un problema para el cual Wood no nos había preparado —*tantos padres se presentaron como voluntarios, que tuvo que rechazar a bastantes.* Yo los visité esa primera semana y vi a docenas de padres, madres y abuelos excavando zanjos y cargando bloques de concreto. Mientras observaba cómo los muros rápidamente eran levantados, me preguntaba lo que John Wood debe haberse dicho a sí mismo cuando presenciaba la construcción de las primeras escuelas de Room to Read. ¿Tenía la menor idea de que su organización eventualmente estaría construyendo miles de escuelas y bibliotecas por todo el globo beneficiando a millones de niños? Yo esperaba que nuestros esfuerzos estuvieran aportando su granito de arena a la visión de Wood de una mayor educación en el mundo.

Cuando la escuela de tres salones fue completada, los maestros pintaron las paredes de amarillo. Una maestra dijo que el color representa alegría, felicidad y energía. No estaba seguro de si se lo había inventado, pero esas eran ciertamente las emociones que tuve el día de la inauguración. En la ceremonia para cortar el listón, Marco dijo algo tan descabellado que hizo que los dos nos riéramos: "¡Si Dios quiere, SHH un día construirá escuelas como esta para cinco o *diez* comunidades en Honduras!".

* * *

Mientras que la escuela en Por Venir estaba siendo construida, me reuní con residentes de Villa Soleada para averiguar cómo íbamos a solucionar un gran obstáculo en nuestra vía de la cuna a la universidad: la seguridad laboral parental. Los niños comían mejor en casa, les iba mejor en la escuela y crecían en hogares más estables cuando los padres tenían empleo. Dada la tasa de analfabetismo en la comunidad y la deprimida economía en la ciudad, era difícil para los residentes encontrar trabajo. Los miembros de la comunidad y yo habíamos hecho una lluvia de ideas para crear empleos, como cultivar y vender frutas o construir un negocio de ropa o de manufactura de calzado. Pero ninguna de las ideas propuestas se alineaba con las habilidades y recursos con los que la comunidad contaba.

Rápidamente, se esparció la noticia en la región de que nuestra organización había construido una escuela en Por Venir. Pronto, padres y maestros de otras comunidades nos dijeron que ellos también necesitaban escuelas. Parecía que cada comunidad estaba dispuesta a proveer la tierra y las cuatro mil a cinco mil horas de trabajo no cualificado necesarias para completar cada proyecto. Pero había un problema —muchas de ellas no tenían albañiles profesionales para proporcionar un trabajo de calidad. Los padres en Villa Soleada dijeron que ellos ayudarían a construir las escuelas. Contratamos a Wilfredo, su hermano Adriano y a unos cuantos más para ver cómo salían las cosas. Funcionó. *Habíamos convertido un problema en una oportunidad.* Junto con Marco —quien para entonces estaba trabajando para SHH como nuestro maestro de obra— construyeron escuela tras escuela, ayudándonos a crear un proceso de construcción que llevábamos de una comunidad a la siguiente. Contratamos a cada padre en Villa Soleada que quisiera trabajar con nosotros como albañil. Mientras avanzamos, los adolescentes de la comunidad, incluyendo a muchos de la LMDVS, comenzaron a unirse. Eran aprendices de los padres, y cuando completaban su entrenamiento, se volvían parte del equipo. Juntos, viajábamos de comunidad en comunidad con palas, paletas y martillos en la mano. Construir escuelas nos permitió atender la crisis educativa del país y simultáneamente darle seguridad laboral a Villa Soleada.

En algún punto, comenzamos a preguntarnos exactamente a cuántas comunidades en Honduras les faltaban instalaciones escolares adecuadas. Si queríamos fijarnos una meta a largo plazo y averiguar cómo alcanzarla, necesitábamos comprender la escala del desafío. Nuestro personal viajó a Tegucigalpa y visitó distintas áreas de la Secretaría de Educación hondureña. Nuestro personal normalmente portaba sombreros y botas lodosas en el trabajo; nos reíamos sobre lo graciosos que nos veíamos en camisas de vestir. Nuestra visita final fue a PROHECO, una rama de la secretaría que trabajaba en las comunidades más pobres y rurales de Honduras. Ahí, un funcionario nos mostró una tabla con la respuesta que estábamos buscando.

De las más de tres mil escuelas con las que PROHECO trabajaba, aproximadamente mil no tenían instalaciones escolares adecuadas. La oficina estaba repleta de peticiones de comunidades asociadas para construir instalaciones escolares, pero simplemente no tenían los fondos. El funcionario nos pidió aliarnos con PROHECO para construir estas instalaciones. Estuvimos de acuerdo.

"¿Cuántas pueden construir?", preguntó él.

Miré alrededor y pensé, *alrededor de cien*. Se sentía como algo descabellado, pero pensé que si trabajábamos duro, podríamos lograrlo. Luego Marco levantó la mano y dijo un número que nos tomó a todos por sorpresa: "*¡Mil!*". No estaba bromeando.

La construcción de la escuela en Por Venir había impactado al hijo mayor de Marco y a la comunidad entera a tal grado que él quería darle eso a tantas comunidades como fuera posible. "¿Qué se requeriría", preguntó Marco, "para que podamos proveerles a los niños de nuestro país acceso universal a instalaciones escolares adecuadas como a las que va mi hijo?". En ese entonces, construir cada escuela de tres salones costaba alrededor de $25,000 dólares. Hice las cuentas. Sin considerar la inflación, necesitaríamos recaudar un mínimo de $25 millones de dólares para construir las mil escuelas. La meta iba más allá de nuestra zona de confort y se estiraba lo que considerábamos posible. Por alguna razón, la meta —la cual era diez veces más grande que la original— me dio una ráfaga de entusiasmo que nunca había sentido antes. Decidimos apoyar la visión inspiradora de Marco.

El funcionario de PROHECO nos agradeció. Estrechó nuestras manos vigorosamente como si ya hubiéramos construido las mil escuelas. Eso me preocupó. Súbitamente comencé a preocuparme de que nuestra decisión estaba basada en el autoengaño y en un optimismo ciego. Pero resultó que un objetivo más audaz era exactamente lo que necesitábamos. Para mi sorpresa, la nueva meta emocionó a nuestros colaboradores. En vez de recaudar fondos para construir una o dos escuelas por año, comenzaron a patrocinar tres o cuatro escuelas y a veces más.

Marco y el equipo de albañiles de Villa Soleada pusieron sus corazones y almas en la labor. Cuando descubrimos que una escuela cercana se inundaba cuando llovía, les construimos salones elevados. Cuando descubrimos que los niños de la aldea de Bella Aurora estaban estudiando dentro de una sala de billar local porque no tenían instalaciones escolares, el equipo se puso manos a la obra. Comenzamos desenterrando piedras del rocoso terreno que la comunidad había donado. Cuando las piedras eran demasiado pesadas, pedimos la ayuda de un bulldozer. Cuando las rocas rompieron la hoja del bulldozer, pedimos la ayuda de una excavadora. Cuando averiguamos que Unidos Venceremos, una aldea sin electricidad ni una fuente de agua confiable, estaba operando una escuela hecha de lodo, paja y piso de tierra, les ayudamos a construir una escuela con baños que tenía un sistema de captación de agua en el techo. Construimos una escuela para un grupo de niños con necesidades especiales en la ciudad de Potrerillos. Construimos un conjunto de nuevos salones para una secundaria vocacional que ayudaba a estudiantes de bajos ingresos a encontrar trabajos en las fábricas textiles locales. Construimos escuelas en comunidades marginadas escondidas en los campos bananeros, arriba de las montañas, en las laderas de colinas y dentro de plantaciones de caña de azúcar. La inscripción para algunas escuelas creció tanto que regresamos para construir un segundo edificio escolar en varias comunidades. En 2016, establecimos un récord organizacional y completamos diez proyectos de escuelas en un año.

* * *

A medida que construimos escuelas, invitamos a patrocinadores y voluntarios de nuestras sedes estudiantiles a unirse a nuestros esfuerzos en Honduras. Nuestros invitados más jóvenes estaban en primaria. Otros pasaban su jubilación haciendo voluntariado con nosotros. Nuestros colaboradores venían por una semana y trabajaban al lado de los miembros de la comunidad, a la vez que exploraban Honduras. Cavaban zanjos, movían bloques de concreto y fijaban varillas para ayudar a los albañiles que se encargaban del trabajo especializado. Trabajaban con miembros de la comunidad, comían con ellos y aprendían sobre sus esperanzas y luchas. Por medio de la experiencia compartida, los voluntarios entendían el esfuerzo físico y mental que los miembros de la comunidad estaban dispuestos a poner en los proyectos escolares. Se iban a casa con un poderoso sentido de camaradería. Estaba orgulloso de que los voluntarios contribuirían a la causa y encontrarían la experiencia conmovedora y gratificante.

A menudo recibía mensajes de voluntarios que me decían lo transformadoras que habían sido sus experiencias. Por ejemplo, después de hacer voluntariado con nosotros, Colette Eustace, una estudiante de la Universidad Stony Brook, cambió de carrera de diseño de modas a relaciones internacionales, obtuvo una maestría en desarrollo internacional y encontró un trabajo en UNICEF. Anne Marie Boswell, quien era la presidenta de la sede en la Universidad Clemson, abandonó su pretensión de perseguir una carrera en el mundo corporativo estadounidense y se unió a Teach for America. Matt Murray, quien hizo voluntariado con nosotros mientras estudiaba en Virginia Tech, renunció a su trabajo como consultor corporativo para trabajar con nosotros en Honduras durante un año. Después de enseñar inglés en nuestra escuela bilingüe, regresó a Richmond, Virginia. Ahí, obtuvo una maestría en educación y empezó una carrera en su nueva vocación: enseñar.

Con el paso de los años, el número de voluntarios que se unieron a nosotros aumentó. Dado el hecho de que Honduras era el país más violento del mundo (sin contar los países en guerra) a principios de la década de 2010, el número de llamadas telefónicas que recibíamos de padres preocupados también aumentó —pero eso no nos detuvo. Pronto, estábamos recibiendo a cientos de voluntarios cada año. El ingreso que obteníamos de las cuotas de los voluntarios nos ayudó a construir más escuelas y a contratar más albañiles. Sin embargo, la cantidad de recursos y logística que requería organizar las experiencias comenzaba a sentirse abrumador. Luchábamos para averiguar cómo proveer de orientación, comidas, alojamiento y transporte a cientos de personas en un lugar donde había constantes cierres carreteros, inestabilidad social, desastres naturales, apagones y alertas de seguridad. Eventualmente, nuestro pequeño equipo no pudo con la demanda. Comenzamos a cometer errores descuidados —como ordenar una cantidad incorrecta de herramientas de construcción, llegar al aeropuerto en un horario equivocado y olvidar las alergias de las que los voluntarios nos contaban. Yo dormía tan poco que a menudo olvidaba qué día de la semana era. Necesitábamos más ayuda.

Incluimos a padres de Villa Soleada en el personal. Un grupo administraba la casa de huéspedes que edificamos cerca de la escuela bilingüe. Otro cocinaba las comidas. Otros ayudaban a comprar y preparar los materiales —los cuales comprábamos a familias propietarias de negocios para incrementar la economía local. *Lo que previamente pensé que era una crisis se convirtió en una oportunidad para crear empleos.* Para mejorar la experiencia, leí libros sobre organizaciones sin fines de lucro que creaban experiencias de voluntariado excepcionales —como BuildOn y Kaboom!— y compañías que eran reconocidas por su hospitalidad —como Starbucks, Zappos, Virgin, In-N-Out Burgers y Union Square Hospitality Group. Puse sus ideas en práctica. Escuchamos a voluntarios y repartimos encuestas de evaluación. Por medio de la prueba y el error, mejoramos nuestras comidas, entrenamiento de personal, condiciones de alojamiento, eficiencia laboral, medidas de seguridad e incluso la música que poníamos en los buses. Funcionó. Para 2015, nuestro programa era tan popular y reconocido que casi mil voluntarios se nos unían en Honduras cada año. Estábamos organizando experiencias que cambiaban vidas, creando empleos y recaudando más dinero para nuestro proyecto de construir escuelas de lo que jamás imaginamos. Todo estaba bien, pensé.

Entonces, en 2015, descubrí una plática TEDx que me conmocionó. Se llamaba "What's Wrong with Volunteer Travel?" ("¿Cuál es el problema con los viajes de voluntariado?"). En este apasionante discurso, Dina Papi-Thornton, quien dirigía una organización de viajes de voluntariado en Camboya, hablaba sobre esta industria. A muchos programas, a menudo dirigidos por corporaciones de agencias de viajes, les faltaban involucramiento comunitario, comprensión cultural, evaluaciones de proyecto y sustentabilidad. Fallaban en beneficiar —y a veces hasta dañaban— a las comunidades que afirmaban ayudar. Papi siguió explicando que los programas de voluntariado muy seguido se concentraban demasiado en servir y no lo suficiente en aprender. En lugar de que el aprendizaje fuera un subproducto de servir a los demás, ella creía que aprender de los otros debía ser la meta principal de servir. Ella dijo, "Hacer sin aprender es ignorancia. Aprender sin hacer es egoísmo".

El discurso de Papi me afectó profundamente. Lo compartí con mi personal y conduje varias reuniones para dialogar sobre su filosofía. A medida que examinábamos el programa de voluntariado de nuestra organización, nos dimos cuenta de que estábamos cometiendo vergonzosas equivocaciones. Los voluntarios a menudo usaban camisetas sin mangas y shorts en los sitios de trabajo —lo cual estaba fuera de las normas culturales en Honduras. A veces llevábamos a voluntarios de corta estancia al orfanato público a jugar con niños que no tenían cuidadores primarios estables— lo cual tenía el potencial de potencializar trastornos de apego. Nuestra página web tenía más fotografías e historias de nuestros voluntarios extranjeros que de los hondureños locales que hacían la gran mayoría del trabajo— esto era condescendiente y una distorsión de la realidad. Y ciertamente estábamos enfatizando el servicio más que el aprendizaje. Estábamos demasiado enfocados en la experiencia de los voluntarios y no lo suficientemente concentrados en las experiencias de los miembros locales de la comunidad. Nuestra falta de autoconciencia y consideración eran evidentes.

Para adentrarme más, leí libros como *Toxic Charity: How the Church Hurts Those They Help and How to Reverse It* ("Caridad tóxica: Cómo iglesias y caridades lastiman a aquellos que ayudan, y cómo revertirlo"); *Cuando ayudar hace daño: Como aliviar la pobreza, sin lastimar a los pobres ni a uno mismo*; y más tarde el libro de Dina Papi-Thornton, *Learning Service: The Essential Guide to Volunteering Abroad* ("Servicio de aprendizaje: La guía esencial para hacer voluntariado en el extranjero"). Conocí historias de terror en las que les pedían a voluntarios construir proyectos que las comunidades no necesitaban realmente; edificaban estructuras sin la ayuda de albañiles profesionales; o eran ubicados en orfanatos falsos. Me sentía tan repugnado y abrumado por lo que aprendí. Más de una vez, consideré cerrar nuestro programa de voluntarios. Pero en mi interior, sabía que no todos los programas eran iguales. Era injusto señalar sólo los malos ejemplos y demonizar a la industria entera.

Decidí averiguar si un programa de viaje de voluntariado podía tener un impacto positivo *tanto en los participantes como en las comunidades locales*. No sólo quería averiguarlo, quería demostrarlo. En vez de ponerle fin al programa, decidí arreglarlo. Examiné organizaciones como Hábitat para la Humanidad y BuildOn que eran programas de viajes de voluntariado de alta calidad, y me puse a trabajar. Creamos estrictos códigos de vestimenta, dejamos de llevar voluntarios al orfanato público, mejoramos nuestro entrenamiento en el sitio de trabajo y nuestros protocolos de seguridad, organizamos talleres sobre el contexto histórico y cultural de trabajar en Honduras, y agregamos más tiempo para las reflexiones de grupo y discusiones críticas. Comenzamos a ayudar a los voluntarios a pensar más allá de sus cortas visitas y concentrarse en maneras en las que pudieran ayudar a lo largo del año. Los entrenamos en la construcción de movimientos, recaudación de fondos y planificación de eventos. Funcionó. Pronto, nuestras sedes comenzaron a recaudar más fondos que nunca y a extender la concientización sobre nuestra causa de maneras creativas. Lo que les hacía falta era el conocimiento y habilidades que pudieran ayudarles a crear un impacto a largo plazo y, en ocasiones, para toda la vida.

Ahora, necesitábamos modificar nuestro sitio web y material publicitario, pero no sabíamos cómo continuar. No había un libro de texto que nos guiara. Entonces el Dr. Shawn Humphrey, un miembro de nuestra junta directiva y profesor de economía en la Universidad de Mary Washington, compartió con nosotros algo en lo que estaba trabajando. Se llamaba el *Manifiesto del Ayudante*. Un párrafo decía: "Sólo somos visitantes que no comparten su historia, que no comparten su cultura, que no pagan sus impuestos, que no votan en sus elecciones, que sólo están involucrados por cortos períodos de tiempo, quienes nunca hemos acabado con nuestra propia pobreza. En la historia del fin de la pobreza, no podemos ser héroes. Somos ayudantes". Shawn no pensó que nadie más fuera a leer el Manifiesto. Resultó que el Manifiesto era exactamente lo que la comunidad del desarrollo económico deseaba con avidez. Cuando se hizo público, se volvió viral. Incontables organizaciones que lo leyeron se comprometieron a: *ir en el asiento del copiloto, ser el suplente constante, salir del reflector, ejercer la humildad narrativa y colgar su capa*. Nosotros lo hicimos también. Modificamos nuestros sitio web y materiales publicitarios basándonos en ese compromiso.

* * *

A medida que construíamos más escuelas, quería saber si lo que estábamos haciendo *en los hechos* estaba funcionando. Había leído sobre tantos proyectos de desarrollo con buenas intenciones que terminaban sin conseguir los resultados esperados —y, en algunos casos, eran abandonados o inutilizados. Incluso aunque habíamos estado siguiendo la guía de John Wood para construir escuelas, no teníamos los datos como para comprobar nada. Decidimos encontrarlos. Leí *Repensar la pobreza: Un giro radical en la lucha contra la desigualdad global* de Abhijit V. Banerjee y Esther Duflo y *More Than Good Intentions: Improving the Ways the World's Poor Borrow, Save, Farm, Learn, and Stay Healthy* ("Más que buenas intenciones: Mejorando las maneras en que los pobres del mundo piden prestado, ahorran, cultivan, aprenden y se mantienen sanos") por

Dean Karlan y Jacob Appel, para aprender acerca de cómo los ensayos controlados aleatorios (RCT por sus siglas en inglés) —el tipo de estudios utilizados en laboratorios médicos para ver qué tan efectivo es una medicamento o una intervención— podrían ser usados en proyectos de reducción de la pobreza. Con gran emoción, llamé a agencias que realizaban tales estudios de evaluación para ver si podían recolectar información por nosotros. Pero la realidad fue difícil de asumir. Encontré que estas agencias evaluadoras trabajan principalmente con organizaciones con presupuestos gigantescos. Implementar sus estudios de menor precio costaba decenas de miles de dólares. Nosotros éramos pequeños y cortos de dinero. Luego de unos cuantos días negando con la cabeza ante la situación, comencé a investigar nuestras opciones. Encontramos que Acumen, una galardonada organización que ofrecía talleres de desarrollo en línea, había desarrollado un método simplificado de medición de impacto llamado Lean Data. Lean Data te permite recolectar retroalimentación de clientes y beneficiarios utilizando medios informales pero prácticos. Estaba diseñado para pequeñas organizaciones sin fines de lucro y emprendimientos sociales que no tenían acceso al tiempo y presupuesto requerido para realizar ensayos de control aleatorios u otros estudios rigurosos de evaluación. Usando el método de Lean Data, decidimos recolectar la información nosotros mismos.

Elaboramos una encuesta y visitamos a las comunidades con las que habíamos trabajado. La información que recolectamos sugería que, después de completar un proyecto escolar, la inscripción escolar aumentaba en promedio un 39.1 por ciento. El promedio de clases canceladas por la lluvia o protección inadecuada ante el clima bajaba de catorce días por año (lo cual en doce años equivale a casi un ciclo escolar) a menos de un día al año. El promedio de maestros por escuela incrementaba de 6.5 a 8.5, lo cual significaba que habíamos creado docenas de trabajos. Entre los participantes, 97 por ciento estuvo de acuerdo en que estaban más orgullosos de su escuela después de completar el proyecto; 94 por ciento estuvo de acuerdo en que creían más en la capacidad de las mujeres para contribuir a proyectos; y 98 por ciento de los maestros y directores estuvo de acuerdo en que el proyecto los ayudó a realizar mejor sus trabajos.

No obstante, la información no era suficiente para ayudar a nuestro equipo a superar nuestra abrumadora sensación de insuficiencia. Sabíamos que nuestras escuelas socias carecían de acceso a herramientas básicas como tecnología, libros de texto, novelas infantiles y prácticamente a todo lo demás. Los retos río arriba en Honduras —como la deserción escolar debido a la pobreza, violencia y migración— parecían empeorar e incluso acelerar con el paso de los años. Eventualmente, tuvimos que confrontar una realidad brutal —los estudiantes y maestros necesitaban más que sólo un edificio para tener éxito.

* * *

Revisamos incontables estudios para descubrir qué variables estaban afectando más el rendimiento estudiantil. Aprendimos que lo más importante era la efectividad del docente. Pero en esos tiempos en Honduras, muchos maestros no tenían carreras universitarias en educación, en particular en las zonas rurales. Además, las oportunidades continuas de crecimiento profesional, las cuales son una parte importante en la profesión de maestro en los países de altos ingresos, básicamente no existían.

En 2016, comenzamos un programa de capacitación de maestros llamado Train for Change (Entrenar para el Cambio) bajo el liderazgo de Maxie Gluckman, la educadora de San Diego que nos había ayudado a revivir nuestra escuela bilingüe cuando la cerramos durante nuestro primer año de operaciones. Maxie puso en práctica su experticia en el diseño de planes de estudio y su desarrollo de capacidades de liderazgo y docencia. Ella y su equipo de educadores hondureños se dispusieron a proveer doscientas horas de clases de desarrollo profesional —con un enfoque en alfabetización temprana, planeación de clases e involucramiento de los estudiantes en el pensamiento crítico— a los maestros que trabajaban en nuestras comunidades asociadas. Al momento de la redacción de este libro, el programa ha alcanzado a 160 maestros en veinticuatro escuelas. A los maestros que pasaron por la capacitación les fueron dadas oportunidades de compartir su conocimiento en otras escuelas para ampliar los esfuerzos del Train for Change.

* * *

De 2008 a 2018, pasamos diez años construyendo tantas escuelas como pudimos. Dina había ganado su concurso de deletreo, habíamos superado una amenaza de extorsión, Honduras estaba de vuelta en las garras de la inestabilidad social, y yo estaba en camino a mezclar concreto para la escuela comunitaria Marta Yamilet Meléndez.

Cuando llegamos a la escuela, más de veinte padres ya estaban mezclando concreto. Nos saludaron de mano y nos ofrecieron fruta picada. Poco después, los voluntarios, incluyendo a Alex, un hondureño-estadounidense que vivía en Alaska y su hijo de diez años A.J., se pusieron sus guantes de trabajo y se unieron a los miembros de la comunidad. Mientras veía a casi cien padres y voluntarios trabajar juntos al unísono, tomé mi botella de agua y me senté a descansar en la sombra. Marco se acercó. Su cara estaba cubierta de tierra y sudor.

Mientras nos saludamos, esperé que él sintiera mi mano más dura y callosa en comparación a diez años atrás cuando lo conocí. Observé a Marco mezclar concreto a una increíble velocidad al lado de un grupo de hombres jóvenes. Marco había estado comiendo más sanamente, principalmente una dieta a base de plantas durante ese año. Tenía cuarenta y cuatro años en ese entonces; él decía que quería maximizar sus probabilidades de vivir lo suficiente como para construir todas las escuelas que se había propuesto. Yo cerré los ojos e imaginé cómo se sentiría estrechar su mano el día de la colocación de la primera piedra del milésimo proyecto escolar. Me imaginé a un Marco envejecido, con más arrugas y cabello gris, excavando la tierra al lado de sus hijos ya crecidos y sus nietos. Sin duda, aún estaría demostrándonos que podía trabajar más rápido y más duro que cualquiera. Me puse bloqueador y apreté un poco más las cordones de mis botas.

"Toma agua", dijo una voz familiar. Era Pablo. Él estaba acompañándonos por el día para ayudar como traductor voluntario. Habiendo estudiado durante seis años en la Escuela Bilingüe Villa Soleada, estaba comenzando a poner en práctica sus habilidades en el inglés. Rellenó mi botella de agua usando un botellón. Me dio una palmada en el hombro, tomó una pala y se fue corriendo como el viento. Se unió a Gerson, quien estaba traduciendo y haciendo reír a un grupo de voluntarios con sus chistes. Con los años, los gemelos me habían acompañado a incontables construcciones de escuelas por todo el país. Ya estaban en séptimo grado y eran capaces de mezclar concreto tan rápido como los adultos. Eran inseparables, como Wilfredo y Adriano. Agité la cabeza ante lo rápido que había pasado el tiempo.

Cuando AJ y un grupo de niños vertieron el último balde de concreto para terminar el piso, la audiencia rompió en júbilo. A.J., quien estaba cubierto de lodo, me chocó los cinco y se fue corriendo con un balón de fútbol junto a los niños de la comunidad. Alex se acercó y me comentó lo orgulloso que debía sentirme. Después de todo, Yolanda Meléndez fue el cuadragésimo primer proyecto de construcción de la organización. Para entonces, teníamos un personal de setenta empleados —un 90 por ciento de ellos hondureños, incluyendo a cada uno de los directores de programa. Habíamos evolucionado exitosamente a ser una organización impulsada por el liderazgo local. Le asentí a Alex, pero no le dije cómo me sentía realmente.

* * *

No le conté a Alex que debajo de los éxitos externos, estábamos enfrentándonos a un creciente problema internamente. Estábamos recaudando cientos de miles de dólares por medio de nuestras campañas de aportaciones únicas para construir más escuelas —pero nos estábamos quedando sin dinero para dirigir la organización. Durante años, dependimos de las cuotas de viaje de los voluntarios para cubrir gran parte del costo de dirigir la escuela bilingüe, la casa hogar y nuestros gastos generales (los cuales involucraban cosas como salarios, beneficios, seguros, capacitación de personal, renta de oficina, cuentas de servicios, tecnología, recaudación y publicidad). Dada la naturaleza volátil de Honduras, el número de voluntarios que se nos unía variaba significativamente de año en año. Esto volvía la planeación a largo plazo —y dormir pacíficamente por las noches— algo casi imposible. Además, a medida que la inestabilidad social y la cobertura negativa de la prensa comenzaron a sumarse a la violencia, el número de voluntarios dispuestos a viajar a Honduras disminuyó.

A medida que crecían la organización y el costo de operar nuestros programas, nos las arreglamos para sobrevivir financieramente por medio de reducir nuestros ya de por sí austeros gastos operativos. Cada empleado que ya estaba haciendo dos trabajos comenzó a hacer tres. Invertimos menos en cosas como cenas de equipo, celebraciones y reconocimientos al personal. Gastábamos cerca de nada en recaudación y publicidad —durante casi una década, yo había sido el único miembro del equipo a cargo de la recaudación. De cierta forma, estaba orgulloso; cuando les contaba a posibles donantes lo bajos que eran nuestros gastos de operación, me halagaban. Pero algo dentro de mí me decía que íbamos por el camino incorrecto. Una charla TED dada por Dan Pallotta, un activista humanitario quien trabajaba en el sector de las organizaciones sin fines de lucro, reveló que lo que estábamos haciendo era, en realidad, suicida.

En su charla, "La forma de ver la beneficencia es totalmente incorrecta", Pallotta condena a los donantes y a las organizaciones de evaluación de caridad por recompensar a las organizaciones sin fines de lucro basándose en cuán bajo podían mantener sus gastos operativos, en vez de por el impacto que generaban. Los incentivos que creaban forzaban a las organizaciones no lucrativas a mostrarse tímidas de invertir en innovadoras iniciativas de recaudación, campañas de publicidad y personal. Como resultado, las organizaciones no lucrativas funcionaban con un equipo demasiado sobrecargado de trabajo, insuficientemente remunerado y agotado. Correspondientemente, no podían alcanzar audiencias más amplias, escalar sus programas, ni alcanzar todo su potencial —y los mayores retos del mundo permanecían sin resolverse. Al final de la charla, Pallotta urge a las organizaciones no lucrativas a retar el estatus quo e invertir *más* en sus gastos operativos y en su gente —no *menos*.

La charla TED de Pallotta me hizo darme cuenta de que había tomado el enfoque equivocado al dirigir la organización. En lugar de fortalecer la base debajo del rascacielos que estábamos intentando construir, había estado taladrando hoyos en ella. Para cuando le asentí a Alex, nuestro presupuesto operativo era peligrosamente bajo. En cuestión de meses, o unos cuantos años a lo sumo, nuestra organización cesaría de existir —con dinero aún en el banco para construir escuelas (legalmente, fondos recaudados para un proyecto específico no pueden ser usados para nada más). Lo que había hecho con la organización no era nada de qué enorgullecerse. Era mi mayor fuente de vergüenza.

— CAPÍTULO DIECISIETE —

NINGUNA LUCHA ES INSUPERABLE SI LA ENFRENTAMOS JUNTOS

CON EL PASO DE LOS MESES, WILFREDO HABÍA ESTADO ALEjándose lentamente. Nadie sabía qué andaba mal, pero se había distanciado de sus amigos. Incluso había dejado de asistir a los partidos de fútbol, lo cual fue cuando comencé a sospechar que algo estaba realmente mal. Un fanático del fútbol como él no se perdía de los partidos por un motivo cualquiera.

La mamá de Wilfredo me había contado que ella estaba preocupada por su hijo; no era típico de Wilfredo apartarse de este modo. ¿Podía yo acercármele? Acepté gustosamente. "Lo invitaré a cenar tan pronto como pueda", le dije. "Lo prometo".

Ese día en la escuela comunitaria Yolanda Meléndez —mientras todos mezclábamos concreto para construir el piso— observé a Wilfredo. Estaba sentado él solo a un costado, sin hablarle a nadie. Me acerqué y choqué los puños con él. Nos sentamos juntos en silencio.

Se me ocurrió una idea: Había conocido a Wilfredo por más de una década, pero no tenía ni una sola fotografía de sólo nosotros dos. Me sentía molesto conmigo mismo. A menudo me olvidaba de tomarme fotografías con las personas con las que pasaba más tiempo. Vivía como si la gente con la que soy más cercano fuera a estar ahí para siempre. Le pedí a alguien que se acercara y le entregué mi teléfono. Wilfredo y yo nos paramos lado a lado, sonreímos y levantamos nuestros pulgares mientras que nos tomaban la foto. "Sólo 959 escuelas más", dijo Wilfredo, mientras hacía su estoico asentimiento de cabeza. Mientras me alejaba, hice una nota mental sobre revisar mi calendario para ver cuándo podía llevarlo a cenar.

Esa noche en Villa Soleada, me senté en una mesa a escribir un plan para renovar nuestro desactualizado modelo de recaudación. Había tenido la intención de hacerlo por meses. Pero como todas las veces que lo había intentado, no podía concentrarme. La idea de renovar nuestro modelo de recaudación era emocionante, pero el proceso en sí mismo no lo era. Requería de miles de tediosos pasos e ininterrumpida concentración. El asunto entero se trataba de retrasar la gratificación y de una devoción inquebrantable. Tan pronto como abrí mi laptop, miembros del personal preocupados comenzaron a mandarme mensajes sobre una gran manifestación que se decía iba a ocurrir esa semana. Sabía que necesitaba dejar de hacer muchas cosas a la vez y concentrarme en el plan. Pero seguía respondiendo los mensajes de todos. Era emocionante responder a un desastre natural, brote de una enfermedad, amenaza de seguridad o disturbios sociales. Daba una gratificación instantánea ayudar a miembros del personal a resolver problemas aparentemente urgentes. *También me daba la excusa perfecta para procrastinar en las cosas más importantes.* Estaba demasiado exhausto y distraído esa noche. "Lo haré mañana", me dije a mí mismo y cerré la computadora. Me fui a dormir, ignorando el hecho de que estaba actuando como si fuera a vivir para siempre.

Unos cuantos días después, estaba respondiendo mensajes en mi cafetería favorita cuando recibí una llamada. "Tengo terribles noticias", dijo Jairo. "Wilfredo se suicidó esta mañana".

Comenzó a llorar. Yo veía a los otros clientes siguiendo con sus vidas como si nada... sirviendo café, bebiendo, charlando. No podía comprenderlo. Todo era distinto; Wilfredo ya no estaba. Jairo seguía repitiéndolo. Wilfredo se había ido. La gente me miraba, y luego apartaban la vista inmediatamente. Debo haberme visto realmente pálido y asustado.

Cuando colgué el teléfono, miré fijamente mi taza de café por un rato. Luego me levanté y caminé, porque mi corazón iba a explotar.

* * *

Toda la comunidad se reunió en la ladera de una montaña a alrededor de un kilómetro y medio de distancia de Villa Soleada. Fue duro ver a Adriano intentar con todas sus fuerzas no llorar mientras enterraba a su hermano. La madre de Wilfredo se acercó cojeando hasta mí y me abrazó. Ella temblaba y sollozaba. No podía verla a los ojos. La había decepcionado, justo como lo había hecho con Abigail cuando me pidió montar a caballo con ella. Wilfredo fue el tipo de hombre que se quedó a mi lado en los momentos más aterradores. ¿Dónde estuve yo como amigo cuando él, en cambio, finalmente me necesitó? ¿Cómo pude sólo ver desde un costado y no sostenerlo cuando él se estaba cayendo? Adriano cerró sus ojos y oró intensamente. Yo estaba lleno de culpa y vergüenza. Tal vez la muerte de Wilfredo pudo haberse evitado si lo hubiera llevado a cenar.

Me senté a la sombra de un árbol y agaché la cabeza. La muerte de Wilfredo me tomó por sorpresa. No hace mucho tiempo, él me había contado sobre todas las cosas que quería conseguir —como ahorrar lo suficiente para comprar un sofá nuevo para su hogar, ver a sus hijos graduarse y construir la milésima escuela junto con su hermano. Con los años, dieciséis de mis amigos en Honduras habían muerto —nueve de ellos por asesinato, y el resto debido a la enfermad o accidentes. Todas sus muertes fueron repentinas. Sin duda alguna, cada uno de ellos tenía metas que se quedaron sin cumplir. Mientras reflexionaba en la brevedad de la vida, pensé en todas las cosas que todavía deseaba hacer. Quería estar ahí para mis amigos, escribir un libro, comenzar una familia y, lo más importante, ayudar a la organización a sobrevivir a largo plazo y alcanzar su máximo potencial. Pero mientras reflexionaba sobre mis actividades cotidianas, no pasaba mucho tiempo en las cosas más importantes. De hecho, pasaba más tiempo pensando sobre ellas que trabajando en ellas.

Miré a las personas presentes en el funeral. Me preguntaba cuántas décadas o años más le quedaban a cada una. Me preguntaba cuántos me quedaban a mí.

* * *

Después del funeral de Wilfredo, dejé de actuar como si fuera a vivir para siempre. Leí el libro llamado *Solo una cosa* de Gary Keller para entender mejor mi vida. Era exactamente lo que necesitaba. Al comienzo del libro, Keller pregunta: "¿Cuál es esa cosa específica que puedo hacer la cual provoque que todo lo demás me resulte más fácil o innecesario?". Decidí que renovar el modelo de recaudación de nuestra organización sería mi cosa específica. Keller animaba a sus lectores a escribir un plan concreto y buscar asesores o compañeros de rendición de cuentas. Él explicaba que aquellos que comparten su progreso persiguiendo sus metas con sus amigos tienen 76 por ciento más probabilidades de conseguirlas. También aprendí que los trabajadores, en promedio, son interrumpidos cada once minutos —y pasan casi un tercio de su día recuperándose de esas distracciones. Para progresar de verdad, necesitaba eliminar distracciones, dejar de hacer muchas cosas a la vez y aprender a decir no. Tan pronto como cerré el libro, me puse a trabajar.

Me reuní con el personal y diseñé un plan para lanzar cuatro nuevas iniciativas de recaudación. La primera idea fue reestructurar nuestra junta directiva y redirigir su energía hacia la recaudación de fondos y la planeación a largo plazo. La segunda fue organizar una gala de verano de recaudación. La tercera fue terminar de escribir la autobiografía que había comenzado años atrás. La cuarta fue lanzar una nueva campaña de donación mensual que le pediría a los patrocinadores donar más de lo que normalmente les pedimos.

Juntas, estas iniciativas conformarían los cuatro pilares del nuevo modelo de recaudación de nuestra organización. Cuando observé el borrador final, me di cuenta de lo ambicioso y agresivo que era el plan. Era aterrador y energizante.

* * *

Lo primero que decidimos abordar fue el pilar uno: nuestra junta directiva.

El primer asesor que busqué fue a Kunal Doshi, un amigo que dirigía una creciente organización llamada Brighter Children. Después de compartirle mis metas y desafíos, él me preguntó qué tan involucrada estaba nuestra junta directiva. Me cubrí la cara con timidez. Nuestra junta directiva original era inteligente, atenta y dedicada. Sin embargo, en los primeros años, a mí me faltaban habilidades de liderazgo, claridad en mi visión de futuro y una manera de ayudarles a comprender las realidades del trabajo cotidiano en Honduras. Como resultado, los desacuerdos y puntos muertos llenaban nuestras reuniones. La situación era tan contraproducente y negativa que disminuí el tamaño de la junta. Nuestra junta directiva había estado por lo general inactiva desde entonces.

Kunal me dijo que era retador construir una junta eficiente —pero él creía que debía ser mi mayor prioridad. Una junta directiva involucrada podría ayudar a estabilizar la organización y a ponerla de vuelta en la senda del crecimiento. Para que una junta tuviera éxito, dijo, los miembros necesitan dirección, responsabilidades específicas y un sistema de rendición de cuentas.

Le pedí a Jessa Coulter, una miembro del personal que eran tan versátil que estaba involucrada en prácticamente todos los programas, que me ayudara a reestructurar nuestra junta. Tener a alguien tan organizada y detallista como Jessa reavivó el fuego en todo el proceso. Juntos, actualizamos todos los documentos necesarios —algo que me habría tomado meses resolver— en cuestión de semanas. Tener a Jessa como una compañera de rendición de cuentas fue lo mejor que hice en todo el año. Entonces escribimos una lista de nuestros veinte patrocinadores más dedicados e influyentes. Cuando fue momento de invitarlos a la junta, me preocupé. Las nuevas responsabilidades que les estaría pidiendo cumplir eran demandantes. Muchos de ellos pensarían que estaba pidiendo demasiado y dirían que no. Pero recordé lo que Kunal me había dicho, y decidí confiar en el proceso. Él resultó tener razón. Los únicos invitados que declinaron la oferta fueron dos personas que tenían conflictos de horario con las fechas de reunión.

La noche anterior a nuestra primera junta con los nuevos miembros, no pude dormir. Di vueltas en la cama, pensando en todos los dolorosos desacuerdos en nuestras reuniones de la junta original. Temía aún no poseer las habilidades para unificar a todos los miembros tras una sola visión. Pero la junta fluyó tranquilamente, y los nuevos miembros de la junta apreciaron tener un conjunto organizado de responsabilidades por las cuales rendirían cuentas. Internalizaron mis retos más significativos e hicieron su prioridad recaudar fondos para nuestros gastos operativos. Cuando vi lo ansiosos que estaban por apoyar a la organización, me emocioné tanto que tuve que salir al baño a recuperar la compostura.

Después de la junta, Alex Altman, uno de los nuevos miembros de la junta, concibió la idea de un evento de trivia virtual que replicaríamos a lo largo del país. Varios de ellos coordinaron fiestas de beneficencia, carreras de caridad y cenas de recaudación de fondos. Otros proporcionaron financiación para fortalecer nuestra recaudación, publicidad y tecnología. Poco a poco, el déficit en el presupuesto de nuestros gastos operativos se redujo, y me di cuenta de que debí haber dado el paso con la iniciativa hace años. Estaba descubriendo que la mayoría de las cosas a las que temía estaban sólo en mi cabeza.

* * *

Avanzamos al pilar dos: cómo incrementar los fondos mediante una gala de verano de recaudación de fondos.

Con un presupuesto para gastos generales más grande, finalmente fuimos capaces de contratar a suficientes personas para que nos ayudaran con los correos electrónicos, llamadas entrantes, relaciones con donantes, publicidad y videografía. Pero no había tiempo para celebrar. El dinero para operar nuestros programas de la cuna a la universidad en Villa Soleada, incluyendo a la escuela bilingüe, se estaba acabando. Le ofrecí a Jessa, cuyo tiempo se había liberado gracias a las nuevas contrataciones, un rol más prominente en la recaudación. Con Jessa a bordo, doblamos el personal de recaudación de uno a dos.

Los dos nos desvelábamos estudiando estrategias usadas por Ubuntu Pathways y Pencils of Promise, dos organizaciones que admirábamos profundamente. Ambas estaban tomando riesgos para ser los anfitriones de galas a gran escala que eran caras de organizar. Al principio, Jessa no pensaba que pudiéramos sacar adelante eventos como los de ellos. Yo tampoco estaba seguro. La idea de invertir miles de dólares de golpe en gastos sin ninguna garantía era aterradora.

Pero después de muchas reuniones caminando juntos, estuvimos de acuerdo en que si queríamos tener éxito, necesitábamos tomar riesgos. Así que exploramos la idea de organizar una gala de recaudación de fondos anual en Washington, DC —la ciudad en donde teníamos la mayor concentración de patrocinadores. Le dije a Jessa que si podíamos conseguir a suficientes patrocinadores emocionados por unirse al comité de planeación, podríamos avanzar. Al final, sólo tuvimos que preguntar. Tantos miembros de la junta y patrocinadores locales estaban interesados que terminamos con un comité de planeación mucho más grande de lo que imaginamos.

Pero yo tenía otra preocupación. Durante nuestras galas previas, les habíamos pedido a los invitados que donaran para realizar proyectos específicos de construcción. Era sencillo emocionar a las personas con un proyecto de construcción porque eran fáciles de explicar y visualizar. Con la gala de DC, planeábamos pedirles a los invitados que donaran para una necesidad mayor: los costos operativos cotidianos de la Escuela Bilingüe Villa Soleada. Yo tenía miedo de que los donantes no se sentirían motivados a financiar necesidades diarias menos emocionantes —como reparar copiadoras o los salarios de los maestros.

Aun así, dijimos que tomaríamos riesgos, así que seguimos adelante. Encontramos un lugar en Washington, DC, contratamos a una empresa de banquetes, tomamos de nuestros ahorros para pagar el anticipo del evento y establecimos una meta de recaudación de $25,000 dólares. El comité creó un meticuloso plan y lo llevó a cabo. No obstante, nunca se nos ocurrió que habíamos cometido una seria equivocación: debimos haber reservado un espacio más grande. Vendimos 150 boletos y tuvimos que rechazar a docenas de personas que querían asistir. Terminamos recaudando más de $39,000 dólares. Dado lo asustado que estaba de lanzar la iniciativa, no podía creerlo.

* * *

El pilar número tres era el más complejo hasta ahora, pues para completarlo, tenía que superar mis miedos personales.

Seis años antes, me había propuesto escribir mi autobiografía. Sabía que un libro podía ayudar a nuestra organización a alcanzar una audiencia más amplia y a abrir nuevas puertas, como lo había hecho para Room to Read, Pencils for Promise, Ubuntu Pathways e incontables organizaciones sin fines de lucro que admiraba desde la distancia. Al comienzo, pasé horas escribiendo por las noches, iba a retiros de escritura y con emoción les contaba a todos que estaba escribiendo un libro. Pero el proceso resultó ser más complicado de lo que esperaba. La mayoría de los días, me encontraba a mí mismo mirando a la pantalla o reescribiendo las mismas frases repetidas veces durante horas. Me sentía de nuevo como un estudiante de primer año en clase de inglés como segundo idioma, incapaz de comprender las palabras frente a mí. Con los años, mi emoción y esperanza iniciales comenzaron a desvanecerse. Cada vez que alguien me preguntaba cómo iba la escritura, asentía, sonreía falsamente y decía "pronto". Pero dentro de mí, todo lo que quería era azotar mi cabeza contra un muro de concreto. Mi inhabilidad de terminar el libro me llenaba con una profunda vergüenza. Comencé a pasar cada vez menos tiempo en eso.

Luego conocí a Tucker Max, un autor que figura entre los más vendidos del *New York Times* y el fundador de Scribe Media, una editorial híbrida. Ahorré dinero y compré un vuelo a Austin, Texas, para asistir a uno de sus talleres para autores. Quedé deslumbrado cuando estreché su mano e inmediatamente me agradó —en vez de usar traje y corbata, dio el taller usando una camiseta y shorts. Dijo que su atuendo optimizaba su temperatura corporal, lo cual le permitía concentrarse por completo en dar valor a los asistentes del taller. Me encantaba su pragmatismo. Una de las primeras cosas que Tucker nos pidió fue escribir nuestros miedos como aspirantes a autores. Nunca había hecho nada como eso. Nerviosamente le dije a Tucker que me asustaba que la calidad del libro no estuviera al nivel de las expectativas de mi familia y amigos. Temía no tener lo necesario para terminarlo. Que me pondría en ridículo y se burlarían de mí. Que la gente me rechazara. Ofender a ciertas personas. Lo que los críticos dijeran. El fracaso público. Terminar demandado por revelar verdades inquietantes. Parecía que tenía una lista de temores mucho más grande que todos los demás en el evento.

Tucker luego nos preguntó si los miedos que habíamos enlistado eran realistas. Me di cuenta de que algunas de mis preocupaciones eran improbables. Tucker también nos preguntó si alguno de nosotros tenía miedo de tener éxito. No comprendía. Por suerte, alguien en la multitud le preguntó a qué se refería. Tucker explicó que muchas personas no creían ser merecedoras de alcanzar sus metas y, como resultado, saboteaban sus esfuerzos. Mientras hablaba de valor propio, vergüenza y sentimientos de insuficiencia, yo sentía como si me estuviera hablando directamente a mí. Tucker, a quien había conocido desde hace sólo dos días, me conocía mejor que mi propia familia.

Luego, Tucker hizo que me realizara preguntas difíciles: ¿Escribir el libro vale todo el esfuerzo? ¿Cuál es mi plan para prevenir que ocurra cada miedo o para reducir el impacto si ocurre? ¿Cómo utilizaré la energía de este miedo para ayudarme? ¿Si no escribo este libro, que sucederá? Incluso aunque el aire acondicionado de la habitación estaba a toda su potencia, comencé a sudar. Al final del evento, Tucker me pidió que me pusiera de pie, y me preguntó a quién estaría impactando si nuestra organización alcanzaba una audiencia más amplia como resultado de publicar el libro. Pensé en las personas que aprenderían de mis errores y evitarían cometerlos ellos mismos. Luego cerré mis ojos y pensé en José y en todos los niños de la casa hogar. Pensé en Dina y en todos los estudiantes de nuestra escuela bilingüe. Pensé en Wilfredo y en nuestro personal. Pensé en todos nuestros patrocinadores. Sabía que un libro bien escrito tenía el potencial de darle a nuestra historia la publicidad que merecía. Tucker esperaba a que le diera una respuesta —pero estaba tan abrumado que me quedé sin palabras.

Tucker notó que me estaba costando trabajo. Suavizó su voz y explicó que el miedo era algo bueno porque nos mantenía seguros. "A menudo tengo miedo", dijo él. "Nos pasa a todos. Pero el miedo se vuelve un problema si se apodera de nosotros". Me aseguró que mis sentimientos eran normales e incluso una buena señal de que estaba profundizando en cuestiones difíciles. Más aún, prometió que su equipo de edición me ayudaría a prevenir que muchos de mis miedos se volvieran realidad. Luego me enseñó cómo reencuadrar mi mente y transformar al miedo en combustible, y a la ansiedad en productividad.

"Tu peor enemigo no es el juicio de los otros", me dijo. "Es tu propio juicio. Tú eres el que te está deteniendo". Las verdades de Tucker me golpearon como relámpagos. Me explicó que había internalizado las críticas y las voces de las demás personas y estaba reproduciéndolas en mi cabeza. Me dijo que necesitaba leer libros sobre vulnerabilidad y vergüenza escritos por Brené Brown. Era momento de que pusiera mi historia y conocimiento en el mundo, subirme al escenario y arriesgar recibir un poco de crítica. No estaba seguro de si estaba diciéndome estas cosas sólo para ser amable —pero sentí un fuego encenderse en mi interior. Durante los meses siguientes, Tucker y su equipo estuvieron a mi lado a cada paso del camino. Me ayudaron a entender mis heridas emocionales de la niñez. Me hicieron darme cuenta de que procrastinar era mi manera de huir de mis miedos. Muy a menudo, había fallado en hacer una llamada importante, hacer una petición o trabajar en el libro. No era que yo estuviera muy ocupado —*estaba demasiado asustado*. Me hice tiempo para escribir, dije que no a muchas otras cosas, me reuní semanalmente con mi editor para tomar responsabilidad por mi progreso y me puse a trabajar.

* * *

El último pilar que abordamos fue el más ambicioso: nuestro programa de donación mensual.

Saqué la idea de *Thirst* ("Sed"), una autobiografía respecto a cómo Scott Harrison comenzó Charity: Water. Charity: Water es una galardonada organización que provee agua limpia alrededor del mundo. En sus primeros años, Charity: Water dependía mayoritariamente de donaciones únicas, justo como nosotros. Los ingresos fluctuaban tanto de un mes a otro que, aunque Charity: Water estaba ganando un enorme reconocimiento, estaban luchando para pagar la renta y que no les cortaran la luz. Eventualmente, la organización se alejó de su antiguo modelo de recaudación y concentró sus esfuerzos en construir los programas de la organización de donación mensual y compromisos plurianuales. El cambio los ayudó a volverse más sostenibles, crecer y alcanzar a más comunidades. No sólo *Thirst* validó muchos de mis puntos débiles y me hizo darme cuenta de que otras organizaciones tenían dificultades con los mismos desafíos que nosotros, también me dio ideas sobre cómo arreglarlos.

Mi mayor conclusión de *Thirst* era clara como el agua —si nuestra organización iba a tener éxito, nosotros también necesitábamos expandir nuestro programa de donación mensual. En ese entonces, varios cientos de estudiantes voluntarios estaban dándonos cuatro dólares al mes por medio de la campaña Una Taza de Café. Pero no era suficiente. Lo que nos hacía falta era un plan mensual de donación para nuestros patrocinadores de mayor edad —en especial quienes ya habían pasado por el voluntariado estudiantil— los cuales yo creía que tenían la capacidad de donar más de cuatro dólares al mes. Estaba determinado a seguir las huellas de Scott.

Después de hacer una lluvia de ideas, revisité una que había considerado años atrás: comenzar un programa de apadrinamiento de niños.

Después de todo, muchas de las organizaciones más grandes del mundo, como World Vision y Save the Children, promueven programas de apadrinamiento infantil. Pero después de hacer algo de investigación y experimentación a pequeña escala, encontré que los programas de apadrinamiento infantil son difíciles de operar. Esto no quiere decir que no puedan llevarse a cabo exitosamente y crear un impacto positivo. Pero se necesita de mucho personal administrativo y dinero para organizar las cartas, reportes y fotografías que se requieren para retener a los donantes. Además, dado el hecho de que los niños con los que nosotros trabajábamos eran vecinos, me preocupaba que un programa de apadrinamiento pudiera causar celos entre los niños y conflictos inesperados dentro de la comunidad. Al final, decidí no seguir desarrollando un programa de apadrinamiento infantil.

Pasé semanas tratando de pensar en otras ideas. Pero estaba atascado. Necesitábamos que se nos ocurriera algo pronto, pues nos estábamos quedando sin dinero para mantener abiertas la escuela bilingüe y la casa hogar en Villa Soleada. Entonces un día, mientras estaba corriendo por El Progreso, la idea llegó a mí. Era impactante, pero no tenía muchas de las complicaciones asociadas con el programa de apadrinamiento infantil. Corrí de vuelta a casa tan rápido como pude para escribir las tres palabras antes de que se me olvidaran: Apadrinamiento de aulas. Íbamos a pedirle a nuestros donantes que dieran treinta dólares al mes (los cuales irían a un fondo general) y a cambio, recibirían actualizaciones mensuales de una promoción específica (promoción 2025, por ejemplo) de la escuela bilingüe. Los donantes seguirían el progreso de esos estudiantes a lo largo de los años —todo el camino hasta el día de graduación. Al equipo le gustó la idea. Pero cuando me preguntaron por qué treinta dólares al mes y no veinticinco o treinta y cinco, me sentí apenado. Tenía que admitir, elegí los treinta dólares al mes porque era lo que las otras organizaciones pedían en sus programas de donación mensual.

Investigué un poco y encontré que el estadounidense promedio donaba alrededor del 3 a 4 por ciento de su ingreso neto ajustado cada año a la caridad.[38] Otro estudio mostró que los "millennials" donaban un promedio anual de $481 dólares a 3.3 organizaciones.[39] Dada la información, treinta dólares al mes sonaba razonable. La cantidad era suficiente para generar un gran impacto para nosotros pero no tan grande como para que los donantes no fueran capaces de comprometerse. Mi instinto me decía que lo hiciéramos. Dado que el logo de la escuela era un tigre, la llamamos la campaña Club de Tigres.

Hice cuentas. Si podíamos conseguir que se unieran 380 patrocinadores, podríamos cubrir nuestras necesidades más básicas en Villa Soleada y mantenernos a flote. Con mil, podríamos financiar *todas* nuestras necesidades en Villa Soleada y alcanzar la sustentabilidad de la organización. El Club de Tigres tenía el potencial de ser nuestro mayor parteaguas. Nuestro equipo comenzó a trabajar en el logo, página web y plataforma de donaciones. Nuestra meta era lanzar el Club de Tigres dentro de seis o nueve meses, en algún punto del otoño de 2020. Los siete mil colaboradores que nos habían visitado en Honduras eran nuestros patrocinadores más constantes y los más probables a inscribirse al Club de Tigres. Conocía a la mayoría de ellos personalmente, pues había trabajado a su lado y compartido comidas con casi todos. El plan era llamarlos de uno por uno en lo que sería el mayor maratón telefónico en la historia de nuestra organización. Aunque planeamos conseguir la ayuda de voluntarios para hacer las llamadas, quería realizar la mayoría yo mismo. Creía que las probabilidades de que alguien se inscribiera eran mucho más altas si yo me ponía en contacto con ellos personalmente. De algún modo, la idea de hacer siete mil llamadas telefónicas no se sentía abrumadora. Me motivaba.

No obstante, rápidamente nos enfrentamos con un problema. Debido a que los sistemas de base de datos líderes, como Salesforce, eran demasiado caros, habíamos estado usando distintos sistemas que eran más económicos —y más complicados de mantener organizados. Descubrimos que la información de contacto de nuestros patrocinadores se había esparcido por distintas páginas web y hojas de cálculo o de plano no estaba. Era un desastre. Por años, la gente me había estado insistiendo sobre la importancia de tener una base de datos sólida. No lo comprendí realmente —hasta ese momento. Si no tienes el número telefónico de alguien, no puedes llamarlo para obtener su apoyo.

Nuestra junta directiva salió al rescate una vez más. Nos proveyeron de financiamiento para contratar personal para consolidar la base de datos. Luego Cassidy Webb, una de nuestras nuevas integrantes de la junta, convirtió la información en una hoja de cálculo organizada. Ella hizo que fuera lo más fácil posible para mí comenzar a hacer las llamadas. Pero tan pronto como miré la hoja de cálculo, algo sucedió. Súbitamente, la idea de hacer las llamadas comenzó a llenarme con un grado de ansiedad como nada que hubiera experimentado antes. Sacudí mi cabeza y coloqué a mis amigos y parientes más cercanos —quienes eran las personas que más probablemente se unirían— al comienzo de la lista. Para hacer el proceso lo más sencillo posible, serían ellos a quienes llamaría primero. Pero tuvo el efecto contrario. Extrañamente, el pensamiento de llamar a mi gente más cercana hizo que mi corazón latiera con más fuerza. Aunque había hecho cientos de llamadas en mi carrera, estaba asustado de hacer la primera llamada a nombre del Club de Tigres. Mi mente giraba. Tenía miedo de que la gente pensara que siempre estaba pidiéndoles algo. Tenía miedo de que las personas no creyeran que la organización fuera digna de sobrevivir. O que la organización ya no fuera relevante a sus ojos. O que yo me quebraría emocionalmente por todos sus rechazos.

Como resultado, seguía posponiendo el lanzamiento del Club de Tigres. Me la pasaba avanzando y retrocediendo con la redacción y el diseño de la página web. Seguía diciéndole al equipo que necesitábamos perfeccionar la iniciativa "sólo un poco más" antes de estar listos para lanzarla. "Sólo un poco más" se convirtió en una excusa para interminables postergaciones. Con el paso del tiempo, nuestras cuentas en el banco continuaban vaciándose.

* * *

Una estudiante de jardín de niños de la Escuela Bilingüe de Villa Soleada cortó el listón azul con unas tijeras que eran demasiado grandes para sus manos. El público de más de trescientas personas rompió en júbilo, abrazándose unos a otros. Yo limpiaba el sudor de mi frente y tomaba fotos. "Buenos días, padres, maestros, estudiantes e invitados especiales", dijo Dina mientras comenzaba con el discurso que había preparado. Levantó la mirada de sus notas, se paró derecha y sonrió nerviosamente. "Somos alumnos de noveno grado y representamos orgullosamente a la Escuela Bilingüe Villa Soleada".

En ese preciso momento, estábamos inaugurando el recién terminado bachillerato de dos pisos que los padres de la comunidad habían construido durante más de un año. Nuestra escuela abrió en 2012 con menos de cincuenta estudiantes y tres grados. Para 2020, teníamos 270 estudiantes, jardín de niños, primaria, secundaria y colegio. La multitud celebraba mientras Dina continuaba dando su discurso en casi perfecto inglés.

Miré a Marco, quien estaba parado orgullosamente a un costado y aplaudiendo. En algún lugar de la multitud de estudiantes estaban sus dos hijos, Víctor y Génesis. Adriano estaba ahí con el resto de los albañiles. Sin duda, deseamos que su hermano, quien ayudó a construir cada uno de los edificios en las instalaciones de la escuela, estuviera ahí. Yo también lo deseaba. Vi entre la multitud a Gerson y Pablo, quienes, como estudiantes de octavo grado, eran los cocapitanes del equipo de fútbol de la escuela. Estaban callando a sus compañeros que estaban jugando y bromeando. Jessa, quien había estado involucrada en nuestro trabajo por más de una década, estaba de pie al lado de un grupo de patrocinadores que habían volado desde California y Nueva York para asistir al evento. En el grupo se encontraban Ken y Lynn Hall, una pareja de Sacramento que había hecho una gran contribución única para la construcción. También fue la primera familia en comprometerse a un apoyo plurianual para nuestros gastos operativos. Su generosidad, que llegó en un momento crítico, nos permitió fortalecer la infraestructura de la organización y crear una página web para el Club de Tigres. Bob, mi mentor que me había acompañado a cada paso del camino, estaba parado junto a mí. "No puedo creer cuánto ha crecido", dijo. Él, también, había conocido a Dina en aquel entonces en Siete de Abril cuando era una bebé del tamaño de una pequeña papaya. Quince años habían transcurrido.

Villa Soleada había comenzado con un dibujo de una Camila de diez años que provocó una pregunta: ¿Es posible romper el ciclo de pobreza generacional en Honduras? Cuando comenzamos, no teníamos la respuesta. Con los años, los miembros de la comunidad y nuestro personal habían trabajado arduamente juntos, se habían enfrentado a desilusiones juntos y habían avanzado juntos. Convertimos un pantano en una comunidad. Identificamos y quitamos las barreras que mantenían a las familias atrapadas en el ciclo de pobreza generacional. Aprendimos por medio de la prueba y el error, mejoramos nuestra visión, cometimos incontables errores y construimos una vía de la cuna a la universidad a base de programas. Quienes dudaban al principio no pensaban que nuestra comunidad y equipo fueran a llegar tan lejos —estábamos a tan sólo dos años de mandar a nuestra primera generación de estudiantes, incluyendo a Dina, a la universidad. Nos encontrábamos cerca de pasar de un promedio de 0 por ciento de graduados a una comunidad llena de egresados de bachillerato y universidad. En lo que a mí concernía, Villa Soleada estaba en camino de convertirse en la aldea con mayor nivel educativo per cápita en todo Honduras. Después de más de una década, estábamos viendo resultados que comenzaban a sugerir que el ciclo de pobreza generacional era, en efecto, capaz de romperse en Honduras. Mientras Dina terminaba su discurso, le levanté mi pulgar y miré hacia todas las personas que se encontraban ahí. Habíamos llegado tan lejos debido a nuestro esfuerzo colectivo. Mientras el público aplaudía, la línea de meta se sentía más cerca que nunca.

Ninguno de nosotros estaba preparado para lo que pasaría después.

* * *

La misma semana de nuestra inauguración, el coronavirus (COVID-19) fue declarado emergencia nacional en Honduras —y por todo el mundo. A cada escuela en el país, incluyendo la nuestra, se le ordenó cerrar. Volamos de regreso a casa a nuestros voluntarios y personal internacionales, nos aprovisionamos de suministros y creamos un plan de emergencia. Las fronteras, aeropuertos e incluso carreteras cerraron. El gobierno hondureño estableció un rígido confinamiento y arrestaba a quien fuera encontrado en las calles. En Estados Unidos, nuestras operaciones se detuvieron por completo. Tuvimos que cancelar cientos de eventos de recaudación, incluyendo la segunda gala anual en DC, la cual llevábamos meses preparando. Les dijimos a docenas de estudiantes voluntarios y patrocinadores que planeaban visitarnos en Honduras ese año que cancelaran sus viajes. De la noche a la mañana, habíamos perdido la mayor parte de nuestra fuente de ingresos. Hice las cuentas y me percaté de que, como muchas otras organizaciones sin fines de lucro, nos quedaríamos sin recursos de reserva en cuestión de meses. Mientras me sentaba en mi mesa, puse mi rostro en mis manos y comencé a temblar.

De vuelta en Villa Soleada, la gente se quedó en casa y cerraron la cancha de fútbol por primera vez en la historia. Caminé por las instalaciones de la escuela. No podía creer lo vacía que se sentía. Sólo unos días antes, cientos de personas estaban festejando y riendo justo donde estaba parado. Mientras miraba hacia arriba al nuevo edificio de colegio, el cual estaba vacío —y así se quedaría por mucho tiempo— pensé en la primera vez que cerramos abruptamente la escuela en el 2013 debido a la violencia de pandillas. En 2017 fue una extorsión. En 2018 fue la inestabilidad social. En 2020, nuestra cuarta, fue una pandemia global. Las primeras tres veces, me había aferrado a la esperanza de que la escuela eventualmente volvería a abrir. Esta vez, se sentía distinto. No podía ver una salida.

La noche estaba oscura y húmeda cuando reuní a los adolescentes del Hogar de Niños para una reunión familiar. Les expliqué lo que sabía sobre el coronavirus. Algunos se horrorizaron. Otros entraron en un estado de negación e hicieron chistes nerviosos. Les dije que estaríamos abasteciéndonos de comida e implementando normas de distanciamiento social. Les dije que por los meses siguientes, algunos de sus mentores favoritos estarían quedándose en el Hogar de Niños en vez de trasladarse todos los días. Era un intento por reducir el riesgo de que el virus entrara. Los niños se miraban y sonreían. Luego les dije las malas noticias: la organización había perdido casi todas sus fuentes de ingreso. No expliqué lo que eso implicaba para nuestro futuro. Sabía que los chicos tenían la edad suficiente para entender —y era simplemente demasiado desolador para mí decirles que el Hogar de Niños y la escuela bilingüe podrían cerrar permanentemente. Varios cerraron sus ojos y se cubrieron los rostros con las manos. Yo apreté los dientes mientras veía a algunos de ellos llorar esa noche.

Pablo, quien para entonces era uno de los mejores jugadores de fútbol de Villa Soleada, se cubrió la cara con su largo cabello y negó con la cabeza repetidamente. Pasífica se movía con inquietud, como hacía cuando estaba nerviosa. José se quedó sentado estoicamente, sin decir mucho. Luego Gerson, quien se veía intranquilo, se levantó. De pequeño, él fue siempre el más ruidoso y travieso del grupo. Él era el tipo de niño que se escapaba para ir a nadar al río cuando debía estar haciendo la tarea. Con el paso de los años, comenzó a ayudar en quehaceres sin que se lo pidieran, mediaba en los conflictos y hablaba en nombre de los niños si algo les molestaba. Para entonces, a la edad de quince años, como una vuelta de tuerca inesperada en una película, muchos de los otros adolescentes lo veían como el líder del grupo.

Gerson dijo que esta era una situación atemorizante. Su voz temblaba. "Se siente como si viviéramos dentro de una película", dijo. "Me siento igual", dije yo, sacudiendo mi cabeza. Otros cuantos asintieron. Luego respiró profundamente y les recordó a todos que habíamos sobrevivido amenazas de extorsión y otras situaciones atemorizantes en el pasado. Golpeó su huesudo pecho y prometió participar cuidando a los más pequeños. Le hizo un guiño a Hernán, otro de nuestros chicos de quince años, quien dijo que ayudaría también. Otros, alentados por la súbita muestra de valentía de Gerson, dijeron que ayudarían a los niños más pequeños con sus tareas por las tardes. Pasífica y José prometieron organizar actividades de arte durante los fines de semana. Pablo dijo que él ayudaría a cultivar más frutas y vegetales en el jardín en preparación para los desabastos de alimento. Cuando los más desordenados de los niños —incluyendo a Gerson— prometieron que por fin mantendrían limpias y sanitizadas sus habitaciones, todos nos reímos. En ese momento, mientras atestiguaba cómo los niños demostraban lo mucho que habían crecido, fui recordado de que yo necesitaba hacer lo mismo.

"Papá, ¿cuál es el plan?", preguntó Gerson. Cerré los ojos e intenté recordar cuando Gerson y Pablo comenzaron a llamarme papá. Sucedió unos cuantos años atrás. Cuando empezaron a hacerlo, les dije que quería que llamaran a sus padres de casa hondureños Papá y Mamá. Después de todo, intentaba asegurarme de que los niños mantuvieran sus raíces en su cultura local. Pero luego los hermanos me dijeron que ellos deberían tener el derecho a decidir. Dijeron que no importaba que yo tuviera otro color de piel. Me dijeron cómo apreciaban que yo fuera a ver todos sus partidos de fútbol. Se trataba de con quién se sentían más a gusto, decían ellos. No pude pensar en un buen contraargumento. No estaba seguro de ser merecedor de ese título, pero acepté.

Abrí mis ojos y me aclaré la garganta. "El plan es que todos ustedes trabajen con el personal para atender las actividades del día a día. Yo haré unas llamadas para asegurar que podamos sobrevivir financieramente".

Dejé la reunión, sabiendo que si seguía esperando a que las estrellas se alinearan, todo lo que nos habíamos tardado una década en construir nos sería arrebatado. La frase de Brené Brown, "no podemos darles a nuestros niños lo que no tenemos", se volvió una verdad literal.

Esa noche, releí *Daring Greatly* ("Atreviéndose audazmente") de Brené Brown, un libro recomendado por Tucker Max. Brené me hizo entender cómo mis miedos habían evolucionado con los años. Cuando comencé en la organización, no le permitía al miedo detenerme —porque en ese entonces nadie sabía quién era. Todos, incluyéndome, tenían pocas expectativas de mí. Con el crecimiento de la organización, y a medida que yo enseñé a estudiantes voluntarios cómo enfrentarse con sus propios miedos, gané más reconocimiento. De acuerdo con Brené, debido a que no había aprendido cómo manejar las validaciones externas y la presión que las acompañaban, comencé a convencerme de que mi identidad era aquello que lograba y qué tan bien lo lograba. Me volví temeroso de hacer cualquier cosa que tuviera la posibilidad de fracasar y decepcionar a la tribu. Comencé a vivir menos atrevidamente y me volví un perfeccionista. Brené me hizo darme cuenta de por qué no quería lanzar el Club de Tigres hasta que la página web estuviera impecable —hasta que la organización fuera perfecta, hasta que yo tuviera menos miedo. Ella desenredó la razón por la cual yo había estado actuando como si prefiriera que la organización muriera antes que levantar el teléfono. En mi mente, si el Club de Tigres, algo por lo que había estado trabajando durante años, se volvía un fracaso, *yo sería un fracaso*. Estaba viviendo un condenatorio ejemplo de cómo la autopreservación emocional y el egoísmo lastiman a aquellos a nuestro alrededor. Mientras avanzaba en el libro, podía escuchar la voz de Brené urgiéndome a creer que yo era "merecedor ahora, justo en este minuto". Con el COVID-19, el fracaso y el miedo ya no eran opciones. *Era momento de apostarlo todo.*

Cuando salió el sol, salí a correr y me puse a trabajar. Nuestro equipo de logística, el cual se extendía por cuatro países y era dirigido por Amanda Fennell, no perdía el tiempo. Se pusieron manos a la obra inmediatamente en el logo, página web, plataforma de donaciones, video y base de datos de donantes para el Club de Tigres. Elaboramos un correo electrónico que fue revisado múltiples veces. La urgencia de la situación desató una energía que no sabíamos que teníamos. Lo que creíamos que tomaría seis meses, lo completamos en seis días. Aunque la página web no estaba totalmente lista aún, Amanda me dijo que necesitábamos lanzarla. Se nos estaba acabando el dinero, rápido.

Al día siguiente, lanzamos el Club de Tigres por medio de mandarles correos electrónicos a nuestros quince mil patrocinadores. Me senté en la mesa y respiré profundamente. Levanté el teléfono para hacer la primera llamada de un maratón telefónico y sentí una ráfaga de pánico. Mi estómago comenzó a constreñirse mientras marcaba el número. No importaba que había llamado a esta persona casi a diario por los últimos diez años. Se sentía como si estuviera caminando por el pasillo del salón para recitar a Robert Frost de nuevo. "¿Hola?", dijo la voz. La primera persona a quien llamé de esa larga lista fue a mi mejor amigo en el mundo, Bob.

"He estado esperando esta llamada durante años", dijo, y ambos nos reímos. Bob se inscribió al Club de Tigres justo en ese instante. Tan pronto como colgué, sentí un ímpetu de alivio y asombro. Lo había hecho. Era aterrador pero emocionante. Asentí con la cabeza, sabiendo que este era sólo el comienzo, pero también sabiendo que nunca más quería permitir que el miedo me hiciera perderme de mis objetivos y oportunidades.

Más de veinte personas se inscribieron en las primeras horas. Cosmo se anotó, al igual que otros en la familia Fujiyama. Los números crecían. Pensé que la gente se quejaría de que la página no estaba totalmente terminada, pero resultó que en realidad, volverlo público fue una bendición escondida. Le permitió a Imad Arain, nuestro desarrollador web, obtener la retroalimentación que necesitaba para mejorar el sitio. Los siguientes días, me atrincheré en la casa hogar y realicé cientos de llamadas mientras me ejercitaba en una escaladora portátil. Estar moviéndome hacía que mi mente se mantuviera también en movimiento. Los niños me veían y se reían mientras yo, sudando profusamente, gritaba en mis audífonos, me tomaba del rostro con cada rechazo y me regocijaba con cada sí. Empezaron a traerme café, bocadillos y mangos que tomaban de los árboles.

La pandemia se esparció. Nuestra tribu desató su potencial. De inmediato, un equipo de voluntarios se anotó para ayudar con las llamadas. Nuestros exmaestros de inglés de la escuela bilingüe, dirigidos por Matt Murray, difundieron la información por múltiples distritos escolares en Estados Unidos. La madre de Matt, inspirada por su hijo, le pidió a su compañía donar a nuestra organización lo que tenían pensado gastar para su fiesta de retiro. Exvoluntarios de todo el mundo crearon páginas personales de recaudación y compartieron nuestra campaña en redes sociales. Otros comenzaron a organizar eventos de recaudación virtual. Un voluntario, Amanda Ellen, comenzó a vender obras de arte y donaba las ganancias. Otro, Cody Bermudez, les pidió a sus amigos patrocinar sus entrenamientos diarios. La hija de segundo grado de Morgan Willingham donó su mesada a la organización. Isa Woodward, un voluntario de catorce años de Nueva Jersey, donó su dinero de cumpleaños. Jessa, Amanda, Cassidy y el resto del personal coordinaron diferentes esfuerzos desde sus casas.

Con el paso de las semanas, y mientras el verano se volvía más caluroso, mi nivel de energía comenzó a declinar. Entonces un día, Siobhan DiScala, un estudiante que había hecho voluntariado con nosotros mientras cursaba el colegio, me mandó un correo electrónico: "Trabajé incontables horas en una supermercado por seis dólares la hora para financiar mi primer viaje a Honduras. Me cambió la vida. Tú me enseñaste el poder de tener algo en qué creer. Sé que todos ustedes superarán este difícil período y saldrán del otro lado fortalecidos. Soy un miembro orgulloso del Club de Tigres". El mensaje de Siobhan me hizo llorar a lo grande. Otro día, Mary Summers, la madre de una estudiante voluntaria, me dijo por teléfono: "Sé que tienes muchas llamadas que hacer. Conozco lo difícil que puede ser. Sólo continúa. Sólo continúa. Sólo continúa". Las palabras de Mary rellenaron mi tanque de energía. Más tarde, uno de mis amigos, Steve Walters, me escribió después de escuchar mi mensaje de voz: "Shin, lamento no haber contestado tu llamada, hermano. Me inscribí al Club de Tigres y les diré a mis padres y algunos amigos al respecto". Poco después, nos pusimos al día en una conversación telefónica de dos horas. Muchos patrocinadores decían que apreciaban mi llamada y me agradecían por darles algo positivo en qué concentrarse durante la pandemia. Sus ánimos eran como combustible de cohetes. Me hacían sentir como si pudiera subir corriendo Pico Celaque, la montaña más alta de Honduras.

En doce semanas, hice más de mil llamadas telefónicas. Me rechazaron cientos de veces y, tengo que admitir, algunos rechazos fueron bastante dolorosos. No mucho tiempo atrás, había pensado que me desmoronaría por tantos rechazos. Pero no lo hice. Cada llamada me hacía temer un poco menos. Como Brené Brown había insistido, al otro lado del miedo estaba todo lo que necesitaba. Para cuando hice la milésima llamada, habíamos encontrado cuatrocientos patrocinadores para el Club de Tigres y habíamos recaudado $160,000 dólares adicionales para un fondo de emergencia. Íbamos casi a la mitad de nuestro objetivo de encontrar a los mil patrocinadores que necesitábamos para sobrevivir durante la pandemia. Mientras hacía llamadas, trabajaba en el libro. Después de seis años de pulirlo e incontables ocasiones en que había pensado que no tenía lo necesario, lo terminé.

Mientras que yo avanzaba con las llamadas a un paso extenuante, noté que los chicos y yo estábamos pasando demasiado tiempo frente a pantallas. Decidí comenzar una tradición en la cual cada viernes, los chicos más grandes y yo tendríamos cenas familiares libres de tecnología. Sacaríamos luces navideñas y nos reuniríamos alrededor de una parrilla para dos personas para preparar hot dogs, hamburguesas o tacos. La pequeñez de la parrilla y los agujeros por la oxidación que tenía en el fondo implicaban que cocinar para doce personas tomaba mucho tiempo. Pero la lentitud nos daba una excusa para pasar más tiempo juntos. Comeríamos, compartiríamos nuestros pensamientos y celebraríamos otra semana de vida juntos como familia.

Cada uno de los chicos parecía tener un enfoque distinto sobre estas cenas. José se presentaba temprano y asumió la responsabilidad de encender el mejor fuego posible. Utilizaba un método de cabaña de troncos, el cual se volvió su orgullo. Las chicas se arreglaban y se peinaban, aunque nadie además de nosotros estaría presente. Era algo importante para ellas. Los chicos, en cambio, básicamente venían sólo por la comida.

Unas cuantas semanas después de haber comenzado con la tradición, decidimos preparar algo que todos pedían: pizza. Al principio, nadie me creía que se podía hacer una pizza a la parrilla. Decían que necesitábamos un horno. Yalena, quien estaba quedándose en la casa hogar, me miró y negó con la cabeza cuando le conté mi idea. Les pedí a todos que no se preocuparan —mantuve en secreto que busqué la receta en YouTube. Saqué la parrilla al patio. Los niños preparaban la masa. Les revelé que todo lo que se necesitaba hacer era cocinar un lado de la masa y voltearla antes de ponerle encima los ingredientes. Cuando la primera pizza salió perfecta, los niños me miraron como si fuera el mejor chef de Nápoles.

Nos sentamos en círculo y comimos pizza juntos. José, quien había sido uno de los incrédulos, estaba asintiendo con entusiasmo mientras masticaba. Para entonces, había aprobado el examen nacional de admisión universitaria e iba en primer año en la Universidad Nacional Autónoma de Honduras, la universidad pública. Antes de la pandemia, se levantaba a las cuatro cada mañana para tomar dos buses hasta el campus en San Pedro Sula. Aún no había decidido su especialidad, pues estaba esperando a que abriera un departamento de criminología. Su deseo más profundo era convertirse en detective para poder traer justicia a su país. A menudo hacíamos ejercicio juntos usando un viejo rack de sentadillas que teníamos. Repasábamos las páginas del libro *Anatomía del entrenamiento de fuerza* de Frederick Delavier e intentábamos nuevos ejercicios para ver quién podía hacer más repeticiones. No hace falta decir que José, quien tenía veinte años en ese entonces, me vencía casi siempre.

Cuando Pablo regresó del baño, todas las rebanadas de la primera pizza habían desaparecido. Hizo un berrinche y puso más carbón en la parrilla mientras todos reíamos. Pablo jugaba para una de las mejores academias de fútbol en la ciudad. Solía ser inseguro de sí mismo y siempre estaba enojado. Por medio del fútbol, construyó su confianza, desarrolló ética laboral, hizo amigos, ganó respeto y controló su temperamento.

Hernán le dio una mordida de su rebanada de pizza a Pablo. Hernán se había mudado con nosotros unos años atrás, después de que fue encontrado abusado y torturado por miembros de su familia. En la casa hogar, descubrió un amor por los animales y disfrutaba participando como voluntario en el refugio para animales más cercano.

Pasífica, quien nunca hablaba mucho pero siempre escuchaba, comenzó a aplanar la segunda pizza. Para entonces, era una estudiante de último año en uno de los mejores colegios en la ciudad. Recordé cuando la llevé a San Pedro Sula el año anterior para su primer medio maratón, incluso a pesar de que la idea de correr frente a miles de personas la aterraba. No tuvo precio verla cruzar la línea de meta y sonreír de oreja a oreja cuando me vio entre la multitud. La hermana menor de Pasífica, Genara, se levantó a ayudar. Recordé la primera semana que asistió a la escuela bilingüe a los ochos años. Tenía tanto miedo que se rehusaba a ir a menos que yo la acompañara todo el camino hasta su salón. Como estudiante de octavo grado, le estaba yendo tan bien en la escuela bilingüe que seguido tomaba clases con los de noveno. Pasaba sus fines de semana escribiendo relatos breves, los cuales a menudo involucraban a un protagonista que había perdido la memoria y tenía que recomenzar su vida desde el principio. Amaba leer sus historias y verla emocionarse cuando le preguntaba sobre sus locos giros argumentales.

Las dos hermanas me preguntaron cuánta de la siguiente pizza quería yo y comenzaron a hacer una con una fracción sin lactosa para mí. Eso me hizo sonreír. Gerson comenzó a driblar un balón de fútbol alrededor de la parrilla, casi tirándola. Yalena lo hizo cortar cebollas y jamón para calmarlo. Gerson y yo a menudo pasábamos horas juntos en la cafetería local discutiendo sobre la serie de Jocko de *El camino del pequeño guerrero*, la psicología humana y su sueño de convertirse en arquitecto o ingeniero. De todos los niños, su crecimiento fue el que más me impresionó.

Mientras reíamos, compartíamos sentimientos y esperábamos por la segunda pizza, miré a los chicos y pensé en lo lejos que habían llegado. Cada uno provenía de situaciones increíblemente difíciles donde sus medios de vida, educación y autoestima habían estado comprometidos. En Villa Soleada, crecieron en un ambiente cariñoso y lleno de apoyo con un personal que les recordaba a diario su importancia. Los niños sanaron. Trabajaron duro, cometieron errores a lo largo del camino y siguieron intentado. Avanzamos juntos, a veces tropezamos, pero siempre de la mano. Fue un privilegio caminar al lado de ellos en sus experiencias y verlos florecer. La pandemia había llenado nuestras vidas con horror, aburrimiento y aislamiento. Pero aquella noche del viernes, mientras nos sentábamos alrededor del viejo asador para dos personas, nos teníamos el uno al otro, nuestros sueños y pizza a la parrilla —algo que apenas momentos antes, nadie pensó que fuera posible. Mientras le daba una mordida a mi rebanada de pizza sin queso y levantaba mi pulgar a Pasífica y Genara, esperaba que estas cenas fueran tan significativas para todos los presentes como lo eran para mí.

* * *

Unas cuantas semanas después, Eta, un huracán categoría 4, causó destrozos en Centroamérica, afectando a 1.7 millones de hondureños y arrasando barrios enteros. Mientras manejaba por la zona de desastre sólo días después para buscar estudiantes y personal desaparecidos, los noticieros anunciaron que Iota, un huracán categoría 5, se dirigía hacia nosotros. No podía creerlo. Dos huracanes separados por dos semanas uno del otro —en medio de una pandemia global. Tomé el volante con más fuerza y pensé en todas las cosas que la comunidad de Villa Soleada había superado a lo largo de los años. Cada desafío nos unió más. Cada uno puso a prueba nuestra voluntad. Cada uno nos forzó a reagruparnos y reconstruirnos. Cada uno nos enseñó a defendernos unos a otros y a nuestra comunidad. Nos demostramos a nosotros mismos que existe una manera de confrontar los obstáculos más grandes, fuertes y violentos. Aunque no tenía idea de si estábamos preparados para lo que vendría, había aprendido que sólo había una manera para avanzar: juntos.

EPÍLOGO

A LA FECHA DE PUBLICACIÓN DE ESTE LIBRO, ONE THOUSAND Schools, antes conocido como Students Helping Honduras, ha comenzado la construcción de sesenta y nueve proyectos escolares, ha ampliado la Escuela Bilingüe Villa Soleada hasta el onceavo grado, ha provisto de hogar permanente o refugio temporal a más de sesenta niños en el Hogar de Niños Villa Soleada. Ha reunido a más de diez niños con sus familias biológicas y ha recibido a más de seis mil voluntarios internacionales en Honduras. One Thousand Schools actualmente da empleo a más de sesenta hondureños en la localidad de El Progreso. Durante el huracán Iota, la comunidad de Villa Soleada —incluyendo a sus estudiantes— y colaboradores se unieron para convertir la escuela bilingüe en un refugio de emergencia para más de cien hondureños desplazados. Puedes apoyar nuestro trabajo de las siguientes maneras:

1. Realizando una donación única en onethousandschools.com/donate
2. Donando cuatro dólares al mes en onecupofcoffee.org
3. Uniéndote al Club de Tigres y patrocinando a una promoción en la Escuela Bilingüe de Villa Soleada por treinta dólares al mes en onethousandschools.com/tigersclub

4. Acompañándonos por ocho días en Honduras para una construcción escolar en onethousandschools.com/volunteer
5. Enseñando inglés en la Escuela Bilingüe Villa Soleada en onethousandschools.com/teach

LÍNEA DE TIEMPO

1. 2004: Primer viaje de Shin a Honduras.
2. 2006: Primer maratón de caminata universitario recauda más de $140,000 dólares.
3. 2007: Segundo maratón de caminata universitario recauda más de $288,000 dólares. Shin y Cosmo se mudan a Honduras, y comienza la construcción de Villa Soleada.
4. 2009: Termina la construcción de Villa Soleada y los residentes se mudan. Shin es nombrado un Héroe CNN.
5. 2011: Abre el Hogar de Niños Villa Soleada.
6. 2012: Abre la Escuela Bilingüe Villa Soleada.
7. 2013: Abre el Hogar de Niñas de Villa Soleada.
8. 2015: Estudiantes Ayudando a Honduras (SHH) construye su vigésima escuela, se construye una casa de transición en la casa hogar y Shin es invitado a hablar en la sede de las Naciones Unidas.
9. 2016: La Escuela Bilingüe Villa Soleada abre un preescolar.
10. 2018: SHH inicia la construcción de un edificio de colegio en Villa Soleada a la vez que el quincuagésimo proyecto escolar en Honduras.

11. 2020: SHH organiza su primera ceremonia de graduación de secundaria en Villa Soleada, el edificio de colegio en la Escuela Bilingüe Villa Soleada es terminado, sobrevivimos a la pandemia mundial, el Club de Tigres es lanzado y la escuela es convertida en un refugio para cien hondureños desplazados. José entra a la universidad pública, Universidad Nacional Autónoma de Honduras.
12. 2021: Shin termina esta autobiografía, y Gerson y Pablo se gradúan de secundaria.
13. 2023: Students Helping Honduras cambia su nombre a One Thousand Schools.

AGRADECIMIENTOS

ME GUSTARÍA AGRADECER A MI MAMÁ, A MI PAPÁ Y A MIS hermanos Koko, Cosmo y Gaku por soportarme todos estos años. Trabajar en Honduras me ha hecho darme cuenta de lo afortunado que fui por crecer en un hogar estable y alentador. Me gustaría agradecer a todos los maestros, mentores y entrenadores quienes trabajaron conmigo durante mi infancia a pesar de los momentos difíciles que sé que les hice pasar.

También me gustaría agradecer a Bob Azzarito, el hombre que me llevó a Honduras. Gracias por quedarte a mi lado desde el primer día de la travesía, respondiendo a mis llamadas a todas horas y por ser mi mejor amigo. Nada de esto hubiera sido posible ni tan divertido sin ti. No puedo agradecerle lo suficiente a Henry Osburn por llevarme a El Progreso y por depositar su confianza en mí cuando yo era un joven estudiante universitario. Espero con ansias comer más baleadas contigo mientras envejecemos juntos. Me gustaría agradecer a Doris Buffet por creer en mí y darnos una oportunidad cuando nadie sabía quiénes éramos.

Honestamente no pensé tener lo necesario para terminar este libro hasta que conocí al equipo de Scribe Media. Gracias, Tucker Max, por creer en mí y darme una oportunidad. Tú me ayudaste a entender quién era y me presentaste a Jessica Burdg, la mejor editora que un autor pudiera pedir. Jessica, gracias por ser tan paciente conmigo, así como alentadora, y por hacerme responsable de cumplir con los plazos de entrega. Gracias, Hal Clifford y Tashan Mehta, por agregar los toques finales al manuscrito, llevándolo por completo a otro nivel.

No todo el mundo puede asistir a una increíble universidad como la Universidad de Mary Washington. Me gustaría agradecer a todos los administradores, facultad, estudiantes y alumnado de mi alma máter por apoyar a SHH desde el primer momento.

Los niños y familias con los que he tenido el honor de trabajar en Honduras continúan inspirándome. Gracias por su amistad y las tazas de café que han compartido conmigo a lo largo de los años. Gracias por ser la inspiración detrás de este libro. Me gustaría agradecer particularmente a las personas de Villa Soleada. Hemos superado desafíos extraordinarios juntos. Gracias por toda su fe en la organización y en mí.

Hay tantas personas en la familia SHH a quienes agradecer, así que a cada persona que ha trabajado con nosotros, voluntariado con nosotros, hecho una donación, asistido a nuestros eventos, unido a una sede, sentado en nuestra junta directiva, recaudado fondos o compartido nuestro mensaje, GRACIAS.

LECTURAS COMPLEMENTARIAS

A LO LARGO DE MIS AÑOS TRABAJANDO EN HONDURAS, LOS siguientes libros me han influenciado:

1. Aghijit V. Banerjee y Esther Duflo, *Repensar la pobreza: Un giro radical en la lucha contra la desigualdad global.*
2. Rye Barcott, *It Happened on the Way to War: A Marine's Path to Peace.*
3. Claire Bennet, Joseph Collins, Zahara Heckscher y Dina Papi-Thornton, *Learning Service: The Essential Guide to Volunteering Abroad.*
4. David Bornstein, *Cómo cambiar el mundo: Los emprendedores sociales y el poder de las nuevas ideas.*
5. Adam Braun, *The Promise of a Pencil: How an Ordinary Person Can Create Extraordinary Change.*
6. Brené Brown, *El poder de ser vulnerable: ¿Qué te atreverías a hacer si el miedo no te paralizara?*

7. Steve Corbett y Brian Fikkert, *Cuando ayudar hace daño: Cómo aliviar la pobreza, sin lastimar a los pobres ni a uno mismo.*
8. Hernando De Soto, *El misterio del capital: Por qué el capitalismo triunfa en occidente y fracasa en el resto del mundo.*
9. William Easterly, *La carga del hombre blanco: El fracaso de la ayuda al desarrollo.*
10. Conor Grennan, *Little Princes: One Man's Promise to Bring Home the Lost Children of Nepal.*
11. Scott Harrison, *Sed: una historia de redención, compasión y una misión para llevar agua limpia al mundo.*
12. Gary A. Haugen y Valentín Boutros, *The Locust Effect: Why the End of Poverty Requires the End of Violence.*
13. Doc Hendley, *Wine to Water: How One Man Saved Himself While Trying to Save the World.*
14. Dean Karlan y Jacob Appel, *¡No basta con buenas intenciones!: Cómo la nueva economía del comportamiento ayuda a vencer la pobreza en el mundo.*
15. Gary Keller y Jay Papasan, *Sólo una cosa: Detrás de cualquier éxito se encuentra una sencilla y sorprendente verdad: enfócate en lo único.*
16. Tracy Kidder, *Montañas tras las montañas: Un hombre dispuesto a curar el mundo.*
17. Wendy Kopp, *Un día, todos los niños: el improbable triunfo de Teach For America y lo que aprendí en el camino.*
18. Nicholas D. Kristof y Sheryl WuDunn, *La mitad del cielo: Mujeres de todo el mundo que han convertido la opresión en una oportunidad.*
19. Jacob Lief, *I Am Because You Are: How the Spirit of Ubuntu Inspired an Unlikely Friendship and Transformed a Community.*
20. Robert D. Lupton, *Toxic Charity: How the Church Hurts Those They Help and How to Reverse It.*
21. Jay Mathews, *Work Hard. Be Nice: How Two Inspired Teachers Created the Most Promising Schools in America.*

22. Dambisa Moyo, *Cuando la ayuda es el problema: Hay otro camino para África.*
23. Nina Munk, *The Idealist: Jeffrey Sachs and the Quest to End Poverty.*
24. Sonia Nazario, *La travesía de Enrique: La arriesgada odisea de un niño en busca de su madre.*
25. Hansheinz Reinprecht, *El libro de Hermann Gmeiner: el fundador de Aldeas Infantiles SOS.*
26. Jeffrey D. Sachs, *El fin de la pobreza: Cómo conseguirlo en nuestro tiempo.*
27. James Tooley, *El bello árbol: Un viaje personal a cómo las personas más pobres del mundo se están educando a sí mismas.*
28. Paul Tough, *Whatever It Takes: Geoffrey Canada's Quest to Change Harlem and America.*
29. Jim Ziolkowski, *Walk in Their Shoes: Can One Person Change the World?*

ACERCA DEL AUTOR

SHIN FUJIYAMA fue voluntario en Honduras por primera vez en 2004 cuando estudiaba la universidad. Desde su dormitorio en el campus, lanzó Students Helping Honduras (Estudiantes Ayudando a Honduras; SHH por sus siglas en inglés), que luego pasaría a llamarse One Thousand Schools, una organización sin fines de lucro dedicada a luchar contra la pobreza y la violencia en Honduras. Shin es egresado de la Universidad de Mary Washington. Debido a su trabajo en Honduras, fue nombrado Héroe CNN en 2009. Actualmente radica en Villa Soleada, Honduras.

CITAS

1. Thomas J. Scanlon et al., "Street Children in Latin America," *BMJ* 316, no. 7144 (1998): 1596–1600, https://www.ncbi.nlm.nih.gov/pmc/articles/PMC1113205/.

2. James D. Wright, Donald C. Kaminsky, y Martha Wittig, "Health and Social Conditions of Street Children in Honduras," *Archives of Pediatrics and Adolescent Medicine* 147, no. 3 (1993): 279, https://www.researchgate.net/publication/271264218_Health_and_Social_Conditions_of_Street_Children_in_Honduras.

3. Ibid.

4. Duncan Campbell, "Murdered with Impunity, the Street Children Who Live and Die like Vermin," *The Guardian*, mayo 29, 2003, https://www.theguardian.com/world/2003/may/29/duncancampbell.

5. Nicholas Kristof, "D.I.Y. Foreign-Aid Revolution," *The New York Times Magazine*, octubre 20, 2010, https://www.nytimes.com/2010/10/24/magazine/24volunteerism-t.html.

6. Hernando de Soto, *The Mystery of Capital: Why Capitalism Triumphs in the West and Fails Everywhere Else* (New York: Basic Books, 2000).

7. "Improving Health in Africa," The Water Project, recuperado abril 21, 2022, https://thewaterproject.org/why-water/health.

8. Alastair Ager et al., "Stress, Mental Health, and Burnout in National Humanitarian Aid Workers in Gulu, Northern Uganda," *Journal of Traumatic Stress* 25, no. 6 (2012): 713–720, https://pubmed.ncbi.nlm.nih.gov/23225036/.

9. Liza Jachens, "Humanitarian Aid Workers' Mental Health and Duty of Care," *Europe's Journal of Psychology* 15, no. 4 (2019): 650–655, https://ejop.psychopen.eu/index.php/ejop/article/view/2221/2221.html.

10. Fernando Yitzack Pavon, "Improving Educational Quality in Honduras: Building a Demand-Driven Education Market," *Princeton University Journal of Public & International Affairs* 19 (2008): 193–213, https://jpia.princeton.edu/sites/jpia/files/2008-11.pdf.

11. "Homicides in Honduras," ASJ-US.org, actualizado en marzo 2020, https://www.asj-us.org/learn/honduras-homicides.

12. Sonia Nazario, "How the Most Dangerous Place on Earth Got Safer," *The New York Times*, agosto 11, 2016, https://www.nytimes.com/2016/08/14/opinion/sunday/how-the-most-dangerous-place-on-earth-got-a-little-bit-safer.html.

13. "Violence in Honduras," ASJ-US.org, actualizado en abril 2020, https://www.asj-us.org/learn/honduras-violence.

14. Kathleen Mullan Harris y J. Richard Udry, "National Longitudinal Study of Adolescent to Adult Health (Add Health), 1994–2018 [Public Use]," versión 23, *National Longitudinal Study of Adolescent to Adult Health (Add Health) Series*, Carolina Population Center, University of North Carolina-Chapel Hill, Inter-University Consortium for Political and Social Research, agosto 25, 2021, https://doi.org/10.3886/ICPSR21600.v23.

15. Gary A. Haugen y Victor Boutros, *The Locust Effect: Why the End of Poverty Requires the End of Violence* (New York: Oxford University Press, 2014), posición 16 de 7556, edición Kindle.

16. James Tooley, T*he Beautiful Tree: A Personal Journey into How the World's Poorest People Are Educating Themselves* (Washington, DC: Cato Institute, 2009).

17. "About the Project," Bucharest Early Intervention Project, accesado abril 21, 2022, https://www.bucharestearlyinterventionproject.org/about-beip.

18. Richard B. McKenzie, "Orphanage Alumni: How They Have Done and How They Evaluate Their Experience," *Child and Youth Care Forum* 26 (1997): 87–111, https://doi.org/10.1007/BF02589359; Richard B. McKenzie, "The Impact of Orphanages on the Alumni's Lives and Assessments of Their Childhoods," *Children and Youth Services Review* 25, no. 9 (2003): 703–753, https://doi.org/10.1016/S0190-7409(03)00068-9.

19. Richard B. McKenzie, "The American Dream Is Alive and Well—among Orphanage Alumni!", National Center for Policy Analysis, issue brief no. 202, diciembre 15, 2016, http://www.ncpathinktank.org/pdfs/ib202.pdf.

20. Richard B. McKenzie, "Orphanages: The Real Story," *The Public Interest* (1996): 100–104, https://www.nationalaffairs.com/storage/app/uploads/public/58e/1a4/e98/58e1a4e989d0d810254127.pdf.

21. Richard B. McKenzie, "The Best Thing About Orphanages," *The Wall Street Journal*, enero 15, 2010, https://www.wsj.com/articles/SB10001424052748703510304574626080835477074.

22. Ibid.

23. Kathryn Whetten et al., "Three-Year Change in the Wellbeing of Orphaned and Separated Children in Institutional and Family-Based Care Settings in Five Low- and Middle-Income Countries," *PLOS ONE* 9, no. 8 (2014): e104872, https://doi.org/10.1371/journal.pone.0104872.

24. Katherine Harmon, "Orphanages Rival Foster Homes for Quality Child Care," *Scientific American*, diciembre 17, 2009, https://www.scientificamerican.com/article/orphanages-rival-homes/.

25   Richard B. McKenzie, "Foster Care versus Modern Orphanages", National Center for Policy Analysis, issue brief no. 136, febrero 6, 2014, http://www.ncpathinktank.org/pub/ib136.

26   Dong Dong Li, Grace S. Chng, y Chi Meng Chu, "Comparing Long-Term Placement Outcomes of Residential and Family Foster Care: A Meta-Analysis," *Trauma, Violence, & Abuse* 20, no. 5 (2017): 653–664, agosto 31, 2017, https://doi.org/10.1177/1524838017726427.

27   McKenzie, "The Best Thing About Orphanages," *The Wall Street Journal*.

28   Jason Beaubien, "An Orphanage in Honduras Puts Love at the Top of its Priority List", *NPR*, agosto 9, 2018, https://www.npr.org/sections/goatsandsoda/2018/08/09/620285963/an-orphanage-that-doesnt-seem-like-an-orphanage.

29   Harris y Udry, "National Longitudinal Study of Adolescent to Adult Health", *National Longitudinal Study of Adolescent to Adult Health (Add Health) Series*.

30   Edward M. Hallowell, *The Childhood Roots of Adult Happiness: Five Steps to Help Kids Create and Sustain Lifelong Joy* (New York: Ballantine Books, 2003), 81–83.

31   Medicines Sans Frontieres, "Forced to Flee Central America's Northern Triangle: A Neglected Humanitarian Crisis," junio 14, 2017, https://www.msf.org/sites/msf.org/files/msf_forced-to-flee-central-americas-northern-triangle_e.pdf.

32   "The World Bank in Honduras," The World Bank, recuperado noviembre 29, 2021, https://www.worldbank.org/en/country/honduras/overview#1.

33   Ibid.

34   Sonia Nazario, "Op-Ed: How to Secure the Border. Spoiler Alert: A Wall Won't Do it," *Los Angeles Times*, abril 23, 2017, https://www.latimes.com/opinion/op-ed/la-oe-nazario-what-works-to-end-illegal-immigration-20170423-story.html.

35   Kemi Oyewole y Khaled Al-Abbadi, "EPDC Spotlight on Honduras," The Science of Improving Lives, 2012, https://www.epdc.org/node/5919.html.

36   Ibid.

37   The Editors, "Why Honduras Remains Latin America's Most Unequal Country," *World Politics Review*, enero 6, 2017, https://www.worldpoliticsreview.com/trend-lines/20856/why-honduras-remains-latin-america-s-most-unequal-country.

38   Financial Samurai, "The Average Percent of Income Donated to Charity Can Improve," Financial Samurai, octubre 29, 2021, https://www.financialsamurai.com/the-average-percent-of-income-donated-to-charity/.

39   "The Ul timate List of Charitable Giving Statistics for 2018," Nonprofits Source, accesado noviembre 29, 2021, https://nonprofitssource.com/online-giving-statistics/

www.ingramcontent.com/pod-product-compliance
Lightning Source LLC
Chambersburg PA
CBHW060515080526
44586CB00012B/491